Dr. med. Claudia Croos-Müller

KRAFT

Dr. med. Claudia Croos-Müller

KRAFT

DER NEUE WEG ZU INNERER STÄRKE

Ein Resilienztraining

KÖSEL

Wir haben uns bemüht, alle Rechteinhaber an den aufgeführten Zitaten ausfindig zu machen. Sollte uns dies im Einzelfall nicht möglich gewesen sein, bitten wir um Nachricht durch den Rechteinhaber. Kapiteln vorangestellte Zitate können als Destillat des jeweils nachfolgenden Kapitels gelesen werden.

MIX
Papier | Fördert gute Waldnutzung
FSC® C083411

Penguin Random House Verlagsgruppe FSC® N001967

3. Auflage (2025) der aktualisierten und erweiterten Neuausgabe 2022

in der Penguin Random House Verlagsgruppe GmbH,
Neumarkter Straße 28, 81673 München
produktsicherheit@penguinrandomhouse.de
(Vorstehende Angaben sind zugleich Pflichtinformationen nach GPSR.)

Umschlag: Weiss Werkstatt München
Umschlagmotiv: Shutterstock.com (father; maglyvi)
Redaktion: Dr. Diane Zilliges, Bietigheim-Bissingen
Satz: Satzwerk Huber, Germering
Druck und Bindung: CPI books GmbH, Leck
Printed in the EU
ISBN 978-3-466-34793-3
www.koesel.de

Der ist am reichsten und glücklichsten,
der die Kräfte des eigenen Lebens
am höchsten entwickelt hat.
JOHN RUSKIN

Inhalt

Hinweise

Die Methode und die in diesem Buch vorgestellten Übungen dienen der Alltagsbewältigung und als vorbeugende Maßnahme im Sinne einer »Psychohygiene« und Selbstfürsorge, die jede Frau und jeder Mann in irgendeiner Form regelmäßig praktizieren sollten. Sie können kein Ersatz für eventuell notwendige Diagnostik und Therapie bei schweren Erkrankungen sein, sondern sind zur Ergänzung und Unterstützung gedacht.

BODY 2 BRAIN CCM® wird von vielen Menschen und Institutionen nutzbringend angewandt. BODY 2 BRAIN CCM® ist eine eingetragene und geschützte Marke. Eine wie auch immer geartete nicht private Nutzung bedarf ausdrücklich der vorherigen Zustimmung der Autorin (§ 4 MarkenG). Aus Gründen der besseren Lesbarkeit wird im Buchtext auf die korrekte Schreibweise der geschützten Marke tendenziell verzichtet und Übungen nur als BODY 2 BRAIN Übungen bezeichnet. Der Markenschutz der vorgestellten Übungen bleibt davon jedoch unberührt.

Die Empfehlungen zur Selbstbehandlung sind von der Autorin und dem Verlag sorgfältig erwogen und geprüft worden. Eine Haftung der Autorin oder des Verlags für Personen-, Sach- und Vermögensschäden ist ausgeschlossen.

Eine Anmerkung zur Gestaltung

Vierecke (■) vor einer Zwischenüberschrift kennzeichnen hervorgehobene wichtige Aussagen, Dreiecke (◢) vor einer Zwischenüberschrift stehen dagegen bei Patientengeschichten, Fallbeispielen und weiterführenden Hinweisen.

Vorlauf: A wie Anstoß

Es ist besser, ein Licht zu entzünden,
als über die Dunkelheit zu klagen.
KONFUZIUS

Wir leben in herausfordernden Zeiten

Diese Herausforderungen beherzt anzunehmen und damit heldenhaft fertig zu werden: Dafür möchte ich Sie stärken – ja begeistern! Dieses Buch mit seinen kleinen, einfachen und alltagstauglichen BODY 2 BRAIN CCM® Körperübungen zur psychomentalen Stärkung und als Resilienztraining erscheint mir aktuell noch lebensnotwendiger als bei seinem Ersterscheinen 2015. Seither gab es Flüchtlingskrisen, Terroranschläge, Kriegsereignisse, Naturkatastrophen, Epidemien und in diesem Zusammenhang oder davon unabhängig in Ihrem persönlichen Leben wahrscheinlich noch jede Menge weiterer Ereignisse und Herausforderungen.

> *Resilienz des Einzelnen und der Gesellschaft ist mehr denn je erforderlich, um die anstehenden sozialen, politischen und ökologischen Transformationen zu bewältigen.*

Es bleibt uns allen nichts anderes übrig: Lebensaufgaben und Krisen müssen bewältigt werden. Ich gehe davon aus, dass Sie dies immer so gehandhabt haben und auch weiterhin tun wollen. Meine Anerkennung dafür! Und damit dies so bleibt und Ihnen das Bändigen von Belastung und Psycho-Monstern immer leichter fällt: Legen Sie sich »psychoenergetische« Vorräte in Form einer robusten körperlichen und psychischen Resilienz zu. Was Sie dafür brauchen, finden Sie in diesem Buch.

In einem Arbeitspapier der WHO wird die Schaffung resilienter Gesellschaften gefordert und im Europäischen Pakt für psychische Gesundheit und Wohlbefinden wird festgestellt, dass psychische Gesundheit und Wohlbefinden der Bevölkerung ein wichtiger Wirtschaftsfaktor sind.

Auch wenn diese Erkenntnisse zur notwendigen und nachhaltigen Förderung der psychischen Gesundheit noch ihrer wirklichen Realisierung harren: egal! Lassen Sie uns nicht jammern, sondern lassen Sie uns gemeinsam möglichst viele Papierresolutionen umsetzen in leibhaftiges Tun! Im Sinne von Selbstfürsorge, als Resilienztraining, Ihrer Gesundheit zuliebe.

Glauben Sie mir, es ist erstaunlich leicht, mit kleinen und regelmäßigen körperlichen Interventionen für psychomentale Gesundheit zu sorgen. Und es kann so lustvoll sein!

BODY 2 BRAIN: Warm-up

Gleich an dieser Stelle: Halten Sie einmal kurz inne und machen Sie die folgende Übung:

- Richten Sie sich etwas auf.
- Atmen Sie ruhig und bewusst einige Male ein und aus.
- Stellen Sie sich die Welt von oben gesehen vor.
- Verweilen Sie kurz in dieser Perspektive und genießen Sie diesen Überblick.
- Vielleicht ergibt sich dabei auch eine angenehme Körperreaktion. Genießen Sie auch diese.

Wirkweise: Durch das körperliche Aufrichten und das bewusste Atmen entsteht in Kombination mit der Vogelperspektive ein Gefühl des Überblicks und der Ruhe.

Viele erschöpfte Individuen, eine erschöpfte Gesellschaft

Die WHO sieht Stress als eine der größten Bedrohungen der Neuzeit, häufig ausgelöst durch die zunehmend schnellen Veränderungen der Lebensumstände. Stress, das ist die im Leben unvermeidbare Beanspruchung durch äußere oder innere Störfeuer von kurzer oder mittlerer Dauer oder durch Belastungen, die bedrohlich oder überfordernd sind. Welche Belastungen auch immer: Unsere Ressourcen werden beansprucht. Und schwere traumatische, aber auch dauerhafte Belastungen können das psychische Gleichgewicht aushebeln.

Meine Beobachtung in den letzten Jahren: die Vielzahl an gestressten Menschen – gehetzt, erschöpft, gereizt und vor allen Dingen: geschwächt. Wenn auf eine zum Großteil erschöpfte Gesellschaft dann eine Krise trifft, fehlt die Kraft für Bewältigungsstrategien. Stattdessen entstehen Angst oder Wut, es wird gejammert, geschimpft oder resigniert. Ein Gehirn in diesem Modus kann nicht lösungsorientiert denken. Und die Negativspirale dreht sich immer schneller.

Nervenpflege dringend erforderlich

Welche Fähigkeiten und welches Können brauchen wir vorrangig zur Bewältigung persönlicher schwerer Belastungen, welche als bedrohte Gemeinschaft? Der Medizinsoziologe Aaron Antonovsky prägte den Begriff der Salutogenese. Er versteht darunter die Erhaltung der Gesundheit auf vielfache Weise im Gegensatz zur Wiederherstellung der Gesundheit nach Eintritt des Krankheitsfalles. Zum Konzept der Salutogenese gehört die Fähigkeit, Zusammenhänge des eigenen Lebens und der Gesundheit zu verstehen, die Überzeugung, das eigene Leben gestalten zu können – selbstwirksam zu sein und Sinn im eigenen Tun zu finden –, auch und gerade in der Bewältigung von Herausforderungen. Das alles sind Merkmale der Resilienz, und für diese Form eines gelungenen Lebens möchte ich Sie in diesem Buch gewinnen und stärken.

Welche mentalen Fähigkeiten und welche Charakterstärken uns helfen, wie wir unsere Emotionen regulieren und unser Gehirn diesbezüglich gezielt trainieren können – immer mit dem Blick auf Krisenbewältigung –, dazu finden Sie in diesem Buch auch in seiner aktualisierten Neuausgabe viele wertvolle und konkrete Hinweise. Aspekte, die ich bei der aktuellen Überarbeitung verstärkt habe, sind: Berührung, bedingungslose Liebe, (Psycho-)Schmerz, Abschied und Verlust, die Tugenden Würde, Ehrlichkeit und Wahrhaftigkeit, die spielerische Leichtigkeit, der Mut in einer mutlos scheinenden Gesellschaft. Außerdem habe ich ein zusätzliches Kapitel zur Resilienzstärkung für Kinder eingefügt und Ihnen in einer Art Gebrauchsanleitung noch klarer dargelegt, wie Sie von BODY 2 BRAIN profitieren können. Mit alldem und mit den von Anfang an in diesem Buch versammelten, bewährten Inhalten möchte ich insbesondere mit Körpercodes zu Ihrer Salutogenese und Ihrer Resilienz beitragen. Denn Ihren Körper haben Sie immer dabei. Resilient sein bedeutet, eine innere Heimat zu haben. Mein Wunsch für Sie ist, dass Sie sich im Leben geborgen fühlen.

Lassen Sie uns gemeinsam beginnen! Wann, wenn nicht jetzt!

BODY 2 BRAIN: Für einen guten Start

- Richten Sie sich etwas auf.
- Atmen Sie ruhig und bewusst einige Male ein und aus.
- Schauen Sie in die Ferne und verweilen Sie dort kurz.
- Berühren Sie mit einer Hand Ihre Herzgegend.
- Stellen Sie sich ein inneres Lächeln vor.

Die Kraft des Anfangs

Und plötzlich weißt du:
Es ist Zeit, etwas Neues zu beginnen
und dem Zauber des Anfangs zu vertrauen.
MEISTER ECKHART

Sie sind meine Vision

Sie sind meine Vision von mehr Lebenskraft, von mehr körperlicher und psychischer Gesundheit, von mehr mentaler Stärke, von mehr glücklichem Leben. Und während Sie vielleicht etwas ungläubig diese Worte lesen und in Ihnen Hoffnung und Zweifel im Widerstreit miteinander sind, weiß ich, dass diese Vision wirklich in Ihnen schlummert und darauf wartet, zum Leben erweckt zu werden.

Denn Sie sind ein einzigartiges Meisterwerk aus etwa 86 Milliarden Nervenzellen, die über 100 Billionen Synapsen miteinander verbunden sind. Konkret bedeutet dies, dass eine Nervenzelle mit 1000 anderen verknüpft ist. Diese Nervenverbindungen aneinandergereiht ergeben 5,8 Millionen Kilometer Nervenbahnen. Davon haben Sie meist nur etwa 60 Prozent wirklich in Gebrauch – der Rest steht auf Abruf bereit und ist der Grund für meine Zuversicht und Begeisterung für Sie.

Diese ungenutzten 40 Prozent mentales Potenzial bedeuten im Umkehrschluss: Sie besitzen ein noch unbeachtetes riesiges Kraftreservoir, einen ungeahnten Freiraum an Möglichkeiten in der Größenordnung von etwa 34 Milliarden Nervenzellen, 40 Billionen Nervensynapsen und mehr als zwei Millionen Kilometer Nervenbahnen. Allein mit diesen Nervenbahnen könnten Sie fast 58-mal die Erde umkreisen oder alternativ dreimal zum Mond und zurück reisen. Deshalb glaube ich an Sie.

Diese Vision reicht aber noch weiter: Ich sehe Sie als Multiplikator für Resilienz und Wohlbefinden in Ihrer beruflichen und privaten Umgebung, für Kolleginnen und Kollegen, Vorgesetzte und Mitarbeiter, für Ihre Freunde, für Ihre Kinder, für Ihre Nachbarn und vielleicht sogar für Ihnen unbekannte Menschen. Denn wenn Sie durch psychomentale Stabilität auffallen, erzeugen Sie damit Interesse bei anderen Menschen – eine biochemische Reaktion in deren Gehirn – und motivieren sie dadurch zum Nachahmen und Mitmachen.

> *Meine Vision für Sie ist, dass Sie Teil einer psychomentalen Vorsorgekultur sind, statt zu denen zu gehören, die nach Eintritt des Schadenfalls den Doktor brauchen.*

Meine Hoffnung ist, dass Sie und ich einen Beitrag für mehr körperliche und seelische Gesundheit leisten, indem wir gemeinsam mit vielen konkreten Übungen ein psychomentales Krafttraining machen. Sie können sich dabei Ihre Lieblingsübungen aussuchen und Ihr individuelles Programm zusammenstellen – für Ihr Training der Resilienz, dieser grundlegenden Fähigkeit, all die unweigerlich auftretenden Schwierigkeiten persönlicher, gesundheitlicher, familiärer, partnerschaftlicher, beruflicher oder finanzieller Natur erfolgreich zu meistern.

Was Sie in diesem Buch erwartet

Sie hatten natürlich einen Grund, dieses Buch zu kaufen oder, wenn Sie es geschenkt bekommen haben, es gerade jetzt aufzuschlagen und mit dem Lesen zu beginnen. Vielleicht ist der Grund einfach »nur« Neugier, vielleicht der Wunsch nach Unterstützung in Ihrer aktuellen Lebenssituation oder die dringende Notwendigkeit, zu neuer Kraft und innerer Stärke zu finden.

In jedem Fall haben Sie sich gerade jetzt, in diesem Augenblick, für etwas Neues in Ihrem Leben entschieden. Sie haben sich aufgemacht, haben eine Reise in ein Ihnen vielleicht noch wenig bekanntes Land begonnen. Dieses weite Land sind Sie selbst, Sie mit all Ihren Möglichkeiten und Fähigkeiten, die noch gelebt werden wollen. Ich möchte Sie auf dieser Reise begleiten, mit Ihnen teilen, was ich über die so wichtige Kraft der Resilienz weiß, und Sie für Neurologie, für die Zusammenhänge von Körper und Psyche sowie für ein körperorientiertes Mentaltraining begeistern. Mit alldem möchte ich Sie stark machen für die Herausforderungen des Lebens und Ihnen helfen, Ihre Lebensfreude zu erhalten.

Ich werde Ihnen auf spannende und sehr verständliche Art wichtige neurologische Grundlagen zur Funktionsweise Ihres Gehirns und Ihres Nervensystems und zum Zusammenspiel zwischen Körper und Gehirn vermitteln, damit Sie wissen, was in Ihrem System wann und warum geschieht und welche Auswirkung es auf Sie hat. Wenn wir den Zusammenhang und Sinn eines Vorgangs – etwa der Wirkungsweise eines Resilienztrainings – verstehen, sind wir dafür motiviert.

Vor allem aber möchte ich Sie in die Lage versetzen, selbst Einfluss zu nehmen auf diese Abläufe und damit Ihr körperliches und emotionales Wohlbefinden – unabhängig von äußeren Einflüssen und Belastungen – zu stärken.

Dazu biete ich Ihnen immer wieder kleine, einfache und meist unauffällige Körperübungen aus dem Fundus der von mir entwickelten Methode BODY 2 BRAIN an, die Sie fast alle gleich während des Lesens ausprobieren können und auch sollten. Geben Sie Ihrem Körper und Ihrem Gehirn eine Chance, Neues oder vielleicht längst Vergessenes zu erleben. Manche der Übungen werden sich wiederholen, Sie werden sie bei verschiedenen Themen wiederfinden, aus dem einfachen Grund, weil Sie mit ihnen gleich mehrfach gute Wirkungen erzielen können.

Dies ist ein Trainingsbuch. Mentaltraining ist Gehirntraining, und Gehirntraining funktioniert ähnlich wie ein Muskeltraining – je öfter Sie die Übungen machen, desto besser werden Sie (und Ihr Gehirn).

Ich werde Praxisbeispiele schildern und Fallgeschichten aus meinem Berufsalltag erzählen, um Ihnen zusätzliche Anregung und vor allem Ermutigung zu geben. Dazwischen werden Sie kleine Aphorismen und Zitate finden. Deren Wert und Beliebtheit fällt mir bei meinen Vorträgen immer wieder auf: Sie werden von den Zuhörern oft eifrig aufgeschrieben oder im Anschluss noch nachgefragt. In Untersuchungen wurde nachgewiesen, dass Worte tatsächlich die Strukturen der neuronalen Netzwerke unseres Gehirns verändern können – einer der Gründe für die tatsächliche Wirkung von Gesprächspsychotherapie. Durch jedes Wort und durch jeden Satz entwickelt Ihr Gehirn sofort ein Bild, ob Sie wollen oder nicht.

Neuronenfeuerwerk durch Worte

Denken Sie jetzt nicht und auf gar keinen Fall an einen rosa Elefanten, der mithilfe seiner riesigen grünen Ohren auf einen schiefen Kirchturm fliegt ... Na, alles gesehen? Ich bin mir sicher, dass Ihr schlaues und fleißiges Gehirn Ihnen blitzartig beim Lesen dieser Worte eben doch das Bild des rosa Elefanten samt grünen Ohren und schiefem Kirchturm gezeigt hat. Denn es produziert aus Worten und Sätzen sofort Gedanken, Bilder, Gefühle und Handlungen. Und manchmal beschäftigt es sich noch im Schlaf damit in Form von Träumen.

Dieses Buch bietet Ihnen ein körperorientiertes Mentaltraining. Ein psychomentales Krafttraining. Ein lebendiges Resilienztraining. Und wie bei jedem Training werden Sie eine allmähliche Steigerung Ihrer Fähigkeiten erleben (immer vorausgesetzt, dass Sie wenigstens ein bisschen trainieren), in diesem Fall eine Steigerung Ihrer Fähigkeit zur nachhaltigen Lebensbewältigung. Mit dem Training fördern Sie Ihre Autonomie und Ihr Empowerment – Sie entwickeln Strategien und Maßnahmen, die Ihre Selbstbestimmung erhöhen. Sie werden also immer besser in der Lage sein, selbstständig erfolgreich zu handeln. Sie werden kontinuierlich eine Zunahme an Kraft spüren und können sich all die derzeit so häufigen Erkrankungen wie Burnout, Depression, Angststörung, Panikerkrankung und all die psychosomatischen Beschwerden ersparen.

Ich will Ihnen eine heitere, interessante, einfache, aber effektive Kurz-Psychotherapie, ein Mental-Coaching anbieten. Dieses Buch können Sie immer wieder einmal hervorholen, Sie können darin blättern, die Angebote umsetzen und davon profitieren. Natürlich werden Sie dadurch auch gut einschätzen lernen, wann Sie Schwierigkeiten allein schaffen und wann Sie besser zusätzlich professionellen Rat und Hilfe einholen sollten.

Drei neue Wege zur Resilienz

Sie finden in diesem Buch viele praktische Anregungen mit drei Schwerpunkten zur Entwicklung von Resilienz:

- Resilienz durch Körpercodes (Gesten, Haltungen, Bewegungen) mit Wirkung auf die emotionalen Zentren des Gehirns und auf die Produktion von Neurotransmittern: die BODY 2 BRAIN Methode.
- Resilienz durch Charakterstärken und Tugenden und deren konkrete Förderung unter anderem wieder mit der BODY 2 BRAIN Methode.
- Resilienz durch alltägliches Üben: Morgen-, Abend- und Alltagsrituale für normale und stürmische Zeiten samt BODY 2 BRAIN Notfallkoffer mit Hilfsmitteln gegen Angst, Unsicherheit, Nervosität & Co.

Noch ein Hinweis: Ich bitte Sie – ob männlich, weiblich, divers oder wie immer Sie sich verstehen und erleben – um Ihre Nachsicht und Ihr Verständnis, wenn ich im Text aus Gründen der besseren Lesbarkeit dies nicht ausreichend umsetzen kann. Meine Lebenshaltung ist offen und tolerant, und mit dieser Einstellung bitte ich auch Sie, nicht an Formulierungen hängen zu bleiben, sondern konzentriert auf die Inhalte dieses Buches diese nutzbringend für sich umzusetzen. Danke.

Vertrauen Sie Ihrem riesigen psychomentalen Potenzial

Der Kirschbaum,
den im Herbst der Blitz zerriss?
Jetzt ist er über und über
von Blüten verschleiert.
AUS JAPAN

Seien Sie dabei! Erfahren Sie mehr über Ihr Wunderwerk Gehirn und vor allen Dingen: Lernen und üben Sie immer weiter, sodass Sie aus dem Reservoir Ihres Gehirns mehr und mehr für Ihre psychomentale Gesundheit und Ihre Lebenszufriedenheit aktivieren können. Die griechischen Philosophen waren der Meinung, dass das Leben dann glückt, wenn der Mensch die Möglichkeiten verwirklicht, die in ihm angelegt sind.

Seien Sie also mündig und selbstverantwortlich. Kümmern Sie sich selbst beizeiten um die Erhaltung einer stabilen Psyche – das hier vorgestellte einfache Trainingsangebot macht es Ihnen leicht. Sie sollten es jedoch bitte immer und immer wieder anwenden. Sicher waschen Sie sich regelmäßig die Hände und putzen sich die Zähne im Sinne einer allgemein erforderlichen Hygiene. Genauso sollten Sie es mit der Psyche – das ist immerhin ein wesentlicher Teil Ihres Gehirns – halten: regelmäßige Psychohygiene zur Erhaltung Ihrer mentalen

Gesundheit. Ein Resilienztraining gehört letztlich in alle Schichten der Gesellschaft und sollte an Schulen und Universitäten unterrichtet und auch in Firmen und Ämtern angewendet werden. Psychomentale Gesundheit und deren Erhaltung sind eine wesentliche Aufgabe unserer Zeit. Die weltweiten Ereignisse der letzten Jahre haben gezeigt: Wir brauchen gute Nerven, eine gute Gesundheit, ein mutiges Herz, einen kühlen Kopf, ein Stück Neugier auf das Leben und Lebensfreude – sprich Resilienz –, um den Herausforderungen im Jetzt und in der Zukunft gewachsen zu sein und Lösungen zu finden, die allen gerecht werden. Resilienz wird zur Lebensrettung für Mensch und Natur beitragen. Seien Sie Wegbereiter, Vorbild und Trendsetter, indem Sie gleich heute mit Ihrem Resilienztraining beginnen und sich stärken, um dann Ihre Fähigkeiten weiterzugeben.

BODY 2 BRAIN

- Lehnen Sie sich zurück.
- Atmen Sie tief ein und aus.
- Wo in Ihrem Körper spüren Sie im Augenblick Neugier, Stärke, Zuversicht?
- Berühren Sie diese Stelle – zumindest gedanklich.
- Lächeln Sie Ihrem Zukunftsbild zu.

Gebrauchsanleitung für einen guten Mehrwert

Wie Sie dieses Buch lesen sollten

Erfreulicherweise müssen Sie dieses Buch nicht von vorn bis hinten Zeile für Zeile durchlesen. Sie können je nach Bedarf oder Neugier ein Kapitel auswählen. Sie können es auch dem Zufall überlassen – Zufall ist das, was einem schicksalhaft zufallen soll – und das Buch an einer beliebigen Stelle aufschlagen und mit dem Lesen beginnen.

> *Das Wesentliche ist, dass Sie beim Lesen auf Ihre Gefühle und Ihre Erinnerungen achten und diese nach Möglichkeit auch in Ihrem Körper wahrnehmen, denn ein Körperort könnte sich beim Lesen durchaus bemerkbar machen. Diesem widmen Sie dann bitte Ihre freundschaftliche Zuwendung und gegebenenfalls eine Übung.*

Wirklich wichtig ist, dass Sie die angebotenen Übungen körperlich auch tatsächlich einfach mal machen. Denn in diesem Buch werden nicht allgemeine Empfehlungen zum Resilienztraining angeboten, sondern konkrete – leibhaftige – Trainingseinheiten.

Wenn irgend möglich, teilen Sie die Übungen mit Ihrem Partner, Ihrer Partnerin, mit Ihren Kindern oder Freunden. BODY 2 BRAIN ist für alle Menschen gedacht, ob groß oder klein, jung oder alt. Jedes Lebewesen kann Resilienz gebrauchen und davon profitieren.

Wie Sie die BODY 2 BRAIN Übungsangebote nutzen können

- Geben Sie, wenn irgend möglich, jeder angebotenen Übung eine Chance. Aber: Körperpsychotherapie ist sehr mächtig. Sollten Sie einen großen Widerwillen gegen eine Übung haben: Akzeptieren Sie das. Ihr Körper hat ein Gedächtnis und ist intelligent. Vertrauen Sie ihm.
- Seien Sie mental und körperlich aufgeschlossen und neugierig. Gehen Sie auf Entdeckungsreise.
- Lassen Sie sich Zeit bei den Übungen.
- Seien Sie mit sich geduldig und auch mit der Wirkung der Übungen: Oft gibt es einen Soforteffekt, manchmal muss eine Übung in ihrer Wirkung erst ankommen und sich ausbreiten können.
- Stellen Sie sich allmählich Ihr Lieblingsprogramm aus einer für Sie passenden Auswahl zusammen.
- Eine Atemübung sollte immer dabei sein, denn atmen müssen Sie sowieso. Gutes Atmen verstärkt die Wirkung, und die Übung geht tiefer.
- Lassen Sie sich von Freude und Lust leiten.
- Erlauben Sie Ihrem inneren Kind, mit den Übungen zu spielen. Entwickeln Sie überhaupt eine spielerische Haltung.
- Genehmigen Sie allen Körperpartien eine Spielerfahrung, gerade die bisher vernachlässigten Teile werden es Ihnen danken.
- Halten Sie sich anfangs genau an die Anleitungen. Mit zunehmender Erfahrung und Sicherheit können Sie variieren und kombinieren. Ihrem Gehirn und Ihrem Körper wird sicher etwas einfallen: Lassen Sie es zu.
- Lassen Sie auch Ihre Stimme mitmachen: »Aaah …«, »Mmmh …«, »Pfff …« Seien Sie lustvoll hemmungslos. Machen Sie das Üben zu einem Liebesakt mit sich selbst.
- Machen Sie die Übungen wenigstens dreimal hintereinander, besser sechsmal, um die Wirkung über den Körper im Gehirn zu aktivieren, sich ausbreiten zu lassen und zu verankern.

- Aus diesem Grund sollten Sie die Übungen, die Ihre Lieblinge werden, auch mehrfach am Tag durchführen. Dadurch entsteht eine grundsätzliche Musteränderung in Ihrem Neuronennetzwerk. Für plötzliche kurze oder länger dauernde Belastungen sind Sie dann besser aufgestellt.
- Die Übungen sollten in Ihrem Tagesablauf genauso selbstverständlich werden wie Essen, Trinken, Händewaschen und Zähneputzen: Psychohygiene als Grundversorgung.
- Ganz wichtig: Fortschritte realisieren! Das stärkt Ihre Zuversicht in sich selbst und Ihre Motivation.
- Messen Sie bewusst den Effekt: Wie ging es Ihnen vor der Übung? Wie geht es Ihnen nach der Übung? Nutzen Sie dabei eine einfache Skala von 0 (»mies«) bis 10 (»sehr gut«).
- Als kleine Erinnerungshilfe für zwischendurch gibt es inzwischen die kostenlose App BODY 2 BRAIN – der nützlichere Blick auf das Handy. Und es gibt ein therapeutisches Kartenset, bei dem einzelne Übungskarten als Tages-Memory schnell mal aus der Tasche gezogen werden können.
- Außerdem gibt es einen kleinen Tischaufsteller mit fröhlichen BODY 2 BRAIN Abbildungen und verständlichen Anleitungen einschließlich Erklärungen (siehe Bücherverzeichnis am Ende).
- Aus allem zusammen sollte für Sie ein schönes Ganzes entstehen: eine resiliente Lebenshaltung, die Lebensstürme wohlbehalten übersteht.

BODY 2 BRAIN – sich fit machen zum Durchstarten: Mini-Pause

- Dehnen und strecken Sie sich ausgiebig und genussvoll.
- Strampeln und trampeln Sie dann mit Ihren Füßen mindestens fünf Sekunden lang herzhaft und kraftvoll.
- Machen Sie den Mund weit auf: »Aaah«. Falls Sie es nicht laut aussprechen können oder möchten, dann tun Sie nur so als ob – auch das ist effektiv.
- Und nun weit und neugierig die Augen öffnen, nach rechts und links schauen: aktiv die Welt anblicken.

Einfach, aber wirksam: Diese muskulären Dehn- und Aktivierungsbewegungen werden von den Versorgungsnerven der beteiligten Muskelgruppen sofort an das Großhirn weitergeleitet und von da aus über Neuronenvernetzungen zum Signal »lustvolles Entspannen« weiterverarbeitet. Das wird auch von den emotionalen Zentren im Gehirn vernommen und führt dort zur Produktion entsprechender Neurotransmitter.

Vor allem das Mundöffnen und das Entspannen im Kieferbereich sollten Sie immer wieder machen: Es ist eine effiziente Resilienzübung gegen körperliche und mentale Verbissenheit. Danach ist Ihr Gehirn gleich aufnahmefähiger für Neues.

Und das Ganze hat nur 60 bis maximal 180 Sekunden gedauert.

Lebenskraft und Resilienz – ein krisenfester Schatz

Ihre Urkraft

Kraft macht keinen Lärm.
Sie ist einfach da und wirkt.
ALBERT SCHWEITZER

Sie hatten schon immer Kraft

Dieses Buch möchte Sie zu Ihrer ureigenen Kraft führen, Ihnen bewusst machen, auf welche wertvollen Ressourcen in Ihrem eigenen Inneren Sie jederzeit zurückgreifen können, und Ihnen helfen, dieses Wissen tatsächlich zu nutzen.

Machen Sie sich doch gleich zu Beginn unserer gemeinsamen Reise einmal bewusst: Sie hatten schon immer Kraft. Wenn Ihnen das klar wird, werden Sie sich und Ihr Leben mit ganz anderen Augen sehen. Sie werden ein Gefühl von Stolz und Selbstachtung entwickeln und vor allen Dingen: Selbstvertrauen.

Wenn Sie Ihre Kraft einmal grundlegend erkannt haben, werden Sie an Krisen und Herausforderungen ganz anders herangehen.

Sie haben wie alle Menschen eine Lebensgeschichte, in der es einige oder sogar viele Krisen gab. Tatsache ist: Sie haben sie überlebt, sonst könnten Sie jetzt nicht hier sitzen und dieses Buch lesen. Sie hatten also die Kraft, mit all den anstehenden Herausforderungen, mit bisherigen Krisen und Gefahren in Ihrem Leben fertig zu werden. Welche Fähigkeiten aber waren es, die Ihnen geholfen haben? Meine Klienten können diese konkrete Frage oft erst einmal nicht beantworten. Geht es Ihnen ebenso? Dann lesen Sie einfach weiter.

Erinnerung kann auf zwei Weisen geschehen. Entweder wir zählen klagend und lamentierend sämtliche Schicksalsschläge auf und fühlen uns verfolgt, benachteiligt, vom Schicksal schlecht behandelt. Die Folge ist, dass wir bei einer derartigen Aufzählung und Erinnerung jede Menge an Stresshormonen ausschütten und uns – Sie ahnen es schon – elend fühlen, emotional unten, verzweifelt, unglücklich oder wütend und aggressiv, je nachdem, welcher Reaktionstyp wir sind.

Wir könnten uns unsere Krisen und Schicksalsschläge aber auch auf eine ganz andere Art und Weise anschauen: mit Stolz, mit Anerkennung und Mitgefühl und vor allen Dingen konstruktiv, eben mit der Überlegung, welche Fähigkeiten uns geholfen haben, diese Schwierigkeiten zu meistern. Mit dieser anderen Betrachtungsweise erzeugen wir in unserem Gehirn über entsprechende Neuronenvernetzungen eine völlig andere chemische Reaktion: Das Gehirn produziert jede Menge Glückshormone – Serotonin und Noradrenalin –, wodurch wir uns zunehmend gut fühlen. Wir erkennen uns an und fühlen uns kraftvoll, zuversichtlich und vielleicht sogar ein bisschen begierig auf neue Herausforderungen.

Erzählen Sie Ihr Heldenepos!

In allen Mythen und Märchen rund um die Welt werden Heldengeschichten erzählt. Geschichten über Menschen, die furchtbare Schicksale überstehen oder mit Ungeheuern kämpfen mussten. Als Kinder haben wir atemlos diesen Abenteuern gelauscht (im Kapitel »Resilienz verinnerlichen« können Sie Hänsel und Gretel noch einmal aus der Perspektive eines Resilienzforschers folgen). Und auch als Erwachsene gehen wir noch ins Kino und träumen von den Helden, die unsagbaren Gefahren ausgesetzt waren und sie bezwungen haben. Ach, wenn wir doch auch so wären!

Sie sind durchaus wie einer dieser Helden aus den alten Märchen und Mythen! Sie haben schon viel mehr überstanden und bewältigt, als Ihnen vielleicht auf den ersten Blick klar ist.

Bereits bei Ihrer Zeugung, bei Ihrer Entwicklung im Mutterleib, bei Ihrer Geburt waren Sie ein Held. In dem Augenblick, in dem sich Ihre Lungen entfaltet haben, als Sie Ihren ersten Schrei ausgestoßen haben, um genug Sauerstoff zu bekommen für Ihren Start in dieser Welt – da bewiesen Sie die Kraft, sich in dieses Leben einzubringen. Und dann später Ihre ersten Schritte; Ihre ersten Worte; das Finden von Spielkameraden; Freundschaften, die Sie geschlossen haben; Ihre Ausbildung, Ihr Beruf; Ihr Bemühen, einen Partner zu finden und Kinder zu haben oder allein zurechtzukommen – das alles ist keine Selbstverständlichkeit, sondern eine riesengroße Leistung und ein Zusammenspiel Ihrer Fähigkeiten und Tugenden. Bis zum heutigen Tag zu kommen – dazu gehört Kraft. Machen Sie sich das bewusst!

Wenn Sie sich dann noch die kleinen und großen Krisen in Ihrem Leben anschauen, die Sie überwunden haben: der Verlust von Heimat oder Freunden, vielleicht Todesfälle im Verwandten- oder Bekanntenkreis, Umzug, Trennung, Kündigung – und Sie leben immer noch! In Ihnen gab und gibt es Kräfte, die Ihnen geholfen haben, sich aus den Trümmern eines Zusammenbruchs zu erheben und einen Neuanfang zu schaffen. Das ist Resilienz! Aber noch einmal die Frage: Könnten Sie diese kraftvollen Fähigkeiten konkret benennen?

Eine höchst resiliente Frau

Einmal baten mich meine chirurgischen Kollegen um fachliche Unterstützung bei einer älteren Patientin, die sich bei einem Unfall den Oberarm gebrochen hatte und jetzt unter kaum beherrschbaren Schmerzen litt, die nicht auf Medikamente ansprachen. Zudem hatte die Frau Schlafstörungen und Panikattacken.

Ich traf eine freundliche ältere Dame an, die sehr bemüht war, trotz aller Schmerzen meine Fragen zu beantworten, und die für alle therapeutischen Angebote aufgeschlossen und dankbar war. Auf meine Bitte hin erzählte sie mir ihre Lebensgeschichte: Sie war noch ein kleines Mädchen gewesen, als ihre Eltern sich hatten scheiden lassen. Weder Vater noch Mutter konnten oder wollten sie zu sich nehmen, es gab keine Großeltern und keine anderen Verwandten, sodass das kleine Mädchen in ein Waisenhaus kam. Dort hatte sie nach einiger Zeit das große Glück, von einem Ehepaar adoptiert zu werden. Die Adoptiveltern waren freundlich und wohlhabend, und sie hatte eine gute Zeit. Das änderte sich dramatisch, als die Adoptivmutter verstarb und der Adoptivvater wieder heiratete. Die neue Frau an seiner Seite behandelte das Mädchen schlecht, noch mehr, als dann ein kleiner Sohn auf die Welt kam. Trotzdem gelang es dieser Patientin, eine Ausbildung zu machen, sie fand einen netten jungen Mann, die beiden heirateten und hatten zwei Töchter. Ende gut, alles gut, wie im Märchen.

Bis zu dem Augenblick, als die Patientin diesen Unfall hatte (sie stürzte durch eine Bodenluke ins »Bodenlose«). Im selben Augenblick gab es in ihrem Gehirn eine blitzartige Erinnerungsbrücke zurück zu jenen Situationen in der Kinderzeit, in denen sie auch plötzlich ins Bodenlose gestürzt war. An dieser Stelle unseres Gespräches begann die Patientin heftig zu weinen. Nachdem ich sie getröstet hatte, bat ich sie, mir zu sagen, welche Fähigkeiten es ihr ihrer Meinung nach möglich gemacht hatten, als Kind dieses wirklich schwere Schicksal zu überleben und das eigene Leben so gut zu gestalten. Sie dachte ein wenig nach und meinte, dass ihr vor allem ihre

Durchhaltekraft, ihre Dankbarkeit und Bescheidenheit sowie ihre Aufgeschlossenheit für alles geholfen hätten. Im weiteren Verlauf fielen ihr noch viele schöne Beispiele dafür ein, wie sie diese Qualitäten genutzt hatte. Während sie dies alles erzählte, bat ich sie, ihre Hand auf ihre Brust zu legen und immer wieder tief durchzuatmen. Ihr Gesicht entspannte sich dabei zusehends. Schließlich meinte sie, sie fühle sich jetzt ruhig, ganz stark und – sie habe auch im Augenblick überhaupt keine Schmerzen mehr.

Die Geschichte dieser Frau ist ein Paradebeispiel für Resilienz, für Widerstandsfähigkeit und für die Kraft, das Leben zu bewältigen. Es waren bestimmte Fähigkeiten, die ihr dabei geholfen haben. Die Erinnerung daran und somit die »Wiederbelebung« dieser Qualitäten ermöglichten es ihr, sich selbst in der aktuellen Krisensituation wieder zu stabilisieren. Der BODY 2 BRAIN Körpercode »Hand auf die Herzgegend legen und ruhig atmen« verstärkte diesen Effekt.

Das Anknüpfen an frühere Kräfte im Zusammenhang mit der Bewältigung früherer Lebensereignisse führt zu positiven Erinnerungen und somit zu positiven Gefühlen. Das wiederum löst einen biochemischen Sternschnuppenschwarm im Gehirn aus. Es werden Neurotransmitter erzeugt, die unter anderem eine euphorisierende und schmerzlindernde Wirkung haben. Zuversicht, Wohlbefinden, Lebenskraft – in diesem Zustand werden sie Realität!

Sorgen Sie für gute Gefühle und steigern Sie Ihre Kraft

Wenn Sie genau diesen Sternschnuppenschwarm häufiger in Ihrem Gehirn auslösen wollen, dann tun Sie das Folgende: Erinnern Sie sich an die Kräfte, die Ihnen in früheren, schwierigen Zeiten geholfen haben. Schreiben Sie eine Biografie Ihrer Charakterstärken und Ihrer Kräfte.

Die Aufzählung dazu im nachfolgenden Kasten stammt aus der Positiven Psychologie. Ich gebe sie meinen Patienten und Klienten gern, damit sie sich ihrer selbst bewusst werden, damit sie in ihrem zentralen Nervensystem den Schalter für einen positiven Bewusstseinsmodus umlegen, was zu neurochemischen Reaktionen führt, die emotional und mental stabilisierend wirken.

Bitte übernehmen Sie die aufgeführten Kriterien in der folgenden Übung unverändert so, wie sie dastehen. Nehmen Sie keine anderen Begriffe, fügen Sie nichts hinzu. Diese Eigenschaften und Charakterstärken werden auf der ganzen Welt als solche anerkannt. Ähnliche oder gänzlich andere Begriffe würden die Übung nur verwässern.

Gehen Sie nach Lebensabschnitten vor, die Sie einen nach dem anderen auf Ihre damaligen Fähigkeiten hin untersuchen. Es könnte sein, dass sich eine Fähigkeit wie ein roter Faden durch Ihr ganzes Leben zieht. Oder vielleicht hatten Sie eine Zeit lang eine bestimmte Stärke, die Sie plötzlich in einem anderen Lebensalter dann nicht mehr lebten. Andere traten möglicherweise überhaupt erst ab einem bestimmten Lebensabschnitt auf. Wahrscheinlich wird sich Ihr Gehirn im Zusammenhang mit dieser Stärken-Liste an alle möglichen schönen Begebenheiten erinnern. Tauchen Sie ein in Ihre biografische Schatzkiste!

Sollte Ihnen zu einem Lebensabschnitt erst einmal gar nichts einfallen, dann sparen Sie ihn vorerst aus. Vielleicht müssen Sie Ihre Verwandten fragen, Ihre Familie, Ihre Freunde. Irgendwann werden Sie dazu noch eine Erleuchtung haben und eine Stärke finden. Nehmen Sie sich Zeit für diese positive Bestandsaufnahme Ihrer Fähigkeiten – es lohnt sich wirklich. Dadurch werden Sie sich bereits bestehender Grundlagen Ihrer Resilienz bewusst.

Die Biografie Ihrer Charakterstärken – Ihr Resilienzguthaben

Machen Sie diese Übung schriftlich, dadurch intensivieren Sie das Erlebnis und die Erinnerung. Notieren Sie, welche Fähigkeiten und welche Stärken Sie während der einzelnen Lebensabschnitte hatten. Am besten reservieren Sie sich auf einem Blatt Papier für jeden Lebensabschnitt eine Spalte und suchen dann unter den aufgezählten Fähigkeiten, welche Sie in welchem Alter hatten.

Meine Charakterstärken in den biografischen Zeitabschnitten:

- Ich als kleines Kind
- Ich als Teenager
- Ich vor 10 bis 15 Jahren
- Ich jetzt
- Ich in 1 bis 10 Jahren (Welche Fähigkeiten will ich dann praktizieren? Was ist meine Vision von mir?)

Meine positiven Fähigkeiten (in Anlehnung an die Positive Psychologie und Martin Seligman) gemäß folgender Merkmale:

Bereich Weisheit und Wissen
- Neugier, Interesse für die Welt, Lerneifer
- Urteilskraft, kritisches Denken, Aufgeschlossenheit
- Einfallsreichtum, Originalität, praktische Intelligenz
- Soziale Intelligenz, persönliche Intelligenz (das Verstehen eigener Gefühle und eigenen Verhaltens), emotionale Intelligenz
- Weitblick

Bereich der Humanität und Liebe
- Freundlichkeit und Großzügigkeit
- Die Fähigkeit, zu lieben und sich lieben zu lassen

Bereich Mut

- Tapferkeit und Zivilcourage
- Durchhaltekraft, Fleiß, Gewissenhaftigkeit
- Integrität, Echtheit, Ehrlichkeit, Lauterkeit

Bereich der Gerechtigkeit

- Gemeinschaftssinn
- Pflichtgefühl und Loyalität
- Fairness und Ausgleich
- Fähigkeit der Menschenführung

Bereich der Mäßigung

- Selbstkontrolle
- Klugheit, Besonnenheit, Vorsicht
- Demut und Bescheidenheit

Bereich der Transzendenz

- Sinn für Schönheit und Vortrefflichkeit
- Dankbarkeit
- Hoffnung, Optimismus, Zukunftsbezogenheit
- Spiritualität, Gefühl für Lebenssinn, Glaube, Religiosität
- Die Fähigkeit, zu vergeben und Gnade walten zu lassen
- Spielerische Leichtigkeit und Humor
- Begeisterung, Leidenschaft, Enthusiasmus

Beobachten Sie beim Erinnern und Schreiben auch, wie sich Ihre Gefühle verändern und ob Sie vielleicht in zunehmendem Maße Selbstachtung, Selbstanerkennung und Selbstwertschätzung für sich spüren, einen gewissen Stolz, wie man ihn sonst eher für seine Kinder empfindet oder für seinen Partner (hoffentlich). Vor allen Dingen werden Sie realisieren, welche Kraft in Ihnen schlummert, welche besonderen Stärken Sie haben. Die gilt es, wahrzunehmen.

Die Kräfte verankern

Schon die Natur lehrt es jedem,
dass der Gebrauch der Kraft
die Kraft nicht allein weckt,
sondern sie ganz besonders
auch erhöht und steigert.

FRIEDRICH WILHELM AUGUST FRÖBEL

Ein wesentlicher Bestandteil dieses Resilienzbuches sind praktische Übungen aus der von mir entwickelten Methode BODY 2 BRAIN, die als Mentaltraining über einen körperpsychotherapeutischen Ansatz wirkt. Teilweise kombiniere ich diese Übungen mit abgewandelten Techniken der bilateralen Stimulation. Beide Wege werden Sie im Folgenden noch detailliert kennen- und hoffentlich auch lieben lernen. Anwenden sollten Sie sie aber am besten jetzt gleich, damit Sie die kraftvollen Erinnerungen an Ihre Charakterstärken und damit an Ihre Resilienz aus der letzten Übung in Ihrem Gehirn verankern. In Ihrem Unterbewusstsein werden sie dann segensreich weiterwirken.

Machen Sie die Übung im folgenden Kasten auf der Basis Ihrer Charakterstärken-Biografie regelmäßig wenigstens einmal pro Woche, um Ihre mentale Kraft durch gute Erinnerungen an Vergangenes für das Hier und Jetzt und für die Zukunft zu trainieren.

BODY 2 BRAIN –
Praxis zur Verankerung Ihrer ureigenen Kraft

- Legen Sie die Liste Ihrer besonderen Kräfte in Sichtweite vor sich hin. Lesen Sie sie durch und lassen Sie dabei gute Erinnerungen aufsteigen. Lächeln Sie dabei auch ein wenig.
- Legen Sie Ihre Hand sacht auf Ihre Brust – etwa in Höhe des Herzens. Atmen Sie ruhig ein und aus, schließen Sie zwischendurch die Augen und visualisieren Sie Ihre Kraft-Erinnerungen.
- Denken Sie dann an die Zukunft: Welche Ihrer Kräfte brauchen Sie in der nächsten Zeit? Welche Stärken wollen Sie noch entwickeln oder wieder mehr pflegen?
- Nun klopfen Sie mit beiden Händen, abwechselnd rechts und links, langsam und leicht auf Ihre Oberschenkel – maximal eine Klopfbewegung pro Sekunde, insgesamt etwa eine Minute lang. Währenddessen leuchten die Resilienzerinnerungen und -visionen in Ihrem Gehirn wie kleine Lichtpunkte auf.
- Atmen Sie ruhig ein und aus und vergessen Sie das Lächeln nicht. Wiegen Sie sich leicht hin und her.
- Wann immer Sie die Übung beenden wollen, dehnen und strecken Sie sich genussvoll, stampfen ein wenig mit den Füßen und öffnen noch mal den Mund zu einem »Aaah«.

Einfach, aber wirksam: Über Ihre Augen und den Sehnerv wecken die gelesenen Worte im Gehirn Erinnerungen, verbunden mit positiven Gefühlen und der Produktion guter Neurotransmitter. Die Muskelaktion des Lächelns verstärkt diesen Effekt ebenso wie das ruhige Atmen. Eine freundliche Berührung des Körpers wird von den Hautnerven ans Gehirn weitergeleitet und vergrößert dort die Bereitschaft, Neues zu lernen. Das Klopfen im Rechts-Links-Wechsel verankert dies, wobei die bilaterale Stimulation (siehe Abschnitt »Zusätzliche Hilfe durch bilaterale Stimulation« am Ende des Kapitels »BODY 2 BRAIN CCM®«) zum Tragen kommt.

Damit haben Sie bereits eine gute Basis für Ihr Resilienztraining geschaffen: gute Erinnerungen, kraftvolle Ziele und deren Verankerung mit einer Mentaltechnik. Im dritten Teil des Buches werden Sie anhand dieser Technik einige Charaktertugenden in sich weiterentwickeln können, die für Resilienz besonders hilfreich sind. Zuvor aber bitte ich um Ihr Interesse für ein paar theoretische Grundlagen, die Ihnen zeigen, wie Sie Ihre Gefühle, Ihr Gehirn und Ihren Körper auf Resilienz einstimmen können. Und damit Sie wirklich etwas davon haben, werde ich diese Informationen immer auch mit praktischen Anregungen durchmischen.

Was genau ist Resilienz?

Der weiße Lotos wurzelt im Schlamm
und schwimmt strahlend rein auf dem Wasser.
SHANTIDEVA

Eine alte neue Fähigkeit des Menschen

Zu Resilienz finden Sie derzeit bei Suchmaschinen fast zehn Millionen Einträge. Resilienz wird als Stehaufmännchen-Effekt beschrieben, als Immunsystem der Seele, als Widerstandskraft oder psychische Widerstandsfähigkeit. Es ist die Fähigkeit, mit schwierigen Umständen, kleinen und großen Herausforderungen und Krisen erfolgreich umzugehen. Resilienz steht inzwischen (zu meiner großen Freude) auf den Lehrplänen in Kindergärten für die Kleinen, und es gibt dicke Handbücher zum Resilienztraining für Manager. Man spricht mittlerweile von resilienten Organisationen, Unternehmen und Gesellschaften. Wie schön!

Dabei ist Resilienz aber gar kein neuer Begriff, keine neue Bewegung, keine neue Strategie. Die damit umschriebene Fähigkeit existiert – wie so viel Gutes und Lebensnotwendiges – in der Geschichte der Menschheit (oder besser des Kosmos) schon immer. Direkte Resilienzforschung wird seit den 1950er-Jahren systematisch betrieben. Resilienztraining ist Teil jeder Psychotherapie, aber auch jedes guten Coachings: Auch da geht es um die Wiederherstellung und Aufrechterhaltung der eigenen Stabilität und den richtigen Umgang mit Belastungen, Krisen oder traumatischen Erlebnissen. Resilienz ist ein Rettungsring für gutes Überleben.

Da ich als Neurologin weiß, dass sich allein durch bestimmte Worte bereits ein inneres Bild und damit eine Einstellung, eine Emotion und ein biochemischer Prozess entwickeln (siehe unser kleines gemeinsames Experiment mit dem fliegenden rosa Elefanten und seinen grünen Ohren), habe ich Vorbehalte gegen den Begriff der Widerstandsfähigkeit als Bezeichnung für Resilienz. Denn »Widerstand« ist durchaus auch mit unangenehmen Vorstellungen wie Anstrengung, Ärger, Stress und somit negativen Gefühlen verbunden. Ich bevorzuge daher den schönen bildhaften Begriff des Lotoseffektes – eines Abperleffektes – für Resilienz.

Der Lotos-Abperleffekt

Der Lotoseffekt als Bild für Resilienz kommt dem ursprünglichen lateinischen Begriff *resilire* (»abprallen«, »zurückspringen«) sehr nahe. Sie kennen wahrscheinlich diesen Effekt: Speziell bei Lotospflanzen wurde beobachtet, dass das Wasser von den Blättern in Tropfenform abperlt, dabei werden auch alle Schmutzpartikel von der Oberfläche aufgenommen und abtransportiert. Dieser bei unterschiedlichen Pflanzen und Insekten beobachtete Vorgang wird inzwischen in vielen technischen Bereichen genutzt. Der Lotoseffekt dient grundsätzlich dem Schutz einer Pflanze oder eines Lebewesens vor Krankheitserregern. Ein weiterer wichtiger Effekt ist, dass durch die verhinderte Verschmutzung die Lichteinwirkung auf die Pflanze verbessert wird.

Ihre Resilienz als Abperleffekt

Entwickeln Sie ein inneres Bild dazu:

- Ihre Resilienz sorgt dafür, dass schlechte Gefühle, unberechtigte Ängste und krankmachende Gedanken von Ihnen abperlen.
- Ungute und belastende Erlebnisse, die nicht zu vermeiden sind, können Ihnen nicht zu nahe kommen.
- Durch den Abperleffekt bleiben Sie empfänglich für gute Einflüsse, die Ihr inneres Wachstum und Ihre Gesundheit fördern.

Machen Sie dazu gleich die Übung im nachfolgenden Kasten, mit der Sie das Bild des Abperleffektes in Ihrem Gehirn verstärken und verankern können.

Die Resilienzforschung

Nachdem Sie nun ein schönes Bild zur Resilienz entwickelt und vor allen Dingen ein Körpergefühl dazu wahrgenommen und gefördert haben, möchte ich einige für unseren Zusammenhang relevante Forschungsergebnisse zur Resilienz zusammenfassen.

Der US-amerikanische Soziologe und Psychologe Jack Block hat den Begriff der Resilienz eingeführt, und die US-amerikanische Psychologie-Professorin Emmy E. Werner hat eine der damals grundlegenden Studien dazu vorgelegt: Sie beobachtete die Entwicklung von Hunderten von Kindern aus schwierigen sozialen Verhältnissen auf der Insel Hawaii, mit dem erstaunlichen Ergebnis: Mehr als die Hälfte dieser Kinder erwies sich als resilient gegen die widrigen Lebensumstände, sie konnte sich gut entwickeln und ein »geglücktes Leben« gestalten.

BODY 2 BRAIN – Übung zur Verstärkung des Lotos-Abperleffektes

- Schütteln Sie abwechselnd Ihre Hände, mal die rechte Hand, mal die linke, so als wollten Sie Wasser von ihnen abschütteln. Machen Sie die Bewegungen rhythmisch, bestimmt, kraftvoll, nicht zu schnell oder zappelig.
- Genauso machen Sie es nun mit Ihren Beinen und Füßen: Schütteln Sie diese ein wenig aus. Wieder rhythmisch, bestimmt, lustvoll und kraftvoll.
- Machen Sie dann kleine lockere Schüttel- und Kreisbewegungen mit Ihren Schultern, ebenfalls abwechselnd rechts und links, so als wollten Sie kleine Rucksäckchen oder Lasten von Ihren Schultern abwerfen. **Let it roll off your shoulders** (Lass es abperlen): Die englische Redewendung passt einfach wunderbar zu dieser Übung!
- Und nun noch zart jede Hand im Rechts-Links-Wechsel trockenpusten, damit auch der Atem integriert wird in den Abperleffekt.

Einfach, aber wirksam: Die muskuläre Lockerung durch die Schüttel- und Kreisbewegungen wird von den beteiligten Nervenbahnen an das Gehirn weitergeleitet, und zwar gewissermaßen mit dem Losungswort: »Es kann nichts Negatives andocken, locker bleiben ist möglich.« Das führt zu mentaler Zuversicht, einem Kennzeichen der Resilienz.

Der Rechts-Links-Wechsel (bilaterale Stimulation) verstärkt den Effekt.

In Europa halte ich den französischen Neurologen und Psychiater Boris Cyrulnik für besonders wichtig. Seine Forschung zur Resilienz und seine Anwendung der Untersuchungsergebnisse in Krankenhäusern und universitären Einrichtungen ebenso wie seine Schriften gehören zu den wesentlichen und nicht zuletzt auch verständlichsten Beiträgen zur Resilienz. Vor allem aber ist Boris Cyrulnik das lebende Beispiel für Resilienz: Als Sohn jüdischer Eltern, die nach Frankreich emigriert waren, dort deportiert wurden und dem Holocaust zum Opfer fielen, war er selbst hin- und hergerissen zwischen Verwandten und einer Pflegefamilie. Er schaffte es dennoch, sein Leben nicht nur zu bewältigen, sondern daraus einen fruchtbaren Beitrag für andere Menschen zu transformieren.

Boris Cyrulnik ist für mich ein gutes Beispiel für den Lotoseffekt: Das Schlechte perlt ab, Destruktives kann sich nicht in der Psyche festsetzen, stattdessen werden die Geschehnisse für die persönliche Entwicklung und für die Bereicherung anderer genutzt.

Kriterien für Resilienz

Resiliente Menschen sind anpassungsfähig, belastbar, aufmerksam, tüchtig, gescheit, neugierig und voller Selbstvertrauen. Sie zeigen hervorragende Werte bei dem sogenannten Big-Five-Persönlichkeitsprofil, einem Fünf-Faktoren-Modell der Persönlichkeitspsychologie, das Menschen nach fünf Dimensionen einordnet. Danach sind sie tendenziell

- ruhig und emotional ausgeglichen,
- selbstsicher,
- gesellig,
- gut organisiert und effektiv,
- kooperativ.

Menschen mit guter Resilienz sind freundlich und mitfühlend, sie haben eine hohe soziale Verträglichkeit. Sie können nicht nur gut für sich selbst sorgen, sondern auch für andere Menschen, sie sind hilfsbereit und behandeln andere mit Verständnis, Wohlwollen und Mitgefühl. Interessanterweise sind sie, obwohl selbstsicher, durchaus auch nachgiebig oder zum Nachgeben bereit – weil selbstsichere Menschen nicht auf ihr Recht und ihr Rechthaben pochen müssen.

Resiliente Menschen sind offen für Erfahrungen und empfänglich für Anregungen. Sie sind tendenziell optimistisch, interessieren sich für vieles und erproben gern neue Handlungsweisen. Sie hinterfragen kritisch, sind aber dabei auch bereit, neue Werte zu akzeptieren. Sie sind weder Draufgänger noch Erbsenzähler, sondern in ihrer Gewissenhaftigkeit verantwortlich, zuverlässig, planend und überlegt.

Kommen Ihnen diese Qualitäten bekannt vor? Die Definition der Resilienz stimmt ziemlich genau mit den Charaktertugenden überein, die von der Positiven Psychologie als förderlich angesehen werden und die Sie im Zusammenhang mit der Charakterstärken-Liste aus der Übung »Die Biografie Ihrer Charakterstärken« schon kennen. Und bei dieser Gelegenheit: Erinnern Sie sich doch gleich noch einmal an Ihre eigenen dabei entdeckten Tugenden und Resilienzkräfte. Loben und wertschätzen Sie sich dafür. Warum? Weil jede gute Erinnerung ein Gehirntraining für mehr Stabilität und Resilienz ist, denn es entstehen dabei gute Gefühle wie Stolz und Freude mit einer entsprechenden biochemischen Reaktion.

Resilienz bei Kindern

Es gibt kaum eine bessere Zukunftsinvestition (neben denen in Liebe und Bildung), als dass Sie Kindern helfen, ihre Resilienz zu entwickeln und zu stärken. Und letztlich ist Resilienz sogar ein Teilaspekt von Liebe und Bildung. Kindliche Resilienz – ob Ihre eigene Resilienz als Kind oder die Resilienz Ihrer oder fremder Kinder – können Sie an folgenden Merkmalen festmachen:

- Resiliente Kinder erbringen meistens ohne großen Aufwand gute Schulleistungen, denn die Schule macht ihnen Spaß und sie sind neugierig und an allem interessiert.
- Sie haben ihre Affekte besser unter Kontrolle und sind disziplinierter. Das verschafft ihnen Sympathie, was ihre Selbstsicherheit verbessert.
- Sie sind eher in der Lage für den Belohnungsaufschub.
- Resiliente Kinder sind anderen Menschen zugewandt, sie reagieren positiv auf Aufmerksamkeit.
- Resiliente Kinder sind einfühlsam und emotional.
- Sie sind vertrauensvoll und wenig aggressiv.
- Sie ersuchen andere Menschen bei Bedarf um Hilfe.
- Sie haben eine wirklichkeitsnahe Selbsteinschätzung.
- Sie haben realistische Zukunftsvorstellungen.
- Sie haben Fantasie und sind experimentierfreudig (Paradebeispiel: Michel aus Lönneberga aus der Erzählung von Astrid Lindgren).
- Resiliente Kinder können sich sozial gut einbringen und anpassen.
- Sie sind Erklärungen gegenüber einsichtiger.
- Sie suchen die Nähe von Erwachsenen als »Lehrmeister« und versuchen, deren Erwartungen zu erfüllen.

Vielleicht – oder hoffentlich – werden Sie mit dieser Liste im Kopf die eine oder andere Eigenart oder den Eigensinn Ihres Kindes mit anderen Augen sehen, sie anerkennen und fördern. Mehr dazu auch im Kapitel »Resilienz für Kinder und Jugendliche«).

Eine kleine Heldin

Eine meiner Klientinnen zeigte schon als Kind hohe Resilienz. Obwohl ihr Vater früh die Familie verlassen hatte und sie in einem sozial schwierigen Umfeld aufwuchs, war sie auffallend charakterstark und voller guter Eigenschaften. Als wieder einmal alle Mitschüler im Unterricht herumtobten, sagte sie ganz ruhig: »Seid mal still, ich will hören, was der Lehrer sagt.« Daraufhin gab ihr eine Mitschülerin eine derartige Ohrfeige, dass sie vom Stuhl fiel. Meine damals zehnjährige Klientin stand ruhig wieder auf, setzte sich genauso ruhig hin und konzentrierte sich wieder auf den Lehrer – der übrigens nicht eingegriffen hatte. Sie hatte die Situation für sich selbst in Ordnung gebracht. Im Jahr darauf wurde sie zur Klassensprecherin gewählt, und die Mitschülerin, von der sie damals geohrfeigt worden war, bot ihr künftig Schutz an.

Stärken Sie Ihre Resilienz durch Training

Sie könnten jetzt natürlich bei allen möglichen Anbietern Resilienztests durchführen. Besser als wiederholte Überprüfung mit Punktwerten und Skalen ist aber das gezielte und konsequente Üben von Resilienz. Denn diese Fähigkeit ist zwar einerseits eine Frage genetischer Faktoren – sie wird tatsächlich aufgrund bestimmter Gene vererbt. Andererseits aber ist Resilienz trainierbar. Das bedeutet: Wenn Sie resiliente Eltern hatten, dann hatten Sie schon mal Glück, denn dadurch ist es für Sie wesentlich leichter, auch resilient zu sein. Aufgrund Ihrer Beobachtungsgabe, Ihres Verstandes und Ihrer Spiegelneuronen konnten Sie von dem Resilienzverhalten Ihrer Eltern profitieren und lernen. Sollten Ihre Eltern hingegen wenig resilient gewesen sein, trösten Sie sich, denn Sie können aufgrund Ihrer Intelligenz, Ihres Willens und eines konsequenten Trainings lebenslang Ihre Resilienz verbessern. Dies beweisen nicht zuletzt die Untersuchungsergebnisse der Resilienzforscherin Emmy E. Werner.

In diesem Buch lernen Sie ganz konkrete Übungen, mit deren Hilfe Sie Ihre Resilienz trainieren und Ihre Lebenskraft stärken können.

Lebenslanges Lernen ist heutzutage angesagt und dank der neuronalen Plastizität des Gehirns auch möglich. Mit diesem Begriff wird die großartige Fähigkeit des Gehirns und allgemein der Nervenzellen beschrieben, sich unentwegt zu verändern und dem anzupassen, wofür sie gebraucht werden. Das bedeutet für Sie, dass Sie ein Leben lang Ihre Charakterstärken und Ihre Resilienz »aufpolieren« können und auch immer wieder sollten. Bedenken Sie: Sie tun es für Ihre Gesundheit und Ihr Lebensglück. Sie tun es aber auch, um andere Menschen – zum Beispiel Ihre Kinder, Nachbarn und Freunde oder die Mitmenschen ganz allgemein – zu ermutigen und ihnen ein lebendiges Vorbild für ein gelungenes Leben zu sein. Ich bin der Meinung, dass wir geradezu verpflichtet sind, mit unseren guten Eigenschaften als Multiplikatoren zu wirken und davon etwas an andere weiterzugeben. Das halte ich für einen wesentlichen Sinn unseres Lebens.

Übrigens: Resiliente Menschen sehen in ihrem Tun und Wirken immer einen Sinn. Wenn Sie bisher vielleicht Ihren Lebenssinn gesucht haben, haben Sie nun einen sinnvollen Grund für Ihr Dasein: gute Fähigkeiten in sich zu entdecken, zu fördern und weiterzugeben. Sie werden Anerkennung und Dankbarkeit dafür ernten, und das wiederum bewirkt in Ihnen gute Gefühle und fördert Ihre psychomentale Gesundheit und Ihre Resilienz. Deshalb schnell noch mal zwischendurch die kleine Abperlübung:

BODY 2 BRAIN – noch einmal der Lotos-Abperleffekt

- Schütteln Sie nochmals Ihre beiden Hände im Wechsel.
- Und noch mal die Beine und Füße ein wenig ausschütteln, ebenfalls abwechselnd rechts und links.
- Und nun noch kleine lockere Schüttel- und Kreisbewegungen mit den Schultern, ebenfalls abwechselnd rechts und links.

Einfach, aber wirksam: Durch Körperbewegungen und schöne Erlebnisse aktivierte Neuronenverbindungen bewirken im Gehirn eine emotionale Stabilisierung. Um solche neuen Muster schließlich fest zu übernehmen, braucht das Gehirn: Wiederholung, Übung, Wiederholung, Übung. Und das in kurzen Zeitabständen, besonders anfangs.

Auf dem Weg zur resilienten Gesellschaft

Resilienz ist auch für Führungskräfte und für Unternehmen zunehmend wichtig oder besser: in diesen Zeiten der schnellen Veränderungen und Arbeitsverdichtung ein absolutes Muss! Eine Führungskraft, die konsequent die eigene Resilienz trainiert, wird auch auf die Kräfte der Mitarbeiter besser achten und diese entsprechend fördern, um der zunehmenden Erschöpfung vorzubeugen. Untersuchungen konnten ganz klar bestätigen, dass resiliente Menschen über bessere Führungsqualitäten und Führungstugenden verfügen und unternehmerisch deutlich bessere Ergebnisse erzielen.

Selbst wenn Sie »nur« Arbeitnehmer sind: Sie haben auch Mitverantwortung – für sich selbst, für die Gestaltung eines gesunden Arbeitsklimas und für den guten Umgang mit den Ressourcen Ihrer Kolleginnen und Kollegen. Resilienz am

Arbeitsplatz und in der Arbeitswelt hält physisch und psychisch gesund und fördert die Freude und Motivation an der Arbeit.

Resiliente Menschen sind keine Übermenschen, sie sind nicht Superman und nicht immer vom Erfolg geküsste Glückskinder. Sie sind auch nicht absolut frei von Zweifeln oder Ängsten, aber sie lassen sich von Schwierigkeiten nicht lähmen. Es kann furchtbare Lebensereignisse geben, die auch einen Resilienten niederschmettern. Doch der Lotoseffekt wird ihm helfen, sich wieder zu erheben und sich neu zu organisieren wie Phönix aus der Asche. Das wünsche ich auch Ihnen. Und ich hoffe, dass Ihnen die Anregungen dieses Buches als Resilienzinspiration dienen.

BODY 2 BRAIN CCM®

Es kommt darauf an, den Körper mit der Seele
und die Seele durch den Körper zu heilen.
OSCAR WILDE

Nachdem Sie nun – hoffentlich – schon einige BODY 2 BRAIN Übungen gemacht haben und noch viele weitere auf Sie warten, wird es jetzt wirklich Zeit, Ihnen die Methode genauer zu erklären.

Wie alles begann

Ich war ursprünglich »nur« eine hoch engagierte Neurologin. Es waren meine Patientinnen und Patienten und meine Neugier, die mich vor vielen Jahren einen zusätzlichen psychotherapeutischen Weg mit Schwerpunkt Körpertherapie einschlagen ließen. Ich war damals Stationsärztin einer neurologischen Frauenstation und behandelte dort auch viele Patientinnen mit Multipler Sklerose, einer chronisch entzündlichen Erkrankung des zentralen Nervensystems. Dabei fiel mir auf, dass Stress häufig zu einer massiven Zunahme der Symptome führte. Nachdem es bei einer Patientin bei einer belastenden Verhandlung noch im Gerichtssaal zu einer Zunahme ihrer Lähmungen gekommen war, riet ich ihr zum Aufenthalt in einer psychosomatischen Klinik, um ihre Widerstandsfähigkeit gegen Stress zu verbessern. Nach einem längeren Aufenthalt dort stellte sie sich erneut in meiner Ambulanz vor, und ich konnte es nicht fassen: Diese Frau, die unter ausgeprägten Lähmungserscheinungen und Gleichgewichtsstörungen gelitten hatte und sich nur unsicher und mühselig auf den Beinen hatte halten können, kam nun relativ standfest und trittsicher in mein Untersuchungszimmer. Natürlich wollte ich wissen, was diese Verbesserung bewirkt hatte. Medikamente? Nein, vielmehr Konzentrative Bewegungstherapie (KBT).

Nachdem ich nichts über KBT wusste, in der Literatur nur wenig fand und mir somit nicht viel darunter vorstellen konnte, blieb mir nichts anderes übrig, als mich für einen Kurs anzumelden und die Wirkung dieser körperorientierten psychotherapeutischen Methode im wahrsten Sinn des Wortes am eigenen Leib zu erleben. Mir wurde klar, dass jede körperliche und emotionale Reaktion durch den ständigen Informationsaustausch und das Zusammenspiel zwischen Körper und Gehirn entsteht.

Um kein Missverständnis aufkommen zu lassen: Diese Patientin war nicht geheilt, aber während der körperorientierten Psychotherapie hatte sich ihre Symptomatik gebessert. Sie hatte gelernt, mit Belastungen anders umzugehen, sodass sich Stress und die damit verbundenen negativen Gefühle und Stresshormone weniger stark entwickeln konnten und dadurch der Stress keine negativen körperlichen Auswirkungen im Sinne einer Krankheitsverschlimmerung mehr hatte.

Körper und Gefühle: Wechselseitige Wirkungen

Für meine neurologische Tätigkeit war die körperorientierte Psychotherapie eine große Bereicherung. Ich begann, neurologische körperliche Untersuchungen und Beobachtungen nicht nur als Hinweise für neurologische Erkrankungen zu nutzen, sondern auch als Hinweise auf den seelischen und emotionalen Zustand der jeweiligen Patienten. Ich versuchte, die Körpersprache von Kranken und schließlich auch von gesunden Menschen zu verstehen.

Und dann passierte das Entscheidende für die Entwicklung der BODY 2 BRAIN Methode: Mir wurde klar, dass der Körper nicht nur das Sprachrohr der Befindlichkeit oder der Gefühle ist, sondern dass er mit seinen vielfachen Fähigkeiten und Möglichkeiten die Gefühle auch ständig beeinflusst oder sogar gezielt steuert, was uns aber meistens gar nicht bewusst ist. Dann musste es doch im Umkehrschluss auch möglich sein, ganz bewusst körperliche Aktivitäten für emotionales Wohlbefinden zu nutzen. Diese Idee ließ mir keine Ruhe mehr. Ich nahm bestimmte Körpersignale bei meinen Patienten nun anders und genauer wahr als bisher und machte kleine Angebote zu tieferer Atmung, aufrechter Körperhaltung oder energischer Gangart. Mit dem Ergebnis, dass sich dadurch oft die Stimmung und die Zuversicht der Patienten verbesserte – und auch die körperliche Genesung sich beschleunigte.

BODY 2 BRAIN – Die Wirkung einer Körperhaltung erleben

Bitte machen Sie diese Übung wirklich jetzt gleich und lesen Sie erst dann weiter:

- Senken Sie Ihren Kopf – möglichst tief, Kinn auf die Brust.
- Lassen Sie den Kopf mindestens 30 Sekunden lang so hängen.
- Ziehen Sie dabei auch noch Ihre Mundwinkel nach unten und Ihre Augenbrauen zusammen.
- Und nun sagen Sie ganz laut: »Ich bin ja so glücklich.«

Wenn ich diese Übung bei einem Vortrag vorstelle und die Teilnehmer sie durchführen, wird der Satz »Ich bin ja so glücklich« meist nur leise und schlecht gelaunt vor sich hin gemurmelt. Und nach einem kurzen Augenblick der Verblüffung entsteht ein großes Gelächter aufgrund der Erkenntnis: Das geht ja gar nicht! Das passt ja gar nicht zusammen! Durch diese Körperhaltung einschließlich der Mimik entsteht einfach kein Glücksgefühl.

Vielleicht kennen Sie den Cartoon der »Peanuts« aus den 1960er-Jahren, in dem Charlie Brown erklärt, dass man, wenn man etwas von seiner Depression haben will, unbedingt auch weiterhin den Kopf hängen lassen muss. Das ist eine wunderbare bildliche Darstellung dazu.

Der Gemütszustand zeigt sich an der Körperhaltung. Aber die Körperhaltung beeinflusst auch den Gemütszustand. Im Umkehrschluss bedeutet dies: Ändern Sie die Reihenfolge! Verändern Sie über Ihre körperliche Haltung gezielt Ihre emotionale und mentale Haltung.

BODY 2 BRAIN – Kopf hoch

Bitte machen Sie auch diese Übung wirklich jetzt gleich, erleben Sie die Wirkung und lesen Sie erst dann weiter:

- Halten Sie Ihren Kopf in einer normalen, neutralen Position und erinnern Sie sich an eine kleine Begebenheit, die Sie traurig gestimmt hat. Vielleicht bemerken Sie dabei auch, dass traurige Erinnerungen sofort Ihre Stimmung, wenn auch nur minimal, verändern.
- Atmen Sie nun tief und langsam ein und heben Sie dabei Ihren Kopf hoch. Auch das Kinn etwas hochnehmen, als ob ein kleines imaginäres Auge direkt unter dem Kinn auch etwas sehen möchte.
- Atmen Sie nochmals tief ein. Richten Sie sich dabei insgesamt etwas auf, besonders im Bereich der Brustwirbelsäule.
- Beobachten Sie, ob und wie Sie durch das »Kopf hoch« Ihre Erinnerung und Stimmung aktiv verändern.

Einfach, aber wirksam: Durch die Signalübertragung des ruhigen Atmens und das Aufrichten des Kopfes entsteht im Gehirn über Neuronenverschaltungen ein Gefühl von Überblick und Zuversicht. Jede Aufwärtsbewegung bewirkt eine positive Gestimmtheit. Die winzige Kopf-hoch-Übung können Sie viele Male am Tag machen.

Dauer: jeweils gerade mal eine Sekunde für viel Wohlbefinden!

Nicht nur in der deutschen Sprache gibt es jede Menge Redewendungen, die in irgendeiner Form mit dem Körper oder einer Körpertätigkeit zu tun haben und im Zusammenhang mit Ermutigung oder Trost gebraucht werden. Beispielsweise »Kopf hoch« oder »Pfeif drauf!« Sie sollten sie ab jetzt wörtlich nehmen und gleich auf ihre Wirkung hin ausprobieren.

Körperpsychotherapeutische Erlebnisse

In »ZEIT ONLINE Wissen« Nr. 03 / 2013 war zu lesen: »Studien zeigen: Die Gefühle und Gedanken, die im Kopf entstehen, sind abhängig von dem Körper, auf dem er sitzt. Schon unbedachte Bewegungen oder Haltungen lenken unsere Empfindungen und Urteile. So können sich Menschen in Experimenten leichter an positive Ereignisse erinnern, wenn sie ihre Arme von unten nach oben heben oder wenn sie lächeln und aufrecht sitzen. Wer dagegen eine Weile in gekrümmter Haltung dasitzt, gibt bei frustrierenden Aufgaben schneller auf und ist bei Erfolgserlebnissen weniger stolz.«

Passend dazu begann ich ab dem Jahr 2000 systematisch und konsequent körperpsychotherapeutisch zu arbeiten. Im Rahmen meiner klinischen Tätigkeit hatte ich viel Gelegenheit dazu, denn dort wurden mir ständig Patienten vorgestellt, die kardiologisch, unfallchirurgisch oder internistisch relevante Körperbeschwerden und Erkrankungen zeigten und dadurch bedingte psychische und seelische Symptome wie Angst und Panik, Verzweiflung, Wut (auf das Schicksal oder die Ärzte), Scham (über die eigene Hilflosigkeit), Traurigkeit (über den Verlust der Gesundheit oder eines Körperteils), dazu Schmerzen und Schlaflosigkeit. Im Zusammenhang mit Krankheit entstehen – verständlicherweise – immer negative Gefühle und eine Stresssituation, was zur Produktion von Stresshormonen führt, die dem Heilungsprozess absolut im Wege stehen und wiederum die negativen Gefühle verstärken. Im schlimmsten Fall eine unendliche Negativspirale, in der der Patient passiv darauf hofft und wartet, dass der Arzt und das Schicksal es für ihn schon richtig machen werden.

Mein neurologisch-psychiatrischer Auftrag in diesem Szenario lautete »Diagnose und Therapievorschlag«, was im Krankenhausbetrieb meist bedeutet »Diagnose und medikamentöser Vorschlag«. Da diese Patienten jedoch teilweise schwer oder vielfach erkrankt waren und dementsprechend schon zahlreiche Tabletten einnehmen mussten, blieb für Psychopharmaka nicht mehr viel Spielraum. Diese haben wie Erstere meist zahlreiche Nebenwirkungen, die zum Beispiel für Herzpatienten, ältere Menschen, an Krebs Erkrankte, aber auch bei Infektionen, Leber- und Stoffwechselerkrankungen problematisch sind. Zusätzlich beeinflussen sie die Wirkung – im Sinne von Verstärkung oder Abschwächung – von anderen Medikamenten, zum Beispiel solchen für die Blutgerinnung. Außerdem waren manche Patienten von vornherein gegen Medikamente und zeigten Ablehnung und Misstrauen, andere hatten geradezu einen Ekel vor all den ihnen bereits verordneten Tabletten und wollten keine weiteren mehr schlucken (ein Grund, warum viele Patienten ihre Medikamente nicht regelmäßig oder gar nicht einnehmen und stattdessen wegwerfen – eine große Kostenbelastung für das Gesundheitssystem).

Das Wesentliche aber war: Diese Menschen litten unter der Krankheitssituation und deren Folgen, und eine Situation lässt sich nicht medikamentös behandeln. Ich begann also, ihnen kleine Körperübungen beizubringen und deren Wirkweise zu erklären. Es waren teilweise nur bestimmte Veränderungen der Körperhaltung, teilweise waren es Atemtechniken (Schlürfatmen, Abschnauben – all das werden Sie noch kennenlernen), oft kleine Körperaktivitäten ohne Kraftaufwand, die auch für einen geschwächten oder bettlägerigen Menschen machbar sind, zudem kleine Körpergesten oder Berührungen. Das waren für die Patienten Erlebnisse, die ihnen zeigten, dass sie noch die Kraft hatten, selbst etwas für sich zu tun – eine wichtige Erfahrung mit einem entsprechend guten Gefühl: Empowerment, Selbstbestimmung. Durch ein bisschen Körpereinsatz konnte ein wenig Lebenskraft und Lebensfreude zurückkommen.

> *Kleine Körperaktivitäten heben die Stimmung. Gute Stimmung führt zur Produktion von »guten« Neurotransmittern im zentralen Nervensystem, was definitiv einen Heilprozess unterstützt.*

Ich gehöre eher zu den bescheidenen und selbstkritischen Menschen, aber 2004 hatte ich so viele Erfahrungen und Fallbeispiele gesammelt, dass ich selbst daran glaubte, dass es sich bei meiner Arbeit um eine effektive und einfache Körperpsychotherapie handeln könnte. Die Methode BODY 2 BRAIN war geboren und ist seither eine geschützte Marke. Im gleichen Jahr entstand mein erstes Buch, in dem ich die Wirkung der Körperübungen ganz »unmedizinisch« vorstellte: »Überzeugend auftreten. Körpersprache und Selbstpräsentation für Frauen«.

In den folgenden Jahren stellte ich dann aus den vielen BODY 2 BRAIN Übungen diejenigen zusammen, die mir für die Bereiche Ermutigung, Schlaf, Optimismus, gute Gefühle am hilfreichsten erschienen, und machte daraus – Dank sei dem Kösel-Verlag – kleine »Überlebensbücher«. Und was ich dabei gehofft und auch geplant hatte: Viele Menschen haben diese Übungen schätzen und lieben gelernt und profitieren heute davon. Sie nutzen Körpercodes für gute Gefühle, zur Affektregulierung und Affektstabilisierung und vor allem: um Herr oder Herrin im eigenen psychomentalen Haus zu sein und das Leben mit allem Auf und Ab zu bewältigen. Resilienztraining pur.

Psychische Vorsorge kann so einfach sein und ist mir ein Herzensanliegen.

Inzwischen beschäftigt sich die Neurowissenschaft sehr ausführlich mit der Wirkung des Körpers auf die Psyche und fördert dabei Erstaunliches zutage. Man geht inzwischen davon aus, dass in der Psychotherapie mehr körperliche Behandlungsangebote gemacht werden sollten und diese zu einer ganz neuen Form von wirksamer Psychotherapie führen können.

Die Wirkweise von BODY 2 BRAIN CCM®

Körper und Gehirn befinden sich in einem ständigen Dialog miteinander, sie informieren und beraten sich, um dann möglichst schnell eine passende Antwort – eine körperliche oder kognitive (verstandesmäßige, vernünftige) Reaktion – zu geben. Das Gehirn ist die Schaltzentrale, aber auch Ihr gesamter Körper mit allen Organen und bis hin zu den Fingerspitzen besitzt ein riesiges Geflecht aus Nervenzellen und Nervenbahnen, die wiederum mit den Nervenbahnen und Nervenzellen des Gehirns verschaltet sind. Über diese »Datenautobahn« – 145 Millionen Kilometer im gesamten Körper! – werden unentwegt Informationen und Aufträge ausgetauscht. Ohne diesen Informationsfluss zwischen Gehirn und Körper wäre es Ihnen nicht möglich, das zu tun, was erforderlich ist oder was Sie tun wollen.

Die BODY 2 BRAIN Methode verbessert und optimiert auf der Basis von neurophysiologischen Erkenntnissen diesen körperlich-mentalen Informationsaustausch: Durch passende kleine Körperinterventionen (Körpercodes) wird auf die Emotionen Einfluss genommen. Die BODY 2 BRAIN Übungen können gute Gefühle auslösen und damit die Produktion förderlicher Neurotransmitter im Gehirn anstoßen. Gute Verhaltensmuster werden dadurch verstärkt, störende Verhaltensmuster und

Emotionen werden verbessert oder durch neue psychomentale Muster ersetzt. Hierbei ist die Ihnen bereits bekannte neuronale Plastizität des Gehirns wirksam.

BODY 2 BRAIN – Übung zur Veranschaulichung

- Stellen Sie sich kurz vor, dass Sie verzweifelt sind, und nehmen Sie dazu eine entsprechende Körperhaltung ein: den Kopf vorgebeugt, das Gesicht in den Händen vergraben, zusammengekauert. Sollten Sie eine ganz andere »Verzweiflungshaltung« haben, dann nehmen Sie diese ein.
- Nun die Frage: Wie klar können Sie im Augenblick denken, wie gut einen lösungsorientierten Gedanken fassen? Wohl eher nicht so gut.
- Atmen Sie jetzt tief ein, richten Sie Ihren Körper auf und setzen oder stellen Sie sich gerade und breitbeinig hin. Bewegen und rollen Sie Ihre Schultern ein bisschen, drehen Sie den Kopf nach rechts und links und schauen Sie sich um.
- Wie fühlen Sie sich jetzt? Immer noch so verzweifelt? Und haben Sie den Eindruck, dass durch die kleine Körperaktivität und die Änderung Ihrer Körperhaltung auch Ihr Kopf etwas klarer geworden ist?

Einfach, aber wirksam: Aufgerichtete Körperhaltung und Körperbewegung verbessern Ihre Stimmung und Entscheidungsfähigkeit unauffällig, aber nachhaltig.

Gezielte Stärkung der Resilienz

Mit BODY 2 BRAIN lassen sich die Gefühle beeinflussen und das Gehirn indirekt steuern. Die Übungen helfen in allen Alltagssituationen, in denen Sie sich gestresst fühlen, ob durch Zeitdruck, Leistungsdruck oder Kränkungen. Sie helfen aber auch in außerordentlichen Situationen und bei besonderen Belastungen – wenn Angst oder Panik, extreme Wut oder tiefe Verzweiflung Ihr Denken und Handeln zu lähmen drohen. Sie dienen zur Affektregulierung und -stabilisierung. Darüber hinaus unterstützen sie auch bei psychischen Erkrankungen wie Depression, Angsterkrankungen, psychosomatischen Beschwerden oder posttraumatischen Belastungsstörungen, aber ebenso bei körperlichen Beschwerden. Denn sie stärken die Resilienz – und die ist ein Gesundheitsfaktor.

Die Übungen sind für große und kleine, junge und alte Menschen gedacht, für alle, die sich in Belastungssituationen eine einfache und schnelle Hilfe wünschen. Denn sie sind überwiegend unauffällig durchführbar, brauchen meistens keinerlei räumliche Voraussetzungen oder irgendwelche Hilfsmittel. Sie können fast an jedem Ort und in jeder Situation durchgeführt werden, im Auto am Steuer, auf dem Weg von Büro A nach Büro B, in einer Warteschlange, während des Unterrichts, bei einer Prüfung – einfach immer.

Falsch machen können Sie bei den Übungen mit etwas Aufmerksamkeit nichts, schon allein deshalb nicht, weil sie einfach und genau beschrieben werden. Wenn Ihnen eine Übung nicht gefällt oder nicht guttut: Lassen Sie sie weg. Jeder Mensch ist ein Individuum, und somit dürfen und sollen Sie sich Ihr ganz persönliches, passendes BODY 2 BRAIN Programm zusammenstellen.

Die Übungen sind ganz einfach. Fast zu einfach, als dass man an irgendeine Wirkung glauben möchte. Was mithilfe der Methode aber passiert: Eigene Körpersprachmuster und ihre emotionalen Auswirkungen werden wahrgenommen, auf ihre Effektivität hin überprüft und dann bei Bedarf durch gezielte Übungen auf mögliche Erfordernisse umgestellt und um zusätzliche Möglichkeiten erweitert. Dadurch entsteht eine neuronale Musteränderung und damit auch eine psychomentale Verhaltensänderung. Die Körperübungen bewirken eine mentale und emotionale Selbststeuerung – hin zu mehr Resilienz und zu mehr Kraft, um die Herausforderungen des Lebens zu meistern.

Steckbrief BODY 2 BRAIN CCM®

- BODY 2 BRAIN CCM® (im Buch verkürzt als BODY 2 BRAIN bezeichnet) ist eine eingetragene und geschützte Marke.
- BODY 2 BRAIN ist (kinder-)leicht erlernbar und hochwirksam.
- BODY 2 BRAIN besteht aus einfachen Körperübungen mit mentaler und emotionaler Sofortwirkung.
- Die Methode ist in fast allen Situationen (unauffällig) einsetzbar.
- Die Übungen sind eine Ergänzung und Unterstützung bei körperlichen und seelischen Erkrankungen, jedoch kein Ersatz für notwendige medikamentöse oder andere Therapien.
- BODY 2 BRAIN dient der Alltagsbewältigung und als vorbeugende Maßnahme im Sinne einer »Psychohygiene« und Selbstfürsorge, die jeder Mensch in irgendeiner Form regelmäßig praktizieren sollte.

BODY 2 BRAIN ...

- ... verleiht mehr Autonomie und hilft damit, aus negativen Gefühlen wie Ohnmacht und Hilflosigkeit herauszukommen.
- ... schenkt mehr positive Körperlichkeit. Sie lernen, Achtsamkeit und Selbstfürsorge für Ihr Körpererleben und Ihr Selbst einzusetzen.
- ... ist ein wirksames Resilienztraining.
- ... verhilft zu emotionaler Stabilisierung. Sie lernen, Gefühle wahrzunehmen und zu steuern.

- … stärkt die Zuversicht.
- … kann den Heilungsverlauf bei unterschiedlichsten Erkrankungen verbessern.
- … zeigt schnelle Wirkung.
- … wird von vielen Menschen verschiedenster Berufsgruppen geschätzt und praktiziert.

Der Sozialpsychologe David Neal von der University of Southern California, der sich mit der gegenseitigen Beeinflussung von Körper und Seele beschäftigt, sagt: »Wir haben heute ein anderes Verständnis von Körper und Geist als das, das auf René Descartes zurückgeht, den Philosophen des 17. Jahrhunderts. Lange Zeit lautete nämlich der Konsens in der Wissenschaft, dass der menschliche Verstand eine Sache des Geistes ist, der irgendwie vom Körper getrennt ist. In den vergangenen Jahren betonen viele Hirnforscher, Psychologen und Soziologen dagegen die Einheit von Körper und Geist. Beide sind in vielerlei Hinsicht aufeinander angewiesen und nicht zu trennen« (zitiert nach »Sueddeutsche.de«; Juli 2011).

Körpercodes sind Ressourcen. Ich maße mir nicht an, mit meiner Methode BODY 2 BRAIN etwas völlig Neues »erfunden« zu haben. Ich habe Zusammenhänge zwischen Körper, Gefühlen, Gedanken und Handlungen beobachtet und auf ihre Wirksamkeit hin überprüft. Ich habe heilende und stärkende Körperrituale, die weltweit existieren, gesammelt und ausprobiert. Aus diesen Erkenntnissen entstanden die sehr wirksamen Übungen, die ich Ihnen hier zur Verfügung stellen möchte. Das Wissen über die Wirkung von Körperritualen und das Zusammenspiel von Körper und Geist ist kollektives menschliches Wissen und somit das Eigentum aller. Nutzen Sie es, so gut Sie können, und seien Sie großzügig: Geben Sie davon immer auch etwas an andere Menschen weiter.

Zusätzliche Hilfe durch bilaterale Stimulation

Mit dem Köpfchen nick, nick, nick,
mit den Fingerchen tick, tick, tick,
einmal hin, einmal her …

AUS DER OPER »HÄNSEL UND GRETEL«
VON ENGELBERT HUMPERDINCK

Sie werden in diesem Buch immer wieder Hinweise auf bilaterale Stimulation im Zusammenhang mit verschiedenen BODY 2 BRAIN Übungen finden. Bilaterale Stimulation ist ein im Rechts-Links-Muster abwechselnder Impuls für die Nervenbahnen beziehungsweise das Gehirn. Forschungsergebnisse haben gezeigt, dass durch die abwechselnde Stimulation der Gehirnhälften nicht nur Informationen besser verarbeitet werden, sondern auch psychomentale Stabilisierung und somit Konzentration und Ruhe bewirkt werden können. Dazu gibt es viele Untersuchungen und zahlreiche Theorien und Erklärungsansätze.

Die US-amerikanische Psychologin Francis Shapiro entwickelte aus diesen Erkenntnissen in den 1980er-Jahren bei ihrer Arbeit mit traumatisierten Vietnam-Veteranen die EMDR-Methode (Eye Movement Desensitization and Reprocessing). Dabei wird nach einem festgelegten Behandlungsprotokoll mit bilateraler Stimulation – meist in Form schneller Augenbewegungen, daher der Name – das Trauma bearbeitet. Die sehr guten Ergebnisse führten zu einer noch intensiveren Forschung zur Wirkungsweise und der Weiterentwicklung von EMDR und bilateraler Stimulation.

Inzwischen weiß man, dass nicht nur geführte Augenbewegungen nach rechts und links wirksam sind, sondern auch kurze Berührungen (Tapping) rechts und links im Wechsel beispielsweise der Handflächen oder Handrücken oder das Hören von Tönen, die über Kopfhörer abwechselnd dem rechten und linken Ohr zugeführt werden. Die Technik wird außer bei Traumata auch bei zahlreichen anderen Störungen – zum Beispiel Angst und Panik, psychisch bedingten Körperbeschwerden, Schmerz, Belastung und Trauer, Depression, Sucht – angewendet. Durch die abwechselnden Rechts-Links-Reize kommt es in den Gehirnbereichen, die bei diesen Erkrankungen besonders aktiv sind, zu einer Beruhigung der Hirnaktivität, was sich auch mittels Kernspintomografie nachweisen lässt.

Interessanterweise haben Schlagzeug-Musiker eine schnellere Reizverarbeitung und kürzere Reaktionszeiten, was auf deren professionelles Rechts-Links-Training zurückzuführen ist.

BODY 2 BRAIN und bilaterale Stimulation

Wenn ich Ihnen in diesem Buch Übungen mit dem Hinweis »bilaterale Stimulation« nahebringe, sollten Sie diese bitte in einem 60-Impulse-pro-Minute-Rhythmus durchführen, was etwa Ihrem Herzschlagrhythmus entspricht. Schneller sollten Sie die Rechts-Links-Übungen nicht machen.

Übrigens: Wenn Sie darauf achten, werden Sie feststellen, dass bilaterale Stimulation seit Menschengedenken und in allen Kulturen existiert und gepflegt wird und auch Sie Rechts-Links-Muster in Ihrem Alltag immer wieder anwenden. Intuitiv wissen Menschen und auch der Körper, was im Gehirn zur Beruhigung und Stabilisierung führt. Rechts-Links-Körperrituale sind zum Beispiel: ein Kind zur Beruhigung im Arm hin- und herwiegen oder sich selbst im Tanz hin und her bewegen, wie dies bei vielen kultischen Tänzen und Volkstänzen geschieht. Sogar das alpenländische Schuhplatteln ist nicht nur Touristenattraktion, sondern angewandte bilaterale Stimulation. Vielleicht ist Ihnen auch die »liegende Acht« aus der Kinesiologie bekannt, in der mit den Augen oder Armen eine waagrecht liegende Acht geformt wird. Und wenn Sie zum

Stressabbau joggen gehen: Sie tun es im Rechts-Links-Muster mit Armen und Beinen und wahrscheinlich ist dies dabei der entscheidende Abschalt- und Runterkomm-Effekt. Kinder nutzen automatisch bilaterale Stimulationen, wenn sie aufgeregt sind. Sie fangen an zu trippeln, zappeln mit den Händen oder wiegen sich hin und her. Und alle Kinder auf der ganzen Welt lieben Fingerschnipsen, Klatsch- und Hüpfspiele. Vieles davon ist in den BODY 2 BRAIN Übungen umgesetzt worden.

Ein kleines Beispiel: Eine meiner Patientinnen musste sich einer Chemotherapie unterziehen und kannte bereits die unangenehmen Nebenwirkungen Übelkeit und Brechreiz. Deshalb fürchtete sie sich vor jeder neuen Behandlungswoche. Ich riet ihr zu einer Übung im bilateralen Muster: Langsam und zart mit beiden Händen abwechselnd rechts und links neben dem Brustbein bis zum Magen streichen und sich dabei ganz sanft hin und herwiegen. Sie konnte auf diese Weise die Verträglichkeit der Chemotherapie deutlich besser steuern und dadurch deren heilsame Wirkung unterstützen.

BODY 2 BRAIN – Übung zur Rechts-Links-Stimulation

- Machen Sie sich beim Gehen Ihren Rechts-Links-Rhythmus bewusst und verbinden Sie jeden Schritt mit dem Wort »Ruhe« oder »Kraft«. Schritt für Schritt Ru-he und Ru-he, Schritt für Schritt Kraft und Kraft – immer ein bewusster Schritt pro Sekunde und insgesamt wenigstens 20 Schritte.
- Sie können diese Übung auch jetzt gleich im Sitzen machen, während Sie diese Zeilen lesen und dabei Ihre Beine bewegen.
- Oder rollen Sie während des Lesens Ihre Schultern abwechselnd nach hinten. Vielleicht gibt es emotionalen Ballast, den Sie bei dieser Gelegenheit nach hinten abwerfen wollen. Tun Sie es.

Gehirn und Körper – zwei Kraftwerke

Das Herz hat seine Gründe,
die der Verstand nicht kennt.
BLAISE PASCAL

Schaltzentrale Gehirn

BODY 2 BRAIN – die positive Beeinflussung des Gehirns, der Emotionen und der Neurotransmitter durch den Körper: Das ist mein zentrales Anliegen in diesem Buch, aus dem Ihre zentrale Kompetenz erwachsen könnte, indem Sie Ihre beiden »Kraftwerke« Körper und Gehirn für die Entfaltung Ihrer Resilienz nutzen. Schauen wir uns diese beiden Kraft- und Schlaumeier an.

Ihr Gehirn ist ein Meisterwerk. Es ist die Schaltzentrale für Ihr gesamtes Handeln, Denken, Fühlen, aber auch für Ihre Organe und alle Lebensabläufe. Ihr Gehirn ist Ihre Person und Ihre Persönlichkeit. Ohne Ihr Gehirn wären Sie – tot. Es ist das einzige Organ, das nicht transplantiert werden kann. Und selbst das Fehlen kleiner Teile oder Funktionsbereiche bedeutet größere Einbußen der entsprechenden Fähigkeiten. Prothesen wie bei einem fehlenden Arm oder Bein gibt es für das Gehirn nicht.

Ich bin nach so vielen Jahren als Neurologin immer noch voller Bewunderung für das Gehirn eines jeden einzelnen Menschen. Denn jedes Gehirn ist – was seine Erfahrung, sein Wissen, sein Können und seine besonderen Reaktionen betrifft – ein Unikat.

> *Wir wissen trotz der rasanten Entwicklung der Neurowissenschaften bisher nur einen Bruchteil über all die komplexen Zusammenhänge des Gehirns. Und deshalb ist aus meiner Bewunderung sogar Ehrfurcht geworden.*

Ihr Gehirn ist zwar nur etwa drei Pfund schwer – das ist ein sehr geringer Anteil Ihres Körpergewichts –, aber diese drei Pfund bestehen aus etwa 86 Milliarden Neuronen. 100 Billionen Synapsen – Nervenverbindungen – sorgen dafür, dass jedes dieser Neuronen direkt oder indirekt mit jedem anderen Neuron in Ihrem Gehirn und Ihrem Körper verbunden ist. Ihr zentrales Nervensystem ist ein absolutes Hochleistungssystem mit einem entsprechend großen Hunger: 20 Prozent des Gesamtenergiebedarfs Ihres Körpers verlangt Ihr Gehirn für sein Wohlergehen, ebenso reichlich Sauerstoff und Kohlenhydrate. Gut versorgt ist es zartrosa, gut durchblutet und zu allen Taten und Abenteuern bereit.

Die vier wesentlichen Hirnbereiche

- **Großhirn** – zuständig für Bewegung, Hören, Riechen, Sehen, Rechnen, Sprechen, Zeichnen, Musizieren ... Hier sitzen Ihre bewussten Vorgänge, Ihr Wille, Ihr logisches Denken, aber auch Ihre kreativen Einfälle. Sie haben zwar viel Einfluss auf diesen Hirnbereich, dennoch arbeitet er ziemlich eigenständig und eigenwillig – für Sie unbewusst – vor sich hin.
- **Zwischenhirn** – zwischen Großhirn und Hirnstamm gelegen. Hier erfolgt die Verarbeitung zahlreicher Informationen und Signale und deren Weiterleitung. Hier wird auch die Trennung von unbewussten und bewussten Handlungen vorgenommen. Von hier aus werden außerdem Hormone und ihre Produktion, Blutdruck und Schlaf-Wach-Rhythmus gesteuert. Das Zwischenhirn ist eine Art Freiberufler, es macht sein eigenes Ding – Sie haben keinen direkten Einfluss darauf (aber einen indirekten, wie die Übungen im Buch zeigen).
- **Hirnstamm** – hier sitzen die Steuerungszentren für Herzschlag, Atmung, Stoffwechsel und verschiedene Reflexe. Auch dieser Bereich ist ein Freiberufler, auf den Sie aber durchaus Einfluss nehmen können.

- **Kleinhirn** – Gleichgewicht und Koordination, aber auch unbewusstes Lernen gehören zu seinem Aufgabenbereich. Das Kleinhirn ist teilweise Ihr Arbeitnehmer und Ihrem Willen unterworfen, andererseits aber ebenfalls ein kluger Freiberufler.

Und wo sitzen die Gefühle? Hauptsächlich im sogenannten limbischen System, dort spielt dabei vor allem der sogenannte Mandelkern (Amygdala) für zahlreiche Emotionen, unter anderem die Angst, eine große Rolle. Ansonsten gibt es Gefühlsbereiche offensichtlich auch an vielen anderen Stellen des Gehirns, durch Nervenbrücken und Nervenfasern alle direkt oder indirekt miteinander verbunden.

Ich spreche zwar im Zusammenhang mit dem Gehirn gern von einem Mega-Computer, aber nur, um Ihnen wenigstens annähernd das Potenzial dieses Organs zu vermitteln. In Wirklichkeit ist Ihr Gehirn viel mehr und kann viel mehr als die künstliche Intelligenz eines Computers. Das hängt nicht nur mit der neuronalen Plastizität des Gehirns zusammen, sondern auch mit seiner Fähigkeit, Emotionen und Intuition hervorzubringen und mit Handlungen zu verknüpfen. Das schafft keine künstliche Intelligenz. Das bestätigt auch einer der führenden Köpfe dieses Bereichs, Raúl Rojas, der an der Freien Universität Berlin den Bereich Intelligente Systeme und Robotik leitet. Er, der Deutschlands erstes autonom fahrendes Auto entwickelt hat, das seit 2011 auf den Straßen von Berlin unterwegs ist, sagt: »Ich fühle mich immer noch am Anfang des Weges, was die Enträtselung der Intelligenz angeht. Handlungen, Intentionen und Emotionen von Menschen zu erkennen, ist immer noch ein blinder Fleck bei jedem Computer.«

Ihr Gehirn arbeitet extrem schnell, was natürlich mit seinen vielen Verbindungen und Verschaltungen zusammenhängt. Es arbeitet so schnell, dass sogar im Gehirn selbst schon ein elektrischer Impuls zur Bewegung abläuft, noch bevor Sie diese Bewegung bewusst (!) gedacht, geschweige denn gemacht haben. Da bekommt die Redewendung »Ich habe das mal angedacht« eine ganz andere Bedeutung. Selbst der Hauch eines Gedankens reicht bereits, um im Gehirn alle Vorbereitungen für die Umsetzung zu treffen.

> *Enorm viel läuft im Gehirn unbewusst ab, und wir geben uns einer Illusion hin, wenn wir glauben, im Oberstübchen so gut wie alles unter Kontrolle zu haben.*

Genau darauf aber zielen Mentaltechniken ab (und schaffen es auch mehr oder weniger gut): Hirnfunktionen bewusst anzusteuern. Bei buddhistischen Mönchen, die besonders geübt in Meditation sind, konnte mithilfe der Kernspintomografie beobachtet werden, wie diese ganz bewusst bestimmte Gehirnbereiche, in denen Gefühle, Herzfrequenz oder Blutdruck lokalisiert waren, anpeilen und in ihrer Aktivität verändern konnten. Das können Sie auch – mit ein wenig Übung.

In diesem Buch geht es darum, durch Körperaktivitäten, Gesten und Haltungen, auf die Sie willentlich Einfluss nehmen können, Ihre Emotionen, Ihre Hormonproduktion und auch vegetative Funktionen wie Blutdruck oder Herzfrequenz positiv zu regulieren. Solch einen psychomentalen Schalter je nach Situation und Bedarf betätigen zu können, bedeutet, lebenskompetent und resilient zu sein.

Kraftwerk Körper

Wenn ich als Neurologin von Ihrem Körper als Kraftwerk spreche, meine ich damit nicht den Zustand Ihrer Muskeln oder Ihre Geschwindigkeit bei einem Sprint, auch wenn Ihre körperliche Fitness bei einer ärztlichen Untersuchung für mich durchaus eine Rolle spielen würde. Ich meine Ihren Körper als intelligentes Nervenkraftwerk. Er ist nämlich die Fortsetzung Ihres Gehirns, weil ein riesiges Bündel aus Hirn-Nervenfasern im Hirnstamm gesammelt und über das Rückenmark in Ihren ganzen Körper verteilt wird, bis in die äußerste Zehenspitze, Fingerspitze, Nasenspitze. Aber nicht nur jeder Quadratmillimeter Haut und jede Muskelfaser sind mit Nervenfasern aus dem Gehirn durchzogen, sondern auch jedes Blutgefäß, jedes Organ, Ihr Herz, Ihr Magen, Ihr Darm – einfach alles. Diese dem Gehirn entspringenden Nervenleitungen im ganzen Körper dienen nicht nur dazu, Signale oder Befehle aus dem Gehirn an den Körper zu senden, der sie dann brav ausführt. Diese Nervenverkabelung dient auch dafür, dass umgekehrt der Körper Informationen an das Gehirn weiterleiten kann, aufgrund derer das Gehirn dann überhaupt erst eine Handlungsentscheidung treffen kann.

Auch wenn Ihr Gehirn die Schaltzentrale ist: Ihr Körper ist ebenfalls ein »denkender Organismus« und in seiner Bedeutung gleichberechtigt. Ein Gehirn ohne Körper erlebt wenig, weiß wenig und kann wenig.

BODY 2 BRAIN – das Großhirn bewegen

- Schnippen Sie mit den Fingern – und zwar abwechselnd rechts und links und mit jedem Finger.
- Schnippen Sie also mit rechtem Daumen und Zeigefinger, dann mit linkem Daumen und Zeigefinger, danach mit rechtem Daumen und Mittelfinger und dann links – je schneller, desto besser. So geht es weiter, bis Daumen und Kleinfinger schnippen.
- Und jetzt in umgekehrter Reihenfolge zurück: Wieder rechts und links im Wechsel, aber beginnend mit Daumen und Kleinfinger, bis Sie wieder bei Daumen und Zeigefinger angelangt sind.
- Ihre Zehen können zwar nicht schnippen, aber dafür einer um den andern (selbst in Schuhen) den Untergrund ertasten.
- Und Ihre Zungenspitze kann unauffällig der Reihe nach die Zähne zählen.

Einfach, aber wirksam: Diese konzentrierte Geschicklichkeitsübung nimmt zur richtigen und flüssigen Ausführung einen großen Bereich Ihres Großhirns und auch Ihr Kleinhirn in Anspruch. Während des Übens bleibt wenig Raum für Gedanken oder gar Sorgen und Grübeln, denn Ihr Gehirn ist mit Bewegung, Koordination und Konzentration beschäftigt. Diese Wirkung zeigt sich sogar, wenn Sie die Übung »nur« in Gedanken machen würden, allerdings muss ihr Ablauf akkurat erfolgen. Diese spielerische Konzentrationsübung ist übrigens auch ein wunderbares Ablenkungsmanöver bei Angst und Panikattacken.

Ihr Gehirn braucht Ihren Körper zum Lernen und zum Handeln und wird sogar teilweise vom Körper gesteuert. Heute weiß die Humanbiologie, dass der Darm, der zusätzlich von einem wichtigen Hirnnervenzentrum versorgt wird (siehe *Nervus vagus* im Kapitel »Die Sinne bestimmen Ihr Leben«), selbst zahlreiche Hormone und Neurotransmitter produziert, wie sie auch vom Gehirn hergestellt werden, und dass der Darm mit seiner Nervenversorgung viele selbstständige Entscheidungen trifft und damit auch das Gehirn beeinflusst. Gehirn, Körper und Psyche sind eins, und die Neurowissenschaftler finden dafür ständig neue Beweise.

Embodiment – ohne Körper kein Bewusstsein

Tatsache ist: Ihr Gehirn braucht für seine Wahrnehmung und seine Arbeitsweise unbedingt Pläne und Vorstellungen von konkreten Gegenständen und dazu ist es auf körperliche Rückmeldungen angewiesen. Die Kognitionswissenschaft beschäftigt sich mit diesem Phänomen und hat dafür den Begriff Embodiment geprägt. Embodiment ist die These, dass unser Bewusstsein unbedingt einen Körper benötigt. Die Ergebnisse der entsprechenden Forschungsrichtung verschaffen vielen körperorientierten Therapiekonzepten zunehmend ein wissenschaftliches Fundament. Dazu einige interessante Beispiele (aus inzwischen unendlich vielen), die Sie dann auch im Zusammenhang mit den BODY 2 BRAIN Übungen wiedererkennen und besser verstehen können:

- **Kauen fördert das Denkvermögen.** Die Kieferbewegungen sorgen für eine bessere Sauerstoffaufnahme des Gehirns, Prüfungsaufgaben lassen sich daher mit einem Kaugummi im Mund besser lösen. Das ist sicher auch ein Grund für das Phänomen, dass viele Menschen unter Stress beginnen, etwas zu essen (leider häufig Süßigkeiten).

- **Handbewegungen und lebhaftes Gestikulieren** wirken sich positiv auf das Sprachvermögen aus. Menschen mit ausgeprägter Gestik sind intelligenter, bestimmte Bereiche ihres Großhirns sind besser entwickelt. Die Psychologin Susan Goldin-Meadow von der University of Chicago konnte bei Kleinkindern nachweisen, dass diejenigen, die beim Sprechen ihre Hände zu Hilfe nahmen, einige Jahre später einen deutlich größeren Wortschatz hatten als ihre Altersgenossen.
- **Wenn Menschen mit dem Kopf nicken,** sind sie empfänglicher für positive Worte, beim Kopfschütteln werden dagegen eher negative Informationen abgespeichert.
- **Beim aufrechten Sitzen oder schwungvollen Gehen** ist die Aufmerksamkeit und Konzentration für positive Begriffe besser. Bei zusammengesunkenem Sitzen oder schlurfendem Gehen werden von den Sinnesorganen und dem Gehirn viel mehr negative Worte aufgenommen und gemerkt.
- **Menschen, die schwungvoll gehen,** leben oft länger.
- **Wer etwas Warmes in seinen Händen hält,** zum Beispiel eine Tasse Tee, ist freundlicher zu seinen Mitmenschen. Die von den Fingerspitzen gefühlte Wärme führt zu einer emotionalen »Warmherzigkeit«.
- **Jede Aufwärtsbewegung macht zuversichtlich,** ob Sie nur einfach den Kopf heben oder die Arme zu einem Hurra oder einer La-Ola-Welle hochnehmen oder Ihre Mundwinkel hochziehen.

Ich hoffe, dass Sie spätestens ab jetzt Ihren Körper mit der gleichen Achtsamkeit, Begeisterung und Hochachtung betrachten wie ich. Ihr Körper ist viel mehr als eine Maschine, die nur beliebig ein- oder ausgeschaltet werden kann. In den weiteren Kapiteln werden Sie auf vielerlei Art lernen, wie Sie die großartigen Fähigkeiten Ihres Körpers zur Einflussnahme auf Ihr Gehirn segensreich für sich nutzen können.

Die Rolle der Gefühle und der Spiegelneuronen

Gedanken machen groß, Gefühle reich.
QUINTILIAN

Gefühle sind immer dabei

Was immer Sie tun oder erleben – ob Sie wollen oder nicht: Gefühle sind immer dabei. Ohne sie geht es nicht. Sie können Gefühle, besonders wenn es sich um unangenehme Gefühle handelt, zwar kontrollieren, unterdrücken, verleugnen – aber vorhanden sind sie dennoch. Und zwar in Ihrem Gehirn, wo sie umgehend zur Produktion von Hormonen und Neurotransmittern führen, die in Ihrem Körper wiederum unterschiedliche Reaktionen auslösen und sich dabei auch körperlich bemerkbar machen.

Jedes Erleben und jedes Tun erzeugen in Ihrem Gehirn und in Ihrem Körper ein Gefühl und einen biochemischen Botenstoff.

Sie gehen beispielsweise die Straße entlang und hören einen Vogel singen. In diesem Augenblick freuen Sie sich (Gehirngefühl) mit der biochemischen Reaktion in Ihrem Gehirn: Dopaminproduktion. Und wenn Sie nun lächeln und zu pfeifen beginnen (Körpergefühl), erfolgt eine erneute Dopaminproduktion, was unter anderem zu einer besseren Durchblutung führt. Oder Sie gehen die gleiche Straße entlang und es beginnt zu regnen – Sie ärgern sich über den Regen und darüber, dass Sie keinen Regenschirm mitgenommen haben (Gehirngefühl), es erfolgt die biochemische Reaktion: Cortisolproduktion. Nun ziehen Sie auch noch ärgerlich Ihre Schultern hoch und Ihre Augenbrauen zusammen, eine Ärger-Körperhaltung, die noch mehr Cortisol produziert mit der Folge: Sie bekommen einen Schnupfen, da Cortisol auch anfällig macht für Erkältungen.

Engste Verknüpfung: Der Körper fühlt mit, das Gehirn auch

Eine Klientin berichtete mir, dass sie einen Armreif verloren hatte, der für sie einen hohen ideellen Wert besaß. Nicht nur, dass sie darüber tief traurig war und weinte, sondern auch ihr Handgelenk (also die Nervenenden von Haut und Muskeln), an dem sie viele Jahre lang immer diesen Armreif getragen hatte, trauerte: Es schmerzte wochenlang.

Was sind eigentlich Gefühle?

Das Wort ist ein Sammelbegriff für sehr unterschiedliche Bereiche und wird von verschiedenen Fachrichtungen auch sehr unterschiedlich benutzt. Neurologen, Psychologen, Philosophen, Verhaltensforscher – jeder meint etwas anderes, aber Ähnliches. Wenn ich in diesem Buch über Gefühle spreche, meine ich immer: Ihre Emotionen und Ihre Affekte im Zusammenhang mit einer körperlichen und sinnlichen Erfahrung durch bestimmte Erlebnisse oder Tätigkeiten, dadurch aktivierte hormonelle Vorgänge und deren Auswirkungen auf Ihren Organismus – körperlich und geistig.

Und welche Gefühle zählen als solche? Auch da sind die Koryphäen der verschiedenen wissenschaftlichen Richtungen (natürlich) nicht einer Meinung. Der US-amerikanische Anthropologe und Psychologe Paul Ekman spricht von sieben sogenannten Basisemotionen, die kulturunabhängig bei allen Menschen vorkommen: Freude, Wut, Ekel, Furcht, Verachtung,

Traurigkeit und Überraschung. Der deutsche Soziologe und Psychologe Martin Dornes nennt hingegen Freude, Interesse und Neugier, Überraschung, Ekel, Ärger, Traurigkeit, Furcht, Scham und Schuld. Und bei einem Ausflug in die Antike zu Aristoteles finden sich die Begriffe Begierde, Zorn, Furcht, Mut, Neid, Freude, Freundschaft, Hass, Sehnsucht, Eifer und Mitleid.

Zu den »guten« Emotionen, die Ihre psychomentale Gesundheit unterstützen und die Sie mit dem hier im Buch beschriebenen Training verstärken können, gehören: Liebe, Freude, Vertrauen und Mut, Stolz, Interesse und Empathie.

Die Heimtücke negativer Gefühle

Zu den »negativen« Emotionen, die zur Produktion von Stresshormonen führen und deshalb Ihrer psychomentalen Gesundheit abträglich sind, gehören: Wut und Ärger, Hass, Ekel, Angst und Furcht, Traurigkeit und Trauer, Scham, Neid, Schuld, Enttäuschung sowie Verachtung. Die negativen Gefühle sind zahlreich, und somit gibt es viele »emotionale Fallen«, in die wir tappen können. Ein Grund mehr, aufmerksam zu sein und gute Gefühle zu trainieren.

Negative Gefühle bergen noch eine weitere Gefahr in sich: Affekthandlungen. Ein Affekt ist eine Gemütsbewegung von großer Brisanz, extremer Dynamik und meist nur von geringer Dauer. In diesem Augenblick sind Wahrnehmung und Aufmerksamkeit eingeschränkt und verzerrt – es besteht kein Überblick mehr, sondern im besten Fall ein Tunnelblick. Im Affekt geht die Kontrolle über Körper, Geist und Handlungen mehr oder weniger verloren. Affekthandlungen entziehen sich der Willenskontrolle mit gelegentlich katastrophalem Ausgang. Amok, Selbstmord und Totschlag sind oft Affekthandlungen. Die Justiz unterscheidet deshalb bei ihrem Strafmaß zwischen einer klar durchdachten Tat und einer Affekthandlung. Der Super-GAU einer negativen Affekthandlung: Blutrausch.

Selbst wenn es nicht so weit kommt, heutzutage sind viele Menschen affektiv unkontrolliert und schädigen entsprechend ihre Gesundheit, aber auch die ihrer Mitmenschen. Schnell wird mal geschrien, gehupt, eine Tür zugeschlagen – lauter Affektreaktionen, die den Stress verstärken und die emotionale Stabilität weiterhin schwächen. Negative Gefühle sind Resilienzvernichter! Deshalb gleich umschalten:

BODY 2 BRAIN – freudige Begrüßung der Resilienz

- Richten Sie sich auf, vor allem: Heben Sie etwas Ihren Kopf.
- Stellen Sie sich nun Ihnen gegenüber Ihr vollkommen freundliches, gelassenes, höchst resilientes Ich vor.
- Lächeln Sie ihm zu.
- Winken Sie ihm zu – erst mit der rechten Hand, dann mit der linken Hand (bilaterale Stimulation).
- Und nun nicken Sie ihm anerkennend zu.

Einfach, aber wirksam: Diese sehr kindlich anmutende Übung kann in den emotionalen Zentren Ihres Gehirns gute Gefühle erzeugen, und zwar über die positiven Körperaktivitäten sich Aufrichten, Lächeln, Winken, Zunicken. Diese »fröhlichen« Körperbewegungen werden über Nervenverschaltungen im Gehirn zur Emotion Freude verarbeitet. Die bildhafte Vorstellung »freundliches Resilienz-Ich« verstärkt den mentalen Effekt – morgens, mittags, abends und bei Bedarf.

Es lässt sich alles trainieren

Sorgen Sie für gute Gefühle!
Das Gefühl unserer Kraft vergrößert alles.
LUC DE CLAPIERS, MARQUIS DE VAUVENARGUES

Gute Gefühle und schlechte Gefühle können beeinflusst werden. Sie können ein Meister, eine Meisterin der Resilienz werden – oder sich fertigmachen. Diesbezüglich haben Sie immer die Wahl und sind ein freier Mensch. Alle Emotionen hinterlassen Spuren im Gehirn und haben Auswirkungen auf den Körper. Durch zu viele und / oder häufige negative Emotionen werden Transformationsvorgänge im Gehirn und Musteränderungen blockiert. Durch gutes Erleben und häufiges Üben von Körpertechniken, die positive Emotionen erzeugen, werden hingegen strukturelle Musteränderungen im Gehirn und somit Reaktionsänderungen möglich.

> *Wenn Sie etwas für Ihre psychomentale Gesundheit, Ihre Resilienz und Lebenskraft tun wollen, müssen Sie für gute Gefühle sorgen.*

Mehr oder weniger instinktiv versuchen wir das alle ständig, oft jedoch auf eine recht ungeeignete Art und Weise oder mit schädlichen Nebenwirkungen. Wir trinken beispielsweise Alkohol, um zu entspannen, um fröhlich zu sein oder den Ärger hinunterzuspülen. Alkohol ist aber ein toxischer Stoff, unsere Leber muss bei seiner Entgiftung Schwerarbeit leisten und wie jeder Schwerarbeiter ist sie unter Umständen eines Tages erledigt: Leberzirrhose und Tod. Alkohol ist außerdem ein Nervenzellgift, es lähmt die Nervenzellen in unserem Körper und in unserem Gehirn: Deswegen torkeln wir, lallen, haben einen Rausch, das Gehirn fällt ins Koma – auf der Suche nach guten Gefühlen sind wir in die Falle der schlechten Gefühle samt schlechter Ergebnisse getappt. Gleiches gilt für alle Drogen, für Schlaf- und Beruhigungsmittel: Natürlich sorgen sie kurzfristig für Glücksgefühle, aber die massiven Nebenwirkungen und die Gefahr einer Abhängigkeit mit Entzugserscheinungen sind am Ende ein maximaler Negativeffekt, auch für die Gefühle.

Das gilt auch für Kaufrausch, Geschwindigkeitsrausch, Seitensprung, Bungeespringen (Einblutungen in Auge und Gehirn sind häufig die Folge) und sonstige – meist auch noch kostenintensive – Glücksrauschaktivitäten: kurzer Glückseffekt ohne Nachhaltigkeit, stattdessen meist negative Gefühle wie Scham, Angst, Schmerz. Viele Rauschformen sind ein Resilienzverhinderer.

Wie soll das nun aber gehen: gute Gefühle trainieren, schlechte Gefühle vermeiden und beenden? Es gibt eine Vielzahl an Möglichkeiten: Sie können sich von der Welt zurückziehen oder sich einem Guru anschließen, zu einem Coach oder einem Psychotherapeuten gehen. Sie werden Empfehlungen bekommen, die teilweise Allgemeinplätze sind oder einander widersprechen. Einiges wird nützlich sein. Aber eines steht fest: Vom Zuhören allein wird nicht viel geschehen, sondern nur vom Praktizieren. Sie müssen Ihre guten Gefühle und damit Ihre Resilienz konkret schulen und stärken. Dies tun Sie beispielsweise, wenn Sie

- Autogenes Training praktizieren, Yoga oder Meditation,
- singen, musizieren, ein Hobby haben, das sich in der Natur ausüben lässt, wenn Sie lustvollen sinnlichen oder körperlichen Tätigkeiten nachgehen,
- Ihre Charaktertugenden stärken und ergänzen (siehe Kapitel »Resilienz durch Charaktertugenden«),
- die BODY 2 BRAIN Übungen aus diesem Buch regelmäßig anwenden.

Ihre hilfreichen Hormone und Neurotransmitter

Ihr Körper und Ihr Gehirn sind ein pharmazeutisches Großunternehmen, was die Produktion von Hormonen, Enzymen, Neurotransmittern und – gesetzeskonformen – Drogen betrifft. Grundsätzlich ist jede der produzierten Substanzen lebenswichtig, es gibt nicht auf der einen Seite die bösen und auf der anderen Seite die guten. Ein schädigender Effekt entsteht erst durch das Andocken an einer falschen Stelle oder durch eine zu hohe oder zu niedrige Konzentration – und die hängt nicht nur von Ihrer Lebensführung ab, sondern auch von Ihrer Resilienz.

> *Je ausgeglichener und stabiler Ihre allgemeine innere Verfassung ist, desto ausgeglichener ist Ihre Biochemie.*

Ihr wunderbarer Organismus produziert viele mächtige Substanzen, unter anderem Hormone und Neurotransmitter. Neurotransmitter werden vom Nervensystem selbst gebildet und wirken direkt an den Andockstellen der Nervenzelle, ihre Weiterleitung erfolgt blitzschnell in Millisekunden. Hormone dagegen werden in Organen gebildet – zum Beispiel in der Schilddrüse – und wirken über die Blutbahn, sie sind dadurch etwas langsamer, aber nicht weniger bedeutsam. Manche der Ihnen im Folgenden vorgestellten Substanzen sind sowohl Hormone als auch Neurotransmitter.

Adrenalin

Bei der Wahrnehmung von Gefahr informiert das Gehirn die Nebennierenrinde, und diese produziert Adrenalin. Diese Substanz wird in die Blutbahn gepumpt und sorgt für eine Verengung der Blutgefäße, eine Erhöhung der Herzfrequenz und des Blutdrucks, ein Zusammenziehen des Magens sowie eine Erhöhung des Blutzuckerspiegels. Der Körper ist in Alarmbereitschaft und fluchtbereit. Wenn das häufig der Fall ist, weil Sie sich beispielsweise in einer Situation mit Dauerärger oder Dauerstress befinden, kann es durch den Überschuss von Adrenalin langfristig zu einer Depression kommen.

Noradrenalin

Diese biochemische Substanz ist mit dem Adrenalin verwandt und hat dementsprechend einen ähnlichen Effekt. Sie verengt vor allem die kleinen Arterien und ist somit ein biochemischer Mitverursacher für durch Ärger verursachten Bluthochdruck.

Cortisol

Cortisol ist ein lebenswichtiges Hormon. Es sorgt unter anderem dafür, dass dem Körper Energie zur Verfügung steht, und hilft beim morgendlichen Aufwachen. Seine Konzentration unterliegt einem Tagesrhythmus – morgens hohe Werte, im Lauf des Tages weniger, bei Stress leider extreme Schwankungen mit Spitzenwerten. Das kann die körpereigenen Immunkräfte schwächen und anfällig für Virusinfektionen machen – denken Sie an Stress-Herpesbläschen.

Dopamin

Dopamin hält sich am liebsten im Hirnstamm und Zwischenhirn auf. Es wird aus einer Aminosäure produziert, hat viele unterschiedliche Wirkungen, ist unter anderem antriebssteigernd und hängt mit dem Belohnungssystem im Gehirn zusammen. Ein größerer Mangel an diesem speziellen Botenstoff führt zu mieser Stimmung und Depression.

Serotonin

Das lebenswichtige Serotonin ist sowohl Neurotransmitter als auch Hormon und kommt außer im zentralen Nervensystem auch besonders konzentriert im Darm vor. Serotonin beeinflusst viele Bereiche, unter anderem Schlaf und Appetit und – natürlich – die Stimmung. Es wirkt aggressionshemmend und dämpft Angstgefühle. Auch Serotoninmangel führt zu Depression. Es wird aus der Aminosäure L-Tryptophan gebildet, einem Stoff, der nur in der Nahrung vorkommt, insbesondere in Sojabohnen, Kakao und Fleisch. Vielleicht essen manche Menschen bei Stress deshalb reflexartig mehr, und dann besonders gerne Schoko-Süßigkeiten – in der falschen Hoffnung auf mehr antidepressive Serotoninproduktion. Auch Pflanzen produzieren Serotonin.

Oxytocin

Dieses Hormon wird im Zwischenhirn gebildet und beeinflusst in vielerlei Hinsicht unser Sozialverhalten. Es wird unter anderem mit Zuständen wie Liebe, Vertrauen und Ruhe in Verbindung gebracht. Und es hat eine beruhigende und bei Streit deeskalierende Wirkung. Ganz wichtig im Zusammenhang mit Körpertherapie und BODY 2 BRAIN: Oxytocin lindert Schmerzen und fördert die Wundheilung. Angenehme Berührungen der Haut, Singen, Sinneswahrnehmungen wie Duft, schöne Klänge und Farben regen die Produktion von Oxytocin an.

Endorphine

Endorphine werden etwas unzutreffend als körpereigenes »Opium« bezeichnet. Sie sind eine Art Proteine, die unter anderem wie Schmerzmittel wirken. Sie werden bei lustvollem (!) Körpertraining wie zum Beispiel Joggen freigesetzt, aber der Körper setzt sie auch als Notfallprogramm bei Verletzungen ein, damit wir nicht vor Schmerz gelähmt sind. Dies ist ein Grund dafür, dass wir im ersten Augenblick oft gar keinen Schmerz spüren. Um positiv wirken zu können, brauchen Endorphine das Dopamin und bestimmte »Ankerplätze« an Nervenzellen, dann wirken sie als Glückshormone.

BODY 2 BRAIN – »Glückshormone« produzieren

Bitte unterbrechen Sie am besten gleich wieder das Lesen und probieren Sie die Wirkung:

- Tätscheln Sie sich sanft die Wangen.
- Streichen Sie dann sanft über Ihre beiden Handrücken.
- Stehen Sie auf, strecken Sie die Arme weit aus und drehen Sie sich einmal nach rechts und einmal nach links im Kreis.
- Hüpfen Sie ein bisschen hin und her oder mal wieder eine Treppe runter.
- Schneiden Sie lustige Grimassen: mit den Augen rollen, die Mundwinkel hin und her, die Wangen aufblasen oder was Ihnen sonst einfällt.
- Wenn Sie Lust haben, könnten Sie jetzt noch eine Knabberpause mit ein paar Cashewnüssen machen.

Einfach, aber wirksam: Mit dieser Übung haben Sie durch freundliche Berührungen Ihrer selbst und fröhliche Körperbewegungen von Kopf bis Fuß etwas Oxytocin produziert. In den Cashewnüssen ist L-Tryptophan, die Substanz, die die Serotoninproduktion möglich macht.

Spiegelneuronen und Gefühle

Im Zusammenhang mit unserem Verhalten und den Gefühlen möchte ich Ihnen noch diese wichtigen Nervenzellen vorstellen: die Spiegelneuronen. Die Forschung nimmt ein Netzwerk aus diesen Neuronen im Gehirn an. Diese Nervenzellen führen dazu, dass beim Betrachten eines Vorgangs, eines Gegenstandes oder einer Person in Ihrem Gehirn ein Aktivitätsmuster entsteht, als ob Sie selbst der aktive Teil wären, den Sie anschauen. Ein Beispiel: Wenn Sie einer Person beim Laufen zuschauen, werden dabei in Ihrem Gehirn die gleichen Bereiche aktiv, die auch dann aktiv sind, wenn Sie selbst laufen. Die Neurowissenschaft konnte nachweisen, dass auch bei emotionalen Handlungen (und jede Handlung ist mit einem Gefühl verbunden) Spiegelneuronen aktiv werden.

> *Wenn Sie ein Kleinkind anlächeln, wird es meist zurücklächeln. Wenn Sie dagegen das Gesicht verziehen und grimmig schauen, wird das Kind auch das Gesicht verziehen, was aber beim Baby zu Furcht und zu Tränen führt.*

Aufgrund solcher komplexen neuronalen Verschaltungen haben Ihre Emotionen auch immer Einfluss auf Ihre Mitgeschöpfe – und umgekehrt. Unverantwortlich finde ich in diesem Zusammenhang Hetze im Netz, Hassprediger, bösartige Lügner und Scharfmacher, die Aggressionen – und somit schlechte Gefühle – empfehlen und von ihren Mitmenschen sogar verlangen. Solche Denk- und Verhaltensweisen sind auf Dauer der psychomentalen Gesundheit desjenigen abträglich, aus dessen Mund – oder besser Hirn – sie kommen. Aber auch Zuhörer und Mitläufer werden dadurch mental beschädigt. Schauen Sie sich die Gesichter solcher Menschen an: Glücklich sieht keiner von ihnen aus. Gehen Sie psychopathischen Monstern und deren hoher Ansteckungsgefahr mit negativen Gefühlen möglichst aus dem Weg. Folgen Sie lieber den Tugenden, die im Kapitel »Resilienz durch Charaktertugenden« beschrieben werden. Die sorgen für gute Gefühle bei Ihnen und bei anderen und machen Sie langfristig gesünder und nicht zuletzt auch erfolgreicher. Es gibt viele Gründe, für gute Gefühle zu sorgen.

(Psycho-)Schmerz, lass nach: Betäubung oder Bewältigung?

Der Schmerz zwingt den Menschen zur Aufmerksamkeit auf die verwundete Stelle.
FRIEDRICH HEBBEL

Krisen und länger dauernde Belastungen fügen uns mentalen und psychischen Schmerz zu. Jeder reagiert dabei auf seine Art: häufig mit Schlafstörungen, körperlichen Verspannungen und daraus resultierenden Schmerzen, Reizbarkeit oder Niedergeschlagenheit. Unsere erlernte Reaktion: der Griff zur Schmerztablette, Beruhigungstablette, zu Antidepressiva, Alkohol und anderen Drogen. Derzeit besonders hipp: das Wundermittel Cannabis. Cannabis in jeder Lebenslage und in jeder Darreichungsform: als Keks, Energieriegel, Fruchtgummi oder Tee. Cannabis für alle!

Wohlgemerkt, ich wertschätze Psychopharmaka und Schmerzmittel bei einer strengen Indikation und entsprechenden Krankheitsbildern auf alle Fälle. Aber ein reflexhafter Griff zu irgendeiner Betäubung bei Stress, Frustration oder auch längeren privaten oder gesellschaftlichen Belastungen aus Mangel an Bewältigungsstrategien sehe ich sehr kritisch. Die unter Umständen daraus entstehende Abhängigkeit führt nämlich rasch in eine weitere Lebenskrise.

Psychosomatische Schmerzen

Die psychosomatische Krankheitslehre berücksichtigt psychische Einflüsse auf somatische (körperliche) Vorgänge und umgekehrt. Dazu gehören auch körperliche Schmerzzustände, die durch belastende Lebensumstände ausgelöst werden, aber auf unsere psychische Verarbeitungsweise zurückzuführen sind. Sie sind keine eingebildeten Schmerzen, sondern höchst real. Und auch wenn Sie das vielleicht zunächst empören mag: Es sind gute Schmerzen! Sie sagen uns »Pass auf! So geht das nicht mehr weiter.« Bei diesen psychosomatischen Schmerzen hilft am besten die Aktivierung der körpereigenen Apotheke im Gehirn durch entsprechende Mentaltechniken.

Körpereigene Schmerz- und Beruhigungsmittel

Der Schmerz dient in der Erschöpfung
als Warner vor Gefahr.
RUDOLF VON JHERING

In akuten Extremsituationen schalten Ihr Körper und Ihr Gehirn automatisch in einen Überlebensmodus und schütten entsprechende Neurotransmitter und Hormone aus. Darauf können Sie sich verlassen. Bei länger dauernden Belastungen erschöpft sich jedoch dieses System. Spätestens ab diesem Zeitpunkt sollten Sie selbstfürsorglich und selbstverantwortlich Ihre körpereigene Produktion an Schmerzmitteln und Stimmungsstabilisatoren und Stimmungsaufhellern ankurbeln. Am besten geht das durch »Psychofitness« – in welcher Form auch immer. BODY 2 BRAIN Übungen haben dabei wieder den Vorteil: Sie sind unauffällig, nebenbei und jederzeit möglich. Wie der Philosoph Emanuel Wertheimer so treffend formulierte: »Keiner mahnt uns so gewissenhaft, für unser Wohl zu sorgen, wie der Schmerz.«

BODY 2 BRAIN bei Schmerzen – statt Cannabis und Co.

- Grundsätzlich: Bedanken Sie sich erst einmal bei Ihrem Schmerz. Dass Sie ihn überhaupt spüren, ist ein Zeichen dafür, dass Sie am Leben sind. Er macht Sie auf eine psychische Schieflage und die Notwendigkeit, etwas zu unternehmen, aufmerksam.
- Legen Sie Ihre Hand freundlich auf Ihre schmerzende Körperstelle oder streichen Sie sacht darüber.
- Pusten Sie zart über die Stelle, wenn sie erreichbar ist.
- Wiegen Sie sich sanft hin und her oder gehen Sie in lebhafte, lustvolle Bewegungen wie Schulterrollen oder Hüftschwingen über.
- Oder werden Sie energisch: Stampfen Sie mit den Füßen auf, boxen Sie den Schmerz davon.

Einfach, aber wirksam: Mit den zarten Berührungen können Sie über die Hautnerven die Bildung von schmerzlindernden Endorphinen in Ihrem Gehirn anregen. Durch die lebhaften, lustvollen und kraftvollen Bewegungen Ihrer Muskeln, gesteuert durch das motorische Areal in der Großhirnrinde, werden über neuronale Netzwerke Antidepressiva gebildet, die ebenfalls schmerzlindernd sind.

Die Stärkung der Resilienz ist ein ausgezeichnetes Mittel gegen Schmerzen, die psychisch bedingt sind und durch fehlende Bewältigungsstrategien hervorgerufen wurden. Zu diesen Schmerzen gehört auch der mitunter sehr, sehr große Schmerz des Abschieds. Ihm widme ich noch ein kleines Zusatzkapitel bei der Tugend Gelassenheit.

Die Sinne bestimmen Ihr Leben

Wer Schmetterlinge lachen hört,
kann auch Wolken riechen.
Graf Fito

Was immer Sie hören, sehen, schmecken, riechen, ertasten oder spüren – jedes Erlebnis wird von den dafür verantwortlichen Sinnesnerven des Körpers erfasst und Ihrem Gehirn mitgeteilt. Dort wird das Signal analysiert und das passende Gefühl und der passende Gedanke dazu entwickelt. Alles zusammen führt zu einer biochemischen Reaktion in den Nervenzellen, und der Körper erhält einen Handlungsauftrag vom Gehirn – Ihre Reaktion auf ein Erlebnis.

Gute Sinneserfahrungen führen zu guten Gefühlen, zu hilfreichen Neurotransmittern und somit zu guten Gedanken, Entscheidungen und Handlungen – und zu körperlicher sowie seelischer Gesundheit. Wenn Kleinkinder beispielsweise immer freundlich angeschaut und angesprochen werden, entwickeln sie sich körperlich und geistig wesentlich schneller und besser als ihre Altersgenossen, die von gestressten Bezugspersonen ungeduldig angesprochen oder angeschaut werden.

Durch gute Sinneserlebnisse werden Sie langfristig körperlich, emotional und kognitiv stärker. Sie verleihen Ihnen Kraft und fördern Ihre Resilienz.

Berührung ist alles

Es ist Ihnen sicher schon aufgefallen, wie oft bei den BODY 2 BRAIN Übungen Berührung vorkommt. Auf den Mechanismus der neuronalen Weiterleitung der Impulse zum Gehirn und der dortigen Verarbeitung habe ich Sie dabei immer wieder hingewiesen. Die elementare Wichtigkeit von Berührung möchte ich an dieser Stelle aber noch ein wenig vertiefen.

Der Tastsinn ist der erste Sinn, den Sie entwickelt haben. Den hatten Sie bereits als Embryo im zweiten Schwangerschaftsmonat. Und er bleibt Ihnen Ihr Leben lang erhalten. Durch ihn entstehen Bindung und Verbindung mit dem Leben, den Lebewesen und der Umwelt schlechthin. Mit diesem Sinn nehmen Sie Berührung passiv wahr (taktile Wahrnehmung) und gleichzeitig können Sie mit ihm aktiv etwas ertasten und erkunden (haptische Wahrnehmung).

Besonders ausgeprägt ist der Tastsinn im Bereich der Lippen, der Zunge und der Fingerspitzen. Allein auf Ihren Fingerkuppen sitzen etwa 700 Druckpunkte mit verschiedenen Wahrnehmungsqualitäten. Und auf einem Quadratzentimeter Haut befinden sich drei Millionen Zellen, davon 5000 Sinneszellen, 200 Schmerzpunkte, 25 Kältepunkte, fünf Wärmepunkte, 100 Schweißdrüsen, 200 Haarwurzeln und sogar Geruchsrezeptoren! Sie sind ein sensitives Wunderwerk! Und deshalb: Gehen Sie bitte liebevoll und zärtlich mit sich um.

Ein schönes Beispiel: Ihre beiden Hände

- Legen Sie eine Ihrer beiden Hände auf den Handrücken der anderen Hand.
- Die eine Hand darf passiv – und hoffentlich genussvoll – Berührung erleben (taktil). Die andere Hand erkundet und erspürt den Handrücken der »Schwesterhand«: warm oder kühl, weich oder rau (haptisch).

- Verweilen Sie aufmerksam noch ein wenig in dieser Haltung.
- Nehmen Sie wahr, wie unterschiedlich sich danach Ihre beiden Hände anfühlen.
- Und dann ein kleiner Wechsel – der Gerechtigkeit halber.

BODY 2 BRAIN: Heilsame und tröstliche Selbstberührung

30 bis 60 Sekunden dauern die Berührungen jeweils. Das sollte Ihnen liebevolle Selbstfürsorge wert sein. Mehrfach am Tag gemacht, besonders in Krisenzeiten, erreichen Sie damit schon einen hohen Schutzfaktor. Das hilft Ihnen zum Beispiel:

- die Handflächen sanft und zärtlich gegeneinander reiben
- alternativ die Handflächen schnell und kraftvoll gegeneinander reiben und ein wenig Reibungshitze erzeugen
- lustvoll in die Hände klatschen: Bravo!
- die Hand auf das Herz legen
- zart über die Herzgegend streichen
- in einem zarten 60-Mal-pro-Minute-Rhythmus auf die Brust klopfen
- sich sitzend hin- und herwiegen
- die Hände ineinanderlegen
- die Fingerspitzen gegeneinanderlehnen
- das Gesicht berühren
- über die Stirn streichen
- die Lippen mit den Fingern umkreisen
- in die Handfläche küssen
- Hongi (Nasen-Begrüßung der Maori) in den Spiegel (oder aufs Handy)

Wertschätzende Berührung stärkt Ihr Immunsystem, wirkt lebensverlängernd, vermindert Stress, wirkt antidepressiv, erhöht Ihre Schmerztoleranz – auch bei seelischem Schmerz –, erhöht die Lernfähigkeit und soziale Fähigkeiten und – natürlich – stimuliert und erotisiert.

Unfreiwillige Einsamkeit und erzwungene soziale Distanz führen zu einem erhöhten Cortisolspiegel, entsprechend gehäuftem Auftreten von Ängsten und depressiver Verstimmung und vor allem zum Verlernen und zur Geringschätzung von Berührungssensibilität. Deshalb sind die Angebote hier im Buch einfache BODY 2 BRAIN Gegenmittel.

Zwölf Hirnnerven, fünf Sinne und ihre Bedeutung für Sie

Sie sind stolzer Besitzer, stolze Besitzerin von zwölf Paar der sogenannten Hirnnerven. Als Hirnnerven werden sie deshalb bezeichnet, weil sie direkt aus Nervenkernen im Gehirn entspringen. Sie sind für das Funktionieren der Gesichtsmuskulatur (Mimik, Kauen und Schlucken, Sprechen, Singen und Pfeifen), für die Sensibilität der Haut und Schleimhäute, aber auch für Funktionen wie Sehen, Riechen, Schmecken, Hören zuständig. Somit sind diese Hirnnerven auch verantwortlich für die fünf Sinne. Die meisten dieser Hirnnerven entspringen dem Hirnstamm, der tiefsten Gehirnregion, auf die wir keinen direkten willentlichen Einfluss haben. Es sind immer Pärchen, jeweils zwölf Hirnnerven in der rechten Hirnhälfte und zwölf in der linken.

Wie Sie bereits wissen, sind diese Hirnnerven alle direkt und indirekt mit sämtlichen anderen Nervenzellen des Gehirns und des Körpers vernetzt. Das bedeutet: Mit jeder Hirnnervenfunktion sind auch Emotionen und die Neurotransmitterproduktion verbunden.

Ein Beispiel

Sie sehen (II. Hirnnerv) eine rote Beere, die verführerisch leuchtet, und die Sie deshalb voller Freude (Emotion) in den Mund stecken (Reaktion). Beim Kauen (V. Hirnnerv) bemerken Sie einen abscheulich bitteren Geschmack (VII. und IX. Hirnnerv), Sie ekeln sich (Emotion), verziehen das Gesicht und reißen die Augen auf (III., IV. und VII. Hirnnerv, Reaktion). Und nun würgen und spucken Sie die Beere aus (XII., IX., X. und V. Hirnnerv), haben große Angst (Emotion, Zwischenhirn), dass die Beere giftig ist, und rufen deshalb den Notarzt (Reaktion, Großhirn).

Bei diesem kleinen Vorgang waren die meisten Ihrer Hirnnerven beteiligt und haben ständig Informationen an das Großhirn weitergeleitet, das wiederum Sie befähigte, die Hand auszustrecken, um die Beere zu pflücken oder später die Nummer des Notarztes zu wählen. Eine Leistung des Großhirns war es auch, aus seinem Erfahrungs- und Gedächtnisspeicher und durch sein logisches Denken aufgrund der Informationen durch die Hirnnerven die Möglichkeit einer Vergiftung zu erwägen. Und die Emotionen (Freude, Ekel, Angst) in den Emotionsarealen konnten natürlich auch nur aufgrund der Informationen durch die Hirnnerven entstehen. Aber das Allerwichtigste: Durch die neuronale Informationskette aus Erlebnissen und Emotionen kam es zur Produktion verschiedener Neurotransmitter. Einerseits wurde aufgrund der Freude über die rote Beere ein bisschen Serotonin hergestellt, andererseits aufgrund des Schreckens und der Angst ein bisschen Stress-Cortisol.

Höchste Effizienz

Ich habe Ihnen diesen hochkomplexen Vorgang sehr vereinfacht dargestellt. In Wirklichkeit verhält es sich, wie Sie sich wahrscheinlich denken können, viel komplizierter. Der US-amerikanische Neurowissenschaftler Joseph LeDoux konnte

1989 nachweisen, dass emotionale Reize auf zwei unterschiedlichen Wegen im Gehirn verarbeitet werden: Auf dem kürzesten Wege gelangt eine Information blitzschnell ins Gehirn und aktiviert von dort aus emotionale Reaktionen ohne eine bewusste Analyse der Reize. Solche Reaktionen brauchen Sie zum Überleben, damit Sie blitzschnell abhauen können, wenn Sie plötzlich vor Godzilla stehen. Auf einem zweiten, langsameren Weg über die Großhirnrinde erfolgt zunächst die kognitive Bewertung, erst dann wird die emotionale Reaktion aktiviert – um beim Godzilla-Beispiel zu bleiben: Dies wäre die coole Erkenntnis, dass Sie nur vor einer lächerlichen Attrappe stehen. Die Schlüsselrolle hat die Amygdala (der Mandelkern), sie gibt die erste Bewertung ab, übernimmt dann aber auch Ergebnisse aus der zweiten Bewertungsrunde vom Großhirn und regt daraufhin körperliche Vorgänge und Aktivitäten an.

Die Methode BODY 2 BRAIN nutzt die vielfältigen Funktionen der Sinnes- und Hirnnerven und ihre neuronalen Vernetzungen gezielt, um über gute Körpererlebnisse im Gehirn gute Gefühle und »gute« Neurotransmitter sowie Hormone zu erzeugen.

Bereits kleine Körpererlebnisse haben eine deutliche Auswirkung auf Ihre Stimmung. Das Entscheidende ist, dass Sie diese Erlebnisse zur eigenen psychomentalen Stabilisierung bewusst erzeugen können, statt passiv auf gute Ereignisse und aufbauende Erlebnisse zu warten. Das ist ein wichtiger Anteil zur Stärkung Ihrer Resilienz. Psychomentale Autonomie und Selbstwirksamkeit sind Lebensgrundlage und eine wunderbare Erfahrung. Dazu gleich zwei »lebendige« Beispiele: Übungen, die Sie am besten jetzt gleich durchführen, bevor Sie weiterlesen.

BODY 2 BRAIN – die Negativübung

- Ziehen Sie Ihre Mundwinkel nach unten und verharren Sie mindestens 30 Sekunden lang mit dieser Mimik.
- Nehmen Sie das dabei entstehende Gefühl, die entstehende Stimmung wahr.
- Gibt es auch einen körperlichen Repräsentationsort, an dem Sie diese Stimmung wahrnehmen?
- Stellen Sie sich nun vor einen Spiegel, ziehen Sie wiederum die Mundwinkel nach unten, betrachten Sie sich dabei und fragen Sie sich: Welche Stimmung entsteht?
- Ziehen Sie Ihre Augenbrauen zusammen: Welche Stimmung entsteht jetzt?
- Oje!

BODY 2 BRAIN – die Positivübung

- Ziehen Sie Ihre Mundwinkel nach oben und bleiben Sie für etwa 30 Sekunden so. Wie fühlt sich das an? Welche Stimmung entsteht?
- Streichen Sie dann abwechselnd mit den Fingerspitzen sanft über die Augenbrauen und die Stirn, als wollten Sie die Haut dort glätten: Welche Stimmung, welches Gefühl entsteht dabei?
- Hurra! Wie schön!

Einfach, aber wirksam: Ihr Stimmung können Sie über Ihren Körper regeln – Sie haben es in der Hand.

Wahrscheinlich haben Sie festgestellt, dass sich durch die bewusste Änderung Ihrer Mimik Ihre Stimmung verändert. Was Sie jetzt schon festhalten können: Eine positive Mimik ebenso wie die freundliche Berührung Ihrer (Gesichts-)Haut hilft Ihnen, Ihre Emotionen positiv zu beeinflussen.

Der X. Hirnnerv: Nervus vagus

Diesen Hirnnerv möchte ich Ihnen etwas ausführlicher vorstellen. Er ist der größte Nerv in unserem sogenannten parasympathischen Nervensystem. Er nimmt in besonderer Weise Einfluss auf die Gefühle und spielt daher auch bei einigen BODY 2 BRAIN Übungen eine wesentliche Rolle.

Der *Nervus vagus* ist der »Langstreckenläufer« unter den zwölf Hirnnerven und, wie schon sein Name sagt, ein Vagabund, ein fröhlicher Wandervogel. Seinen Ursprung hat er im Hirnstamm, dann wandert er durch einen kleinen Knochenkanal aus der Schädelbasis heraus, am Hals entlang rechts und links neben der Speiseröhre sowie neben dem Brustbein entlang und durch das Zwerchfell bis in den Bauchraum. Ein weiter Weg, auf dem er sehr großzügig verschiedene Nervenfasern verteilt. Er versorgt den Kehlkopf mit Nerven und ist somit an unserer Stimmbildung beteiligt. Er übermittelt Geschmacksempfindungen vom Zungengrund und Berührungsempfindungen aus dem Rachen, dem Kehlkopf und einem Teil des äußeren Gehörgangs. Er gibt Nervenfasern an das Herz ab, die den Herzschlag beruhigen und verlangsamen können, auch an die Lunge gibt er Nervenfasern ab und ist somit an der Atmung beteiligt. Doch damit nicht genug: Auch der Magen, die Leber, die Niere und der Dünndarm bekommen von ihm Nervenfasern, die auf diese Organe hauptsächlich beruhigend wirken.

Ich erkläre Ihnen dies so ausführlich, damit Sie verstehen, warum kleine BODY 2 BRAIN Übungen, wie die Hand aufs Herz zu legen oder rechts und links am Brustbein entlangzustreichen, in diesem Buch immer wieder auftauchen. Sie stimulieren diesen Nerv positiv (jede zarte Berührung wird dem Gehirn als positives Signal weitergeleitet und führt zu guten Gefühlen und förderlichen Neurotransmittern). Vor allen Dingen können Sie mithilfe dieser Übungen auf seinen Ursprungsort – den Hirnstamm mit all seinen wichtigen Funktionen wie Atmung, Blutdruckregulation, Herzfrequenz – Einfluss nehmen. Durch eine freundliche Vagus-Behandlung können Sie mit ein bisschen Übung Herzfrequenz, Atmung, Blutdruck und auch Körpertemperatur positiv beeinflussen.

Der Nervus vagus und seine harmonische Behandlung sind sehr geeignet, um belastende Gefühle wie Angst, Panik, Wut und Trauer zu bannen.

BODY 2 BRAIN – über den Nervus vagus zur Ruhe finden

- Legen Sie Ihre Hand ganz sanft auf Ihre linke Brusthälfte in die Herzgegend und streichen Sie in einem zarten langsamen Rhythmus über diesen Bereich.
- Beobachten Sie dabei Ihre Gefühle.
- Streichen Sie nun langsam abwechselnd rechts und links über Ihren Hinterkopf, über den Nacken und bis nach vorn zum Schlüsselbein.
- Atmen Sie dabei ruhig ein (1-2-3) und langsam und ruhig aus (4-5-6-7-8), im Ausatmen wird der Vagusnerv aktiviert, speziell das Ausatmen beruhigt.

Dauer der Ruheübung: jeweils 60–120 Sekunden.

Weitere bedeutsame Hirnnerven und BODY 2 BRAIN

Damit Sie die BODY 2 BRAIN Übungen in diesem Buch, die zugegebenermaßen auf den ersten Blick teilweise ein wenig schräg oder banal wirken, in ihrer Bedeutung und Wirkung verstehen (und schätzen), möchte ich Sie noch ein wenig in das Reich Ihrer neuronalen Fähigkeiten entführen und Sie mit weiteren Hirnnerven bekannt machen. Alle entspringen sie im Hirnstamm, innervieren Ihre Sinnesorgane, sind auch mit den Gefühlszentren im Gehirn verbunden und somit an der Produktion von Neurotransmittern beteiligt. Schöne Arbeitsaufträge für Ihre Hirnnerven bedeuten also schöne Erlebnisse für Ihre Sinne, gute Gefühle, hilfreiche Hormone und somit mehr seelische Stabilität.

- **Hirnnerv I:** der Riechnerv. Er versorgt Ihre Nase und war in der Evolution besonders wichtig – die Lebewesen mit dem besten Riechnerv entwickelten schließlich auch das größte Gehirn und sicherten so ihr Überleben. Deshalb reagieren wir noch heute emotional sehr stark auf Gerüche.
- **Hirnnerven II, III, IV und VI** haben alle mit dem Sehen zu tun. Bildhafte Eindrücke wirken bei den meisten Menschen am stärksten.
- **Hirnnerven V, IX und XII:** Ihnen verdanken Sie Ihr Kauen, Ihr Schlucken, Ihre Kiefer- und Zungenbewegungen. Zusammen mit den Hirnnerven X (dem Vagus-Nerv) und VII verantworten sie das Sprechen und das Singen.
- **Hirnnerv VII:** Mit ihm können Sie all die Grimassen schneiden, die Ihnen einfallen.
- **Hirnnerv VIII:** Ihm verdanken Sie Ihr Gehör sowie Ihr Körpergleichgewicht.
- **Der XI. Hirnnerv** ermöglicht es Ihnen, dass Sie Ihren Kopf drehen, Ihre Schultern bewegen und damit auch Ihren Arm heben können.

- Die wichtige Sinneserfahrung des Schmeckens übernehmen die **Hirnnerven VII, IX und X**. Das Gefühl und die Sensibilität Ihres Gesichts einschließlich Augen, Ohren, Mund und Zunge verantworten die schlauen Nervenbündel (fast) alle gemeinsam.

Nun werden Sie besser verstehen, warum ich Ihnen immer wieder BODY 2 BRAIN Übungen anbiete, in denen Sie

- lächeln oder lachen,
- summen, singen oder »Aaah« sagen,
- gähnen,
- schmatzen, kauen oder schlucken,
- die Augen hin- und herbewegen und Schönes sehen,
- Duft riechen,
- Ihr Gesicht zart berühren, den Nacken streicheln,
- schlürfend atmen oder schnauben,
- angenehme Töne wahrnehmen.

Es geht immer darum, diese wichtigen Hirnnerven mit guten Erlebnissen zu füttern, weil genau das zu einer emotionalen Stabilisierung führen und somit Ihre Resilienz stärken kann.

Selbstkontrolle durch gute Düfte

Ein junger Polizeibeamter, der häufig schwierige Ordnungseinsätze hatte und nicht nur bei den Demonstranten, sondern im Gegenzug auch bei sich eine zunehmende Gereiztheit bemerkte, konnte mit einem kleinen unauffälligen Riechfläschchen mit angenehmem Waldaroma seine Emotionen ausgleichen und stabiler und gelassen bleiben – sehr hilfreich für die Deeskalation auf beiden Seiten.

Was stärkt uns, was schwächt uns?

Genau hinschauen lohnt immer

Möge dich nie eine schlechte Nachricht
von hinten anspringen,
wenn sie aber unverhofft kommt,
habe einen breiten Rücken.
Altirischer Segenswunsch

Was ist es denn, was Sie ganz allgemein im Leben stärkt und was Sie schwächt? Wenn Sie darüber etwas genauer Bescheid wissen, wird es Ihnen leichter fallen, diejenigen Qualitäten zu wählen oder zu entwickeln, die Ihre Resilienz fördern.

Durch Schwierigkeiten zu Charakterstärke

Der Anschein trügt häufig. Und deshalb lohnt sich oft ein zweiter Blick und eine Überprüfung des ersten Eindrucks. (Zu viel) Wohlstand und (zu viel) äußere Sicherheit beispielsweise können eine gute Resilienzentwicklung auch verhindern. Sollten Sie Eltern gehabt haben, die sehr fürsorglich, um nicht zu sagen überbehütend waren und Ihnen alle Schwierigkeiten aus dem Weg geräumt haben, Ihnen jeden Wunsch erfüllten und Ihnen nichts abschlagen konnten, hatten Sie vielleicht dadurch keine Gelegenheit, ein psychomentales Krafttraining zu durchlaufen, um Lebenskrisen bei Bedarf meistern zu können. Oder es ist heute umgekehrt so, dass Sie selbst viele Lebenskrisen meistern mussten (und auch konnten), dies aber aus Liebe Ihren Kindern ersparen möchten: Tun Sie's nicht! Lassen Sie sie ihre Erfahrungen machen.

Die US-amerikanische Psychologin und Familientherapeutin Wendy Mogel hat ihre Beobachtungen und Erfahrungen dazu in einem klugen Buch zusammengefasst: »The Blessing of a

Skinned Knee«. Sie schildert darin selbstunsichere und ängstliche Kinder und Jugendliche, die es durch die ständige Intervention und gut gemeinte Hilfe ihrer Eltern nicht gelernt hatten, selbst Probleme zu lösen, die sie eigentlich leicht hätten lösen können. Sie waren kaum imstande, mit Enttäuschungen fertigzuwerden oder aus Fehlern zu lernen. Als Resilienztraining empfiehlt Wendy Mogel unter anderem, den Charakter von Kindern zu stärken und ihnen durch bestimmte Tugenden zu mehr Resilienz zu verhelfen. Genau dies tun wir – für uns selbst als Erwachsene – im Kapitel »Resilienz durch Charaktertugenden«. Zu diesen Tugenden gehört für Wendy Mogel ebenso wie für mich auch die Dankbarkeit dem Leben gegenüber, das auch schwierige Aufgaben umfasst.

Falls Sie zu den – gar nicht wenigen – Menschen gehören, die in ihrem Leben mit allerlei Schicksalsschlägen fertig werden mussten und auch fertig geworden sind: Hadern Sie nicht mit Ihrem Schicksal, sondern seien Sie dankbar und stolz darauf, dass Sie es geschafft haben. Denn Sie sind offensichtlich resilient, Sie haben Ihre Resilienz-Reifeprüfung zu großen Teilen schon bestanden, was Ihnen vielleicht noch gar nicht bewusst ist.

Selbstachtung durch Lebensbewältigung

Eine meiner Klientinnen, eine Halbwaise, wurde von ihrem Stiefvater und ihrer Mutter sehr ungerecht behandelt und ging beim Erbe leer aus. Sie musste sich alles mühselig erarbeiten, ihr Studium, die ersten Berufsjahre, während die Halbgeschwister mit dem Erbe »in Saus und Braus« lebten, dafür aber beruflich und privat alle über kurz oder lang massiv scheiterten. Meine Klientin dagegen stellte irgendwann fest, dass sie wesentlich lebenstüchtiger und stabiler war. Sie hatte die Schule des

Lebens mit der Notwendigkeit der Selbstverantwortung und Selbstfürsorge absolviert und wurde dafür nicht zuletzt auch von anderen Menschen geachtet. Der Ihnen schon bekannte französische Resilienzforscher Boris Cyrulnik schrieb zu diesem Thema ein lesenswertes Buch: »Die Kraft, die im Unglück liegt. Von unserer Fähigkeit, am Leid zu wachsen«.

Sie haben sich bereits am Anfang des Buches bewusst gemacht, über welche besonderen Fähigkeiten in Hinsicht auf die Resilienz Sie verfügen. Vertiefen Sie diese Bewusstheit hier gleich noch einmal mit einer Übung.

BODY 2 BRAIN – stolze Anerkennung des Helden-Ichs

- Atmen Sie tief ein, heben Sie Ihren Kopf dabei etwas hoch und strecken Sie die Brust etwas heraus.
- Gehen Sie in dieser Haltung ein wenig in Ihrer Lebensbiografie spazieren: Schauen Sie auf einen schwierigen Lebensabschnitt und dessen Bewältigung. Sie haben ihn gemeistert – wie auch immer – und sich dabei Lebenserfahrung und Überlebenskraft antrainiert.
- Legen Sie kurz die Hand auf Ihre Herzgegend: Spüren Sie Stolz und Erleichterung.
- Sitzen oder stehen Sie nun bewusst sehr aufrecht und dehnen Sie beim Einatmen Ihren Körper etwas, um dadurch quasi größer zu werden, zu wachsen.

Einfach, aber wirksam: Die aufrechte Haltung verleiht Ihnen Stolz und Würde, die Stimulation des Nervus vagus verstärkt dies.

Resilienz verinnerlichen

Wir werden den Weg schon finden.
HÄNSEL ZU GRETEL IM GRIMM'SCHEN MÄRCHEN

Wer Kraft im Leben haben will, muss seine Resilienz stärken. Und wer seine Resilienz stärken will, sollte neben dem täglichen Üben ganz einfacher Techniken deutlich verinnerlichen, was Resilienz eigentlich ist. Dafür eignet sich das Lesen von Biografien außergewöhnlich resilienter Persönlichkeiten sehr gut, beispielsweise von Viktor E. Frankl, Nelson Mandela oder Philip Oprong Spenner.

Auch viele Märchen der Brüder Grimm vermitteln ein symbolhaft starkes Bild davon, was Resilienz und Lotoseffekt bedeuten können. Am Beispiel von »Hänsel und Gretel« möchte ich Ihnen noch einmal auf eine ganz andere Weise zeigen, welche Tugenden Zeichen resilienter Menschen sind. Viele davon werden Sie mit den hier im Buch vorgestellten Übungen selbst entwickeln oder stärken können.

Hier also der Anfang und der Schluss des Märchens. In Klammern finden Sie jeweils die Tugenden und Eigenschaften, um die es uns geht:

»Vor einem großen Walde wohnte ein armer Holzhacker mit seiner Frau und seinen zwei Kindern; das Bübchen hieß Hänsel und das Mädchen Gretel. Er hatte wenig zu beißen und zu brechen, und einmal, als große Teuerung ins Land kam, konnte er das tägliche Brot nicht mehr schaffen. Wie er sich nun abends im Bette Gedanken machte und sich vor Sorgen herumwälzte, seufzte er und sprach zu seiner Frau: ›Was soll aus uns werden? Wie können wir unsere armen Kinder ernähren, da wir für uns selbst nichts mehr haben?‹ –›Weißt du was, Mann‹, antwortete die Frau, ›wir wollen morgen in aller Frühe die Kinder hinaus in den Wald führen, wo er am dicksten ist (…), dann gehen wir an unsere Arbeit und lassen sie allein.‹ (…) Die zwei Kinder hatten vor Hunger auch nicht einschlafen können und hatten gehört, was die Stiefmutter zum Vater gesagt hatte. Gretel weinte bittere Tränen und sprach zu Hänsel: ›Nun ist's um uns geschehen.‹ – ›Still, Gretel‹, sprach Hänsel, ›gräme dich nicht, ich will uns schon helfen.‹ (…) ›Sei getrost, liebes Schwesterchen, und schlaf nur ruhig ein, Gott wird uns nicht verlassen‹« (Hoffnung, Selbstkontrolle, personale Intelligenz, Tapferkeit).

Die Kinder wurden im Wald ausgesetzt und fanden nicht mehr nach Hause zurück: »Hänsel sagte zu Gretel: ›Wir werden den Weg schon finden.‹ Aber sie fanden ihn nicht. Sie gingen die ganze Nacht und noch einen Tag von Morgen bis Abend« (Durchhaltefähigkeit, Zuversicht).

Schließlich landeten sie bei einer Hexe, die ihnen nach dem Leben trachtete. Hänsel und Gretel entwickelten eine Strategie, mit der sie die Hexe überwältigten (Tapferkeit, Klugheit) und sich befreiten. Sie machten sich mit allerlei Schätzen, die sie aus dem Haus der Hexe mitnahmen, auf den Heimweg: »Als sie aber ein paar Stunden gegangen waren, gelangten sie an ein großes Wasser. ›Wir können nicht hinüber‹, sprach Hänsel, ›ich seh keinen Steg und keine Brücke.‹ – ›Hier fährt auch kein Schiffchen‹, antwortete Gretel, ›aber da schwimmt eine weiße Ente, wenn ich die bitte, so hilft sie uns hinüber‹« (Fantasie, Lösungsorientiertheit).

»Das Entchen kam auch heran, und Hänsel setzte sich auf und bat sein Schwesterchen, sich zu ihm zu setzen. ›Nein‹, antwortete Gretel, ›es wird dem Entchen zu schwer, es soll uns nacheinander hinüberbringen‹« (Rücksichtnahme, Empathie) (…) »Endlich erblickten sie von Weitem ihres Vaters Haus. Da fingen sie an zu laufen, stürzten in die Stube hinein und fielen ihrem Vater um den Hals (Liebesfähigkeit). Der Mann hatte keine frohe Stunde gehabt, seitdem er die Kinder im

Walde gelassen hatte, die Frau aber war gestorben. Gretel schüttelte sein Schürzchen aus, dass die Perlen und Edelsteine in der Stube herumsprangen, und Hänsel warf eine Handvoll nach der andern aus seiner Tasche dazu (Großzügigkeit, Fähigkeit zu vergeben). Da hatten alle Sorgen ein Ende und sie lebten in lauter Freude zusammen.«

Kraftquelle Schlaf

Der Schlaf ist für den ganzen Menschen das,
was das Aufziehen für die Uhr ist.

ARTHUR SCHOPENHAUER

Ihr Gehirn schläft nie

Zu meiner Facharztausbildung für Neurologie gehörte auch die Auswertung von EEGs (Elektroenzephalografie), mit denen Hirnströme gemessen werden. Dabei wird die Aktivität des Gehirns, also seine elektrischen Entladungen, über kleine Oberflächenelektroden, die auf der Kopfhaut aufgesetzt werden, sichtbar gemacht. Zu den höheren Weihen und besonderen Herausforderungen gehörte die Auswertung von Schlaf-EEGs. Das faszinierte mich enorm, denn im Schlaf zeigt das Gehirn eine völlig andere Tätigkeit als im Wachzustand, einen langsamen bis sehr langsamen Rhythmus.

Im Grund ist es falsch, von einem schlafenden Gehirn zu sprechen. Denn das Gehirn ist ein lebenslang aktives Organ. Während der Körper schläft, arbeitet das Gehirn weiter, aber eben in einem anderen Rhythmus und mit anderen Schwerpunkten. Die Schlafaktivität wird in Hirnstamm und Zwischenhirn ausgelöst, andere Hirnbereiche, vor allem das Großhirn, werden in dieser Zeit abgekoppelt und ruhen sich intensiv aus, während Regenerationsvorgänge stattfinden – es wird geputzt und ausgemistet. Vor allem aber werden Lernvorgänge durchgeführt. Tagesgeschehnisse, die wichtig sind, werden abgespeichert, unwichtige Erlebnisse werden hinausgeworfen.

> *Mittels EEG kann man dem Gehirn beim Schlafen zuschauen, beim leichten Schlaf, beim Tiefschlaf, beim Träumen.*

Schlaf ist die beste Medizin

Tatsächlich produzieren Sie im Schlaf lebenswichtige Stoffe, Hormone und Enzyme. Guter und ausreichender Schlaf schützt vor Herzinfarkt, aber auch vor Übergewicht. Krankheiten heilen schneller, wenn gut und ausreichend geschlafen wird, und Impfungen wirken besser, länger und zeigen weniger Nebenwirkungen, wenn Sie sich unmittelbar nach der Impfung einige Stunden hinlegen und wenn schon nicht schlafen, dann wenigstens ruhen und schlummern. Das haben wissenschaftliche Untersuchungen eindeutig belegt.

Sie kennen das sicher bei sich selbst: Wenn Sie ausgeschlafen sind, sind Sie wesentlich aufnahmefähiger, können klarer denken, sind auch ausgeglichener und wahrscheinlich geduldiger. Wer tagelang zu wenig geschlafen hat, ist fahrig, nervös, reizbar, unkonzentriert, und Fehler häufen sich. Tagesärger und Stress verschlechtern unseren Schlaf, schlechter Schlaf wiederum macht uns stressempfindlicher. Schlafentzug wird sogar gezielt als Foltermethode angewandt, und nach einigen Tagen sind Gefangene »mürbe«, sie bekommen deliriumsähnliche Zustände und können im Extremfall am Schlafmangel sterben. Schlaf ist wirklich lebensnotwendig.

Gesunde Schlafdauer und Schlafmangel

Als Neugeborenes waren Sie ein Schlafkünstler: Sie haben 18 Stunden geschlafen, und in Ihren ersten drei Lebensjahren waren es dann immer noch 12 bis 15 Stunden täglich. Während der Vorschulzeit haben Sie sich, wenn noch alles im Gleichgewicht war, 11 bis 13 Stunden Schlaf geholt. Als Jugendlicher hatten Sie hoffentlich noch 9 bis 10 Stunden Schlaf, denn das ist die Menge, die man in diesem Alter braucht. Und Erwachsene benötigen immer noch etwa 6 bis 8 Stunden Schlaf. Zum Vergleich: Eine Katze schläft 13 Stunden, ein Hund braucht 10 Stunden Schlaf, die Kuh 4 Stunden und das Pferd knappe 3 Stunden.

Zunehmend aber leiden Menschen unter Schlafstörungen. Das mag einerseits mit einem falschen Verhalten und einer ungünstigen Schlafhygiene zusammenhängen, andererseits aber sicherlich mit zunehmendem Stress. Sorgen, Ärger und auch äußere Störfaktoren beeinträchtigen unseren Schlaf. Das hat weitreichende Folgen.

Ein Viertel der Deutschen leidet unter mehr oder weniger ausgeprägten Schlafstörungen, wobei es sich meistens um Einschlaf- oder Durchschlafstörungen handelt, aber auch Zähneknirschen, Schnarchen, Schlafapnoe (kurzer Atemstillstand während des Schlafes) gehören dazu beziehungsweise verursachen selbst Schlafstörungen und qualitativ schlechten Schlaf.

Guter Schlaf, Resilienz und Lebenskraft gehören zusammen. Sie hängen unmittelbar voneinander ab.

Jede Schlafstörung bedeutet einen nicht erholsamen Schlaf, und das wiederum bedeutet Anfälligkeit für Stress und zahlreiche Erkrankungen. Schlafstörungen sind manchmal Vorboten einer Depression, sie können auch Begleiter einer körperlichen Erkrankung sein, beispielsweise einer Schilddrüsenüberfunktion. In jedem Fall sollte eine Schlafstörung erst einmal abgeklärt werden. Was sie nicht braucht, sind Schlafmittel, die zu einer Abhängigkeit führen, oder Alkohol, der eine Schlafstörung verstärkt, da die Leber nachts wieder aufgeweckt wird, um den Alkohol abzubauen und den Körper zu entgiften. Alkohol ist also überhaupt kein »Absacker«, sondern ein Schlafverhinderer (und ein Resilienzverhinderer sowieso).

Sie können viel für guten Schlaf tun

Viele Untersuchungen zeigen, dass das Praktizieren bestimmter Tugenden schlafverbessernd ist. So weiß man beispielsweise, dass dankbare Menschen besser schlafen. Dies ist der Grund, warum es zu einem Einschlafritual gehören sollte, den Tag zu rekapitulieren und schriftlich festzuhalten, wofür man dankbar ist (siehe Kapitel »Dankbarkeit«).

Über die Beschäftigung mit guten Gedanken kommt es zur Produktion von unterstützenden Neurotransmittern und Hormonen, die das Einschlafen verbessern und dafür sorgen, dass das Großhirn, speziell das Stirnhirn, nicht grübelt und es in den emotionalen Zentren nicht zu Ärger, sondern zu einem Wohlgefühl kommt. Gute Gedanken, gute Erinnerungen und gutes Handeln führen über gute Emotionen zur Produktion von Serotonin, das im Übrigen als Antidepressivum und speziell bei Schlafstörungen ärztlich verschrieben wird. Besser, wenn Sie dafür sorgen können, es in Ihren körpereigenen Laboren herzustellen.

BODY 2 BRAIN – die besten Hilfen für einen guten, erholsamen Schlaf

- **Schulterwurf:** Rechts und links abwechselnd (bilaterale Stimulation) werfen Sie allen Tagesärger mit schwungvollen, aber zugleich ruhigen Bewegungen über Ihre Schultern nach hinten ab. Wenn Sie sich dabei gleichzeitig vorstellen, dass Sie so Ihren Ärger loswerden, befreit sich Ihr Großhirn von unangenehmen Erinnerungen.
- **Zeitlupe:** Machen Sie die letzte halbe Stunde vor dem Schlafengehen nach Möglichkeit all Ihre Tätigkeiten deutlich langsamer als gewöhnlich oder als im Lauf des Tages. Gehen Sie langsam, ziehen Sie sich langsam aus und so weiter.
- **Sich hin- und herwiegen:** Das passt zum Zeitlupenprogramm. Sie wiegen sich in einem langsamen Rhythmus hin und her, beim Gehen ins Bad, ins Schlafzimmer, unter der Dusche. Der Wiegerhythmus ist uralt und wird vom Gehirn als beruhigend aufgenommen.
- **Stirnmassage:** Auch das passt zur Zeitlupenbewegung und ist leicht unter der Dusche zu machen. Lassen Sie dafür den warmen Wasserstrahl von rechts nach links (bilaterale Stimulation) und zurück über die Stirn wandern, das entspannt nicht nur die Hautnerven, sondern wird zum Stirnhirn beziehungsweise dem Großhirn weitergeleitet, das sensorische Reize aufnimmt. Es entstehen ein Wohlgefühl und Entspannung. Das Grübeln hört auf. Außerdem werden hilfreiche Neurotransmitter, unter anderem Oxytocin und Serotonin, gebildet, der Schlaf wird hormonell bestens vorbereitet, und das ganz ohne die Nebenwirkungen von Schlaftabletten.
- **Gähnen:** Auch das ist im Endeffekt eine Zeitlupenbewegung, die schlafanstoßend wirkt. Langsam und genussvoll den Mund öffnen und herzhaft gähnen, am besten mehrfach, bis im Gesichtsbereich so viel Entspannung entsteht, dass sogar die

Tränen fließen und die Nase läuft. Zahlreiche Hirnnerven werden beim Gähnen aktiviert, die teilweise im Hirnstamm entspringen und ein entsprechendes Signal an den Hirnstamm und dessen schlafauslösende Nervenbündel geben.

- **Entspannungsgymnastik für die Hirnnerven:** Schmatzen und Schlürfen eines warmen Getränks (Schlaftee oder fettarme Milch, eventuell mäßig gesüßt mit Honig). Durch diese besonderen Bewegungen werden die beteiligten Muskeln entspannt, wodurch die entsprechenden Signale an die Hirnzentren weitergeleitet werden. Wenn Sie dabei noch genüsslich die Augen schließen, verstärken Sie den schlaffördernden Effekt.

Was sonst noch hilft

Wunderbare Dunkelheit, wodurch die körpereigene Melatoninproduktion überhaupt erst in Schwung kommen kann. Melatonin ist das Schlafhormon schlechthin.

Ruhe oder Stille, denn aus zahlreichen Untersuchungen ist Verkehrslärm als schlafstörend längstens bekannt. Gegen die Störenfriede Helligkeit oder Lichtverschmutzung und Umweltlärm hilft eine wunderbare Schlafmütze, die Sie sich wie in alten Zeiten auf den Kopf setzen sollten, aber weit über die Augen, die Ohren und weit in den Nacken ziehen! Dadurch bekommen Ihre Hirnnerven – der Sehnerv, der Hörnerv und auch der *Nervus vagus* – die Wärme, die sie brauchen, um sich zu entspannen. Und die Augen haben es schön dunkel, denn den Sehnerv stört auch das kleinste bisschen Helligkeit.

Düfte atmen, auch dies hilft den Hirnnerven, in diesem Fall dem Riechnerv. Nachgewiesenermaßen wirken Lavendel oder Rosenduft, am besten jedoch ist der Duft von Zirbenholz. Ein

Naturgeschenk und ein Wunder: Zirbenholz kann tatsächlich den Schlaf fördern, den Blutdruck senken und den Herzschlag rhythmisieren.

Meditation und Yoga ebenso wie Autogenes Training können Ihren Schlaf verbessern und Ihre Kraft und Resilienz stärken.

Powernapping: Ein wunderbares Resilienznickerchen!

Mittagsschläfchen für mehr Kraft im Leben

Während einer Vietnamreise besichtigte ich in der Mittagszeit eine Seidenspinnerei. Nichts war zu hören, kein Maschinengeräusch, niemand war zu sehen. Streik? Feiertag? Mitnichten. Alle Arbeiterinnen und Arbeiter hatten sich ein kleines Schlafplätzchen gesucht – an den scheinbar unmöglichsten Stellen – und schliefen. Dieses Genussbild sehe ich noch heute vor mir, und es ist meine Vision für alle Menschen in anstrengenden Arbeitssituationen.

Was in Deutschland leider noch immer fehlt, ist die Anerkennung eines Mittagsschlafes am Arbeitsplatz. In anderen Kulturen und Nationen, die hochproduktiv sind, wird dies gepflegt, in Asien und in zahlreichen amerikanischen Unternehmen. Auch bei der Lufthansa und anderen Fluggesellschaften müssen sich die Piloten zu einem Powernapping verpflichten, einem Kurzschlaf nach mehreren Stunden konzentrierter Arbeit. Einige wenige deutsche Stadtverwaltungen hatten den Mut, einen Ruheraum mit dem Angebot eines Mittagsschlafes für ihre Mitarbeiter einzurichten – mit dem Ergebnis, dass Krankheitstage und Fehltage reduziert werden konnten.

Sie können auch die Gesundheit Ihrer Kinder durch das Ritual einer kleinen Mittagsruhe stärken. Aber auch Ihr Organismus würde sich über einen Zwischendurch-Schlaf mit mehr körperlicher und seelischer Resilienz bedanken.

Im Kampf gegen die Müdigkeit?

Einer meiner Klienten, ein Abteilungsleiter, wird mittags von einer lähmenden Müdigkeit befallen, er nickt häufig am Schreibtisch ein und kämpft mit aller Macht dagegen an, es ist ihm außerordentlich peinlich, er schämt sich – und diese negative Emotion macht zusätzlich Stress. »Das hat doch keine Vorbildfunktion – ein pennender Chef!«, sagt er. Würde sein oberster Dienstherr grünes Licht für ein Powernapping geben: Wie viel Gutes könnte geschehen!

Tugenden als Schlafmittel?

Schlaf ist die beste Meditation.
DALAI LAMA

Die Tugenden Dankbarkeit, Großzügigkeit, Vergeben sind wunderbare nebenwirkungsfreie Schlafmittel, die zu guten Gefühlen und damit zu einer erhöhten Serotoninproduktion führen. Es lohnt also auch von dieser Seite her, solche Qualitäten in sich zu entwickeln.

Rauben Sie sich also nicht selbst den Schlaf und lassen Sie ihn sich auch nicht rauben! Streit, negative Gefühle wie Hass und Wut, ebenso Rachegedanken erzeugen so viele Stresshormone, dass Sie stundenlang wach liegen. Auch Angst kann ein Schlafverhinderer sein. Setzen Sie also etwas Positives dagegen und helfen Sie sich im Fall der Fälle mit den hier vorgestellten kleinen Übungen. Schlafforscher stehen noch immer am Anfang ihrer Erkenntnisse. Eines aber steht fest: Sie haben Ihr Leben mit gutem Schlaf begonnen. Er ist etwas ganz Natürliches. Sollte er Ihnen in einer guten Qualität verloren gegangen sein, können Sie ihn mit etwas Geduld und Disziplin wieder zu Ihrer Kraftquelle machen.

Hier eine kleine Entspannungsübung, die auch gut als Schlafvorbereitung wirkt.

BODY 2 BRAIN – langsames Kopfnicken zur Schlafvorbereitung

- Setzen Sie sich entspannt und bequem hin.
- Atmen Sie mit geschlossenen Augen ruhig ein und aus.
- Heben Sie beim Einatmen den Kopf leicht an.
- Senken Sie ihn beim Ausatmen etwas nach unten.
- Üben Sie das mindestens dreimal und lassen Sie Ihren Mund, Ihre Zunge und Ihren Kiefer dabei ganz locker.
- Stellen Sie sich dabei Ihre Schlaf-Farbe vor.
- Stellen Sie sich einen Geruch und/oder ein Geräusch vor, das Sie mit Schlaf assoziieren.

Einfach, aber wirksam: Durch das bewusste ruhige Ein- und Ausatmen und das Schließen der Augen entsteht ein körperlicher Ruherhythmus, der von allen Gehirnbereichen registriert wird. Durch das langsame Kopfnicken und die gelockerte Mund-, Zungen- und Kiefermuskulatur wird das Gehirn an Schläfrigkeit und Schlaf erinnert, denn die Haltefunktion der Muskeln lässt im Schlaf nach – sie werden schlaff. Die Übung fördert somit Ihre Schlafbereitschaft.

Und noch ein paar wichtige Gedanken und Schlaf-Mantras:

- »Hurra – geschafft!«
- »Alles gut – für heute ist es genug.«
- »Danke, lieber Körper, liebes Gehirn, für deinen Fleiß.«

Kraftquelle Singen

Gesang vermindert
dunkle Sorgen.
HORAZ

Körperliche Gesundheit durch Gesang

Ich höre Sie schon: »Ach nee, singen, also wirklich nicht – und überhaupt: Ich kann gar nicht singen.« Trösten Sie sich: Ich bin maximal ungeeignet für eine Opernkarriere, singe aber trotzdem. Warum? Lassen Sie sich überzeugen und begeistern.

Singen ist der musikalische Gebrauch Ihrer Stimme und sicher die älteste und ursprünglichste musikalische Ausdrucksform der Menschen. Gesang war und ist Teil aller Kulturen und aller Völker. Das Singen hat auch heute noch bei Feiern und Ritualen seine Bedeutung.

Was schon in der Antike bekannt war, wurde in der Neuzeit durch wissenschaftliche Forschungen bestätigt: Singen tut gut. Beim Singen werden Oxytocin und andere hilfreiche Hormone produziert, Stresshormone wie Adrenalin und Cortison dagegen abgebaut. In den 1990er-Jahren haben die Forscherinnen Betty Bailey und Jane Davidson untersucht, welche Auswirkungen das Singen auf Obdachlose hatte. Alle Teilnehmer der Studie hatten schwere emotionale Probleme, waren an Drogenabhängigkeit und Alkoholismus und teilweise an Psychosen erkrankt. Sie alle wurden nun Teil eines »Homeless-Choir«. Das Ergebnis: Sie konnten ihren Alkohol- und Heroinkonsum reduzieren, waren weniger gewalttätig und aggressiv, einige konnten sogar wieder Arbeit und Wohnung finden und stabile soziale Beziehungen aufbauen.

Die Studie konnte belegen, dass die Wirkung des Singens im Chor mit der einer erfolgreichen klinischen Psychotherapie vergleichbar ist!

Heute gibt es den Verein »Singende Krankenhäuser«, ein internationales Netzwerk zur Förderung des Singens in Gesundheitseinrichtungen und hilfreich für deren Mitarbeiter, aber natürlich auch für die Patienten. In vielen psychosomatischen Kliniken ist das morgendliche Singen fester Therapiebestandteil. »Gesang dringt über die Ohren durch den ganzen Körper bis ins Herz – singen kann einen ins innere Optimum bringen«, sagt der Musiksoziologe und Psychologe Karl Adamek. Er hat das Netzwerk »Il canto del mondo« gegründet, und seine Untersuchung an 500 fünfjährigen Kindern zeigte: Regelmäßig singende Kinder sind deutlich gesünder und besser für den Schuleintritt geeignet als nicht singende Gleichaltrige (»Süddeutsche Zeitung«, 13./14. Dezember 2014, »Und jetzt alle!«).

Sogar Ihr Speichel ist nach einer halben Stunde Trällern wertvoller – er enthält dann mehr Immunglobulin A, einen mächtigen Wirkstoff gegen Entzündungen. Warum aber ist Singen so gesund? Außer Lunge und Zwerchfell sind, wie Sie inzwischen wissen, beim musikalischen Gebrauch Ihrer Stimme zahlreiche Hirnnerven beteiligt, aber anders als beim Sprechen viel lustvoller und durch die unterschiedlichen Tonhöhen und Rhythmen abwechslungsreicher. Das erfährt das Zwischenhirn vom Hirnstamm – und seine emotionalen Zentren bedanken sich erfreut mit einem Impuls zur Produktion vieler hilfreicher körpereigener Substanzen.

Singen Sie gegen Kummer und Angst an – egal, wie schön oder auch nicht. Als Kind haben Sie das vielleicht instinktiv praktiziert.

Nur Mut! Es lohnt sich

Wenn Sie sich dem Singen (noch) verweigern: Dann summen Sie doch einfach – das ist genauso gut. Bei diesem Singen mit geschlossenen Lippen wird die Luft durch die Nase abgeleitet, die kleinen Schwingungen breiten sich auflockernd und wohltuend im Körper und im Gehirn aus. Überzeugt? Dann schalten Sie doch nun gleich vom Lesen auf Singen und Summen um.

BODY 2 BRAIN – die Sing-Sang-Summ-Hirnnerven stärken

- Schneiden Sie zunächst ein paar Grimassen: Blasen Sie die Wangen auf, bewegen Sie die Lippen.
- Jetzt den Mund weit öffnen: »Aaah« erst sprechen und dann ins Singen übergehen. Probieren Sie hohe und tiefe Töne: »Aaah.«
- Und nun singen Sie doch einmal Ihren Vornamen: zärtlich, kraftvoll, laut und leise – in allen Tonlagen. Finden Sie dabei Ihren Lieblingston?
- Und nun gehen Sie in ein Summen über. Legen Sie dabei die Hand flach auf Ihre Brust: Sie werden merken, wie auch Ihr Brustkorb vibriert. Dadurch lockert sich die Muskulatur – und allmählich auch die Stimmung.
- Ein leichtes Mitbewegen des Körpers erhöht die Wirkung und den Genuss.

Einfach, aber wirksam: Dieses Spezialwissen haben Sie inzwischen – lustvolle Hirnnervenaktivierung, in diesem Fall durch Singen und Summen, bringt über vielfache Verschaltungen im Gehirn die Produktion vieler wichtiger Substanzen in Gang. Sogar Ihr Speichel entwickelt einen Lotos-Abperleffekt gegen Krankheitserreger.

Freude und Mut durch Singen und Summen

Meine Großmutter (Jahrgang 1899) und ihre Geschwister hatten eine schwere Kindheit mit einer strengen Erziehung. Im Sommer kletterte sie abends zusammen mit ihren Schwestern oft auf den Dachfirst des Elternhauses am Marktplatz. Dort sangen die Mädchen dann Lieder. Die Menschen unten blieben stehen, lauschten und applaudierten. »Das Sommersingen war unser ganzes Glück«, sagte meine Großmutter später oft.

Mich konnte sie durch das gemeinsame Singen mit ihr nachhaltig von meinem Ärger abbringen, der jedes Mal in mir hochstieg, wenn ich wieder einmal beim Geschirrabtrocknen helfen sollte. Und wenn uns beim Wandern auf freiem Feld ein schweres Gewitter überraschte, sangen wir aus vollem Hals gegen die Angst vor Blitz und Donner. Und im dunklen Keller sang ich erst recht besonders laut.

Kraftquellen Lachen und Heiterkeit

Lachen ist die beste Medizin.
VOLKSMUND

Lachwissenschaft und Lachkuren

Vielleicht haben Sie schon von Lach-Yoga oder Lachtherapie gehört. Sie zeigen, dass Lachen nicht nur gesund ist, sondern sogar heilsam sein kann. Die Gelotologie, die Wissenschaft zu den Auswirkungen des Lachens, beschäftigt sich mit den körperlichen und psychischen Aspekten des Lachens, und inzwischen spielt auch in der Psychotherapie der sogenannte therapeutische Humor eine wichtige Rolle.

Der US-amerikanische Wissenschaftsjournalist und Friedensaktivist Norman Cousins entdeckte die Heilkraft des Lachens im Zusammenhang mit einer bei ihm diagnostizierten Erkrankung und schrieb in seiner Autobiografie »Der Arzt in uns selbst« darüber. Er litt seit Anfang der 1970er-Jahre an Spondylarthritis (Morbus Bechterew), einer chronisch entzündlichen Gelenkerkrankung, die unter anderem mit starken Schmerzen verbunden ist und von der man annimmt, dass es sich dabei um eine Störung des Immunsystems handelt. Cousins kannte wissenschaftliche Artikel, in denen der schlechte Einfluss von negativen Gemütszuständen auf die Hormonproduktion und das Immunsystem des Menschen beschrieben wurde. Er beschloss, das Gegenteil auszuprobieren, und begann, sich auf jede erdenkliche Art zum Lachen zu bringen – er machte eine Art Lachkur im Selbstversuch und stellte fest: Seine Schmerzen ließen deutlich nach, er konnte dadurch länger und besser schlafen (ein Effekt, der für das Immunsystem des Körpers außerordentlich wichtig ist), und seine Erkrankung, die eigentlich grundsätzlich eine schlechte Prognose hat, bildete sich gut zurück.

Die Geschichte von Norman Cousins ist ein wunderbares Beispiel für die Wirkung des Lachens, wie sie auch beim BODY 2 BRAIN genutzt wird. Deshalb gleich ein wenig Körpererlebnis für Ihr Gehirn.

Die folgende »Lach-Vorübung« ist »nur« eine Lockerungsübung für Ihre Mund- und Kiefermuskulatur und für Ihr Zwerchfell sowie die kleinen Muskeln zwischen Ihren Rippen. Der Effekt wird aber von den beteiligten Nerven sofort an das Gehirn weitergeleitet, was dort zu einer emotionalen Lockerung führt.

BODY 2 BRAIN – Lach-Vorübung

- Legen Sie die Hände rechts und links auf den unteren Rippenbogen ab.
- Öffnen Sie leicht den Mund und atmen Sie locker mit einem lauten »Ha, Ha, Ha« die Atemluft in kleinen Portionen aus.
- Lockere Knie und leichtes Auf-und-ab-Wippen unterstützen das kleine Lachen.

Jede Menge positive Wirkungen

Ein Tag ohne Lachen ist ein verlorener Tag.
CHARLIE CHAPLIN

Beim Vorgang des Lachens sind verschiedene Hirnnerven beteiligt, unter anderem unser geschätzter *Nervus vagus*. Es geschieht viel Gutes: Das Zwerchfell wird geschüttelt und gelockert, die Durchblutung (wahrscheinlich auch die des Gehirns) wird verbessert, angeblich soll Lachen deshalb sogar gegen Frühjahrsmüdigkeit helfen. In jedem Fall werden die Kiefergelenke gelockert, es entsteht ein Gefühl der Leichtigkeit, der Heiterkeit und Freude. Die Gedanken werden entsprechend positiver, und es werden förderliche Neurotransmitter und Hormone freigesetzt – eine Erklärung für das Phänomen, dass Schmerzen nachlassen und das Immunsystem gestärkt wird.

Jetzt bitte ich Sie wieder, die folgende kleine BODY 2 BRAIN Übung zu machen, bevor Sie weiterlesen.

BODY 2 BRAIN – die Negativübung

- Schluchzen Sie intensiv, wimmern Sie, was das Zeug hält.
- Welche Körperhaltung nehmen Sie dabei unwillkürlich ein? Welches Gefühl entsteht?

BODY 2 BRAIN – die Positivübung

- Lachen Sie nun herzhaft oder ahmen Sie herzhaftes Lachen nach. Den Mund weit aufmachen: »Haahaahaa, hohoho.«
- Welche Körperhaltung passt dazu oder entsteht wie von allein dabei? Beobachten Sie auch Ihre Emotionen: Welches Gefühl entsteht?

Da Lachen auf der ganzen Welt ansteckend wirkt, sollten Sie immer wieder die Gesellschaft von (gutartig!) lachenden Menschen suchen. Schon allein dieses Lach-Erleben weckt bei Ihnen Freude-Gefühle und kurbelt dadurch die Produktion resilienzfördernder Neurotransmitter an.

Das Krafträuber-Duo Stress & Burnout

Ein Mensch sagt – und ist stolz darauf –,
er geh in seinen Pflichten auf.
Bald aber, nicht mehr ganz so munter,
geht er in seinen Pflichten unter.
EUGEN ROTH

Burnout als Stressfolge

Ein Blick in die Suchmaschinen zeigt, Burnout scheint das Thema überhaupt zu sein: mehr als eine Milliarde Einträge! Zum Vergleich: Das Suchwort »Herzinfarkt« bringt es »nur« auf gut 16 Millionen Einträge.

Natürlich ist Burnout nichts Neues (genauso wenig wie Resilienz). Bereits in den 1970er-Jahren wurde es im Zusammenhang mit Pflegeberufen in Amerika beobachtet und beschrieben. Die Übersetzung »Ausgebranntsein« beschreibt diesen Zustand ausgezeichnet: Es besteht eine komplette Erschöpfung, weil sowohl im emotionalen als auch im physischen Bereich keine Kraft mehr vorhanden ist. Es zeigt sich eine negative Einstellung zum Beruf, zur Lebensaufgabe und zu den Mitmenschen in Form von Zynismus und Distanzierung. Negative Gefühle wie Ohnmacht, Wirkungslosigkeit, Selbstentwertung und Beschämung, Trauer, Verzweiflung überwiegen und setzen zusätzliche Stresshormone frei.

Burnout ist keine Krankheit, sondern ein Zustand geistiger, emotionaler und körperlicher Erschöpfung als Reaktion auf chronischen Stress.

Burnout zeigt nicht Schwachsein an und ist erst recht keine Kleinigkeit. Es spielt sich in zentralen Bereichen des Gehirns ab und kann dadurch im weiteren Verlauf tatsächlich zu schwerwiegenden körperlichen und psychischen Erkrankungen führen wie Herzrhythmusstörungen, Bluthochdruck, Tinnitus, Depression, Panikattacken und Suizidversuch, um nur ein paar Folgeerscheinungen zu nennen.

Wer durch ein Burnout in eine psychische oder psychosomatische Erkrankung hineinschlittert, ist oft lange krank. Das hat viele negative Auswirkungen: Arbeitskollegen sind dadurch mit zusätzlicher Arbeit belastet, der Arbeitsplatz gerät vielleicht in Gefahr, das Einkommen reduziert sich (nach sechs Wochen andauernder Krankheit wird statt Gehalt ein deutlich geringeres Krankengeld gezahlt), die Partnerschaft gerät in Schieflage und vor allen Dingen: Selbstwertgefühl und Selbstsicherheit werden schwer beschädigt. Das bedeutet die Zunahme schlechter Gefühle wie Scham, Angst, Verzweiflung und somit eine große Menge neuer Stresshormone, was wiederum die Burnout-Symptomatik und die Folgekrankheiten verstärkt. Ein Teufelskreis! Lassen Sie es bloß nicht so weit kommen!

Ein Blick auf die Ursachen

Auch das größte Problem dieser Welt
hätte gelöst werden können,
solange es noch klein war.
LAOTSE

Burnout und die Folgekrankheiten kommen durch zwei Faktorengruppen zustande. Zum einen sind es äußere Faktoren: die Situation am Arbeitsplatz mit möglicherweise hohem Leistungsdruck, einem falschen Führungsstil, prekären oder unsicheren Arbeitsverhältnissen, schlechtem Arbeitsklima. Zum anderen entsteht Burnout aber auch durch eigene Verhaltensweisen oder fehlende Strategien zur Lebensbewältigung – und oft durch unzureichende Resilienz.

Ich wage zu behaupten, dass Burnout durch ein Resilienztraining häufig verhindert werden kann.

Burnout entwickelt sich schleichend. Es beginnt mit einer allgemeinen körperlichen, geistigen und emotionalen Erschöpfung. Dies bedeutet auch eine Erschöpfung von Nervenzellen in bestimmten Gehirnarealen. Die Folge: Konzentrationsstörungen, Gedächtnisstörungen und entsprechend schlechte Arbeitsleistung und Fehlerhäufung, negative Gefühle wie Angst, Scham und Wut. Schließlich kann dieser Zustand nicht einmal mehr durch Erholungsphasen ausgeglichen werden. Erst reicht das Wochenende nicht mehr aus, um am Wochenanfang ausgeruht und zuversichtlich in die Arbeit zurückzukehren. Schließlich bringt auch der Kurzurlaub nichts mehr, und zum Schluss reicht auch der Jahresurlaub nicht mehr, um die Batterien aufzuladen. Spätestens dann steht die Ampel im Gehirn auf Tiefdunkelrot. Das Großhirn kann dann nicht mehr gut arbeiten: Aufgaben werden nicht mehr richtig verstanden, es entstehen Flüchtigkeitsfehler oder gravierende Fehler. Das klare Denken liegt danieder. Bald greift der Flächenbrand auch auf die emotionalen Gehirnbereiche über: Es entsteht ein Gefühl der Gleichgültigkeit sich selbst und anderen gegenüber und es kommt schließlich zu einer extremen Gefühllosigkeit und zu Zynismus. Man wird reizbar oder aggressiv. Es sind inzwischen so viele Stresshormone entstanden, dass im Gehirn im wahrsten Sinn des Wortes »Feuer unterm Dach« herrscht. Das Schlimme ist: Ein Burnout ist nicht nur ein Programm der Selbstvernichtung, sondern es werden dadurch rundum auch andere Menschen beschädigt oder sogar vernichtet.

Hier ist der Burnout beinahe unausweichlich

Eine junge Klientin schilderte mir weinend Folgendes: Sie hatte einen ausgezeichneten Hochschulabschluss in Oxford gemacht und arbeitete seither für ein renommiertes internationales Unternehmen in Deutschland (weder in Oxford noch in dem deutschen Unternehmen werden irgendwelche Angebote zu Resilienz oder ein Anti-Burnout-Programm durchgeführt oder kultiviert). Sie bemerkte an sich seit längerer Zeit Unkonzentriertheit, Fahrigkeit und Schlafstörungen, während sie unter Hochdruck als Teil einer Gruppe an einem Projekt arbeitete. Die Teamsitzungen dauerten oft bis in die tiefe Nacht hinein, danach arbeitete sie meist noch die Ergebnisse für den nächsten Tag aus und erstellte für die morgendlichen Meetings, die um 8.30 Uhr begannen, die erwünschten Power-Point-Präsentationen. In der letzten Zeit war es ihr zweimal passiert, dass sie plötzlich alles gelöscht hatte und von vorn anfangen musste. Sie geriet dann in Panik, weinte und schrie. Ihr Firmenauto hatte zahlreiche Beulen durch Zusammenstöße mit Tiefgaragenpfeilern. Und sie hatte einen Hautausschlag entwickelt, der auf keine Behandlung reagierte.

Vor allen Dingen aber hatte sie einen Gruppenleiter, der die ganze Mannschaft bis zur Erschöpfung antrieb, ihnen frühmorgendliches Erscheinen und Sitzungen bis tief in die Nacht hinein verordnete, ein nicht zu bewältigendes Arbeitspensum auflud und – das ist das Schlimmste – die ganze Gruppe psychisch terrorisierte. Er entwertete, verhöhnte, äffte nach, beleidigte und zeigte sich verbal maximal aggressiv.

Meine Diagnose: Der Teamleiter war entweder ein psychopathischer Technokrat, der menschenverachtend und verantwortungslos handelte. Oder er befand sich längst selbst im Burnout. In keinem Fall wurde er dem Titel »Führungskraft« gerecht, sondern gehörte schleunigst entfernt, da er das Team bereits mit seinem Vernichtungsstress infiziert hatte.

Dazu eine kleine Achtsamkeitsübung: Wie geht es Ihnen, wenn Sie diese Beschreibung lesen? Erinnert Sie das an eine eigene Leidensgeschichte oder die eines nahestehenden Menschen? Welche Gefühle entstehen in Ihnen? Entrüstung? Mitgefühl? Ärger? Und wo setzen sich diese Gefühle bei Ihnen körperlich fest?

Ich bemerke bei mir, während ich dies schreibe, Wut und Empörung – negative Gefühle, die mit mir körperlich durchaus etwas machen. Ich fühle eine Anspannung in meinem Kieferbereich, ich bemerke, wie sich meine Augenbrauen zusammenziehen und wie in mir körperliche Unruhe entsteht. Merken Sie etwas Ähnliches? Am besten machen wir an dieser Stelle eine kleine BODY 2 BRAIN Übung (siehe folgender Kasten).

Sicherlich wäre diese BODY 2 BRAIN Übung nicht das alleinige Heilmittel in der zuvor geschilderten Situation gewesen. Aber vielleicht wäre der Abteilungsleiter durch ein entsprechendes Resilienztraining seiner Funktion als Führungskraft mehr gerecht geworden und wäre dadurch motivierend und inspirierend mit seinen Mitarbeitern umgegangen. Oder meine Klientin wäre durch ein solches Training ruhiger und besonnener geblieben, hätte besser schlafen können und dadurch mehr Überblick behalten – darüber hätte sich auch das Auto gefreut. Vielleicht hätte sie dann auch die Kraft gefunden, eine sachliche Aussprache mit dem Vorgesetzten oder eine Versetzung zu erwirken. In jedem Fall hätte sie sich unverwundbar statt ohnmächtig gefühlt. Und das wäre ein sehr hilfreiches Gefühl gewesen!

BODY 2 BRAIN – Abperlen-Lassen von negativen Emotionen

- Rollen Sie die Schultern nach hinten, abwechselnd rechts und links, um von der bilateralen Stimulation zu profitieren.
- Fahren Sie Ihre Ellbogen etwas aus und malen Sie damit große Kreise in der Luft, gleichzeitig und abwechselnd.
- Nun kräftig die Hände ausschütteln, ebenfalls im Rechts-Links-Wechsel.
- Und jetzt mit den Armen ein paar schöne große Schwimmzüge machen und dabei »alles auf die Seite schieben«.
- Tief einatmen und abschnauben: »Puuuh!«
- Jetzt noch den ganzen Körper abschütteln.
- Als schöner Abschluss: zartes Pusten und imaginäre schillernde Seifenblasen erzeugen und ihnen hinterherschauen, wie sie aufsteigen.

Einfach, aber wirksam: Die kraftvollen Bewegungen werden vom Beurteilungssystem des Gehirns als Handlungsfähigkeit positiv bewertet – mit der entsprechenden Produktion von antidepressiv wirkenden Neurotransmittern. Das Rechts-Links-Muster ebenso wie das ruhige Atmen verstärken den Effekt. Jede dieser Übungen braucht gerade mal 30 Sekunden – so viel Zeit ist immer und erst recht dann, wenn man damit unangenehme eigene Reaktionen loswerden kann.

Wie steht es bei Ihnen?

Wie viel Stress sind Sie ausgesetzt und was tun Sie, um mit Ihrem Maß an Stress gut zurechtzukommen? Überlegen Sie:

- Sind Sie ein großer Idealist oder haben Sie ein hohes soziales Engagement?
- Sind Sie stark leistungsbereit oder gar ein Perfektionist? Haben Sie sehr viel (zu viel) Ehrgeiz?
- Wie hoch ist Ihr Selbstwertgefühl?
- Wie ist Ihr Maß an körperlicher Aktivität?
- Wie ist Ihr Maß an gutem Schlaf?
- Wie ist Ihr Maß an echter Freizeit?
- Haben Sie gute Regenerationsstrategien, beispielsweise Mentaltechniken, die Sie regelmäßig (und nicht nur ausnahmsweise in höchster Not) im Sinne eines Resilienztrainings praktizieren? Haben Sie bereits begonnen, regelmäßig die einfachen Übungen dieses Buches anzuwenden?

Mit dem sogenannten MBI, dem Maslach Burnout Inventory (im Internet zu finden), können Sie Ihr Risiko und Ihren Zustand zum Thema Burnout austesten. Aber Sie wissen ja: Von einem Testergebnis ist noch keiner gesund geworden, dazu braucht es einen klugen Therapieplan, der dann konsequent umgesetzt wird.

> *Eines ist sicher: Resiliente Menschen sind deutlich weniger gefährdet, in ein Burnout zu schlittern.*

Die heutige Arbeitswelt ist, wie sie ist. Die technische Entwicklung, der Zeitdruck, die Arbeitsverdichtung werden sich nicht mehr zurückdrehen lassen. Wir haben unendlich viel gelernt bezüglich technischem Fortschritt und Kommunikationsmöglichkeiten und uns angepasst. Was wir nicht getan haben, ist, auch unsere psychomentale Entwicklung voranzutreiben.

Parallel zu der technischen Entwicklung und Geschwindigkeit hätte ein psychomentales Resilienztraining erfolgen müssen, um uns körperlich und geistig die nötige Kraft zu geben. Aber es ist nie zu spät, mit einem solchen Programm zu beginnen. Zahlreiche Unternehmen und Institutionen machen zu meiner großen Freude ihren Mitarbeitern inzwischen kleine psychomentale Angebote. Und wenn Sie nicht zu diesen Glücklichen zählen: Sie können immer selbst für sich sorgen. Holen Sie sich bei Bedarf auch professionelle Hilfe, das ist nicht nur keine Schande, sondern das Merkmal eines resilienten und weisen Menschen. Erst wenn wir aktiv etwas tun, werden wir die veränderte Arbeitswelt beherrschen und uns nicht umgekehrt von ihr beherrschen oder im schlimmsten Fall vernichten lassen. Deshalb gleich noch eine Übung:

BODY 2 BRAIN – sich befreien

- Richten Sie sich hoch auf.
- Atmen Sie genussvoll tief ein – Kopf dabei nach oben richten.
- Nehmen Sie auch die Arme hoch, machen Sie eine »Hurra«-Geste.
- Und jetzt mit dem Ausatmen ein lautes genussvolles »Aaah, aaah«.
- Und noch mal die Seifenblasen-Übung für Leichtigkeit.
- Üben Sie das Ganze dreimal, damit möglichst viel vom positiven körperlichen Erleben in Ihrem Gehirn ankommt und somit mehr gute Gefühle zu mehr hilfreicher Neurotransmitterproduktion führen.

Bewirken Sie Wunder!

Jeder muss sich das Wunder seines Lebens stets aufs Neue erwirken.

ADALBERT STIFTER

Solche und ähnliche kleine Körperübungen können Sie alle 30 oder 60 Minuten an Ihrem Arbeitsplatz machen. Sie brauchen dafür – anders als bei der wenig hilfreichen Zigarettenpause – nicht einmal wirklich die Arbeit zu unterbrechen. Es entstehen durch diese Praxis viele gute Empfindungen und Gefühle, dadurch förderliche Neurotransmitter, die antidepressiv und schlaffördernd wirken. Sie können sich durch solche einfachen Schritte Ihre Arbeitskraft und Ihre unbezahlbar wertvolle Lebenskraft erhalten. Kommen positive Gedanken und das Praktizieren ethischer Werte und Tugenden (siehe Kapitel »Resilienz durch Charaktertugenden«) hinzu, wird Ihr Gehirn vor positiven Neurotransmittern nur so sprudeln.

Sie sind immer in der Lage, Einfluss zu nehmen: nicht unbedingt auf äußere Umstände, aber auf Ihre Reaktionen darauf. Ihr Gehirn gehört Ihnen. Und es wartet auf gute Impulse, die letztendlich nur von Ihnen selbst kommen können. Warten Sie ja nicht wie ein kleines Kind darauf, dass gute Impulse gegen Burnout von außen kommen. Solche Wunder geschehen in unserem Erwachsenen- und Arbeitsleben sehr selten. Sie selbst müssen aktiv werden und Ihr eigener »Wunderdoktor« sein.

Die Wunder in Ihrem Leben sollten Sie selbst vollbringen – am besten in Form eines Resilienztrainings!

Krafträuber Angst

Das einzige Gefängnis ist die Angst,
und die einzige Freiheit
ist die Freiheit von der Angst.
AUNG SAN SUU KYI

Gute« Angst und »schlechte« Angst

Angst gehört eindeutig zu den negativen Emotionen und erzeugt enorm viele Stresshormone. Sie gehört zu unseren Grundgefühlen, und es gibt sicherlich kein Lebewesen auf dieser Erde, das dieses Gefühl nicht kennen würde. In einer für unser Leben oder auch für unsere Selbstachtung bedrohlichen Situation reagieren Körper und Gehirn mit einem Notprogramm: Das Herz schlägt schneller und pumpt damit mehr Blut in die Muskeln und das Gehirn, Cortisol wird ausgeschüttet, der Blutdruck steigt. Wir sind bereit: Flucht oder Kampf. Jetzt gilt's!

Angstgefühle unterstützen über den Körper im Gehirn eine Überlebensstrategie. Eine gerechtfertigte Angst kann uns das Leben retten. Aber bei grundlegender Ängstlichkeit, einer Angsterkrankung oder einer Panikreaktion ist die ganze Aufregung umsonst. Es ist sinnloser Stress, vor allem für die Gesundheit, denn das Stresshormon Cortisol, das normalerweise für Flucht oder Kampf gedacht ist, schwimmt unbenutzt im Körper umher und richtet Schaden an.

»Gute« Angst ist okay: das Abwägen und das Respektieren des eigenen Bauchgefühls, um einer Gefahr zu entgehen. Aber die »schlechte« Angst ist ein Lebensverhinderer, der uns viel Kraft kostet.

In meiner beruflichen Tätigkeit begegnet mir zunehmend das Krankheitsbild »Angststörung« oder »Panikerkrankung« im Zusammenhang mit Überforderung und Erschöpfung. Meist ist dies die Folge einer Erschöpfungssymptomatik, teilweise auch in Kombination mit einer Depression. Angst und Panik finden sich inzwischen nicht mehr überwiegend nur bei Frauen, zunehmend sind Männer, auffallend oft auch jüngere Männer, davon betroffen.

Der Angst nicht nachgeben!

Die ungesunde Angst sitzt in einem bestimmten Bereich Ihres Gehirns und macht sich dort immer mehr breit, wenn Sie ihr nachgeben. Sie wissen ja, dass sich das Gehirn wie ein Muskel trainieren lässt, sowohl im Guten wie auch im Schlechten. Wenn Sie bei sich bemerken, dass Sie zu bestimmten Ängstlichkeiten oder gar zu einer allmählichen Dauerangst neigen: Machen Sie unbedingt ein längerfristiges Anti-Angst-Training. Das kann bedeuten, dass Sie sich immer wieder einmal der gefürchteten Situation aussetzen. In der Verhaltenstherapie wird dies als Expositionstherapie bezeichnet. Auch die BODY 2 BRAIN Übungen, regelmäßig ausgeführt, können Ihnen helfen.

Mut schließt Angst nicht aus

Die Angst klopft an die Tür,
die Zuversicht öffnet:
Niemand steht draußen.
JAPANISCHES SPRICHWORT

Ein bisschen Angst darf sein, auch wenn Sie noch so mutig sind oder sein wollen. Eine gewisse Angst in bestimmten Situationen kann wichtig sein, um wirklich abzuwägen, was zu tun ist, um sich selbst zu schützen und nicht blindlings ins Verderben zu laufen. Ein wirklich mutiger Mensch vermeidet die Extreme, er bleibt in der Mitte zwischen Tollkühnheit und Angstlähmung.

Als Vorbereitung auf eine Situation, die Ihnen Angst macht, können Sie die eine oder andere BODY 2 BRAIN Übung machen. Viele meiner Patienten haben sich damit bereits langfristig helfen können. Insbesondere eine Angst vor dem Versagen führt zum Versagen, deshalb sollte sie so schnell wie möglich abgestellt werden.

BODY 2 BRAIN gegen die Angst

- Schlürfatmen: Machen Sie die Lippen rund, so als wollten Sie damit einen Trinkhalm umfassen. Nun genüsslich die Luft einatmen.
- Beim Ausatmen abschnauben: die Lippen locker lassen und wie ein Pferd etwas schnauben.
- Legen Sie eine Hand auf die Herzgegend oder reiben Sie sanft links und rechts entlang des Brustbeins.
- Nehmen Sie Haltung an, richten Sie sich auf.
- Beim aufrechten Stehen oder Sitzen hilft es, die Beine etwas weiter auseinander und die Füße fest auf den Boden zu bringen. Legen Sie im Sitzen die Hände entspannt auf den Oberschenkeln oder den Lehnen ab.
- Knurren Sie ein bisschen tief hinten im Kehlkopf. Diese Lockerung ist gut gegen Angst, die im Hals steckt.

Probieren Sie am besten sinnvolle Anti-Angst-Bewegungen. Durch die nachfolgend beschriebene stabile Haltung gegen die Angst spüren die Nervenenden der Fußsohlen den Kontakt zum Boden, durch die leicht breitbeinige Position wird das Stabilitätsgefühl der Hautnerven und der Nerven, die für den sogenannten Lagesinn zuständig sind, verstärkt, was als Information ans Gehirn weitergeht. Die aufrechte Haltung vermittelt ein Gefühl von Sicherheit und gibt Überblick. Die ruhig abgelegten Hände signalisieren über die dortigen Nervenenden dem Gehirn entspannte Handlungsfähigkeit. Durch eine derartige Körperhaltung mit entsprechender Rückmeldung an das Gehirn können die Angstareale dort nicht aktiv werden und keine Stresshormone produzieren. Der Wissenschaftler und Psychologe Johannes Michalak von der Universität Witten / Herdecke hat in mehreren interessanten Untersuchungen zusammen mit amerikanischen Kollegen die Auswirkung von Körperhaltungen auf die psychische Reizverarbeitung untersucht und festgestellt: Kraftvolle Körperhaltungen wirken antidepressiv und ermutigend.

Auch das Stampfen mit beiden Füßen lässt sich in diesem Sinne hervorragend nutzen. Oder Sie trommeln sich wie Tarzan mit beiden Händen abwechselnd auf die Brust, erleben die bilaterale Stimulation und lassen dabei am besten noch ein lautes »Aaah« ertönen.

Ebenfalls hilfreich ist es, sich an einer Wand oder an einen Türrahmen anzulehnen und dabei bewusst und intensiv die Wirbelsäule zu spüren. Sie ist so etwas wie die Haltestange im Bus für die Fahrgäste: Der gesamte Körper braucht diese Wirbelsäule für seinen Halt. Durch die Wahrnehmung dieses wichtigen Körperteils entsteht im Gehirn sofort ein Gefühl von Stabilität und Stärke.

Hilfreiche Vorstellungen und die Kraft der Fantasie

Von den Traumatherapeutinnen Professor Luise Reddemann und Michaela Huber habe ich einige Techniken übernommen, die ebenfalls hervorragend gegen Ängste wirken:

- Lassen Sie sich von einem »inneren Helfer« unterstützen. Das kann ein Tier sein (im Schamanischen nutzt man Krafttiere als hilfreiche Begleiter aus der geistigen Welt) oder die Vorstellung einer weisen Frau oder eines Superhelden an Ihrer Seite.
- Auch die Vorstellung eines Gartens als Ruheplatz voller Düfte und Vogelgezwitscher stärkt und vertreibt die Angst.
- Notieren Sie persönliche Stärkungssätze und positive Affirmationen – Ihre Sammlung für Notfälle.

Und das Ganze kombiniert mit ein wenig BODY 2 BRAIN:

- Umarmen Sie sich selbst und trösten Sie den Anteil in Ihrem Inneren, der ewig Kind bleiben wird, Ihr inneres Kind.
- Stellen Sie sich einen kraftvollen Baum vor und lehnen Sie sich in Gedanken mit dem Rücken dagegen.
- Malen Sie sich ein Kraftbild, das alles enthält, was Ihnen Mut gibt.
- Schauen Sie in Ihrer Biografie nach: Welche Angst hat Ihnen schon mal geholfen, welche behindert Sie? Finden Sie Beispiele dazu. Schreiben Sie dann die störenden Ängste auf. Am besten ist es, wenn Sie aus dem Papier einen kleinen Flieger falten und ihn zusammen mit den Ängsten fortfliegen lassen. Oder Sie falten ein Schiffchen und lassen es mit den Ängsten davonschwimmen.

Jedes Anti-Angst-Training ist ein Resilienztraining. Es wird zunehmend gute Gefühle in Ihnen erzeugen wie Lebensfreude oder Stolz und durch entsprechende Neuronenvernetzungen zu Neurotransmittern führen, die Ihre psychomentale Gesundheit stärken. Viele der genannten Übungen können Sie täglich mehrfach und unbemerkt ausführen. Und zusammen mit

Ihrem Partner oder Ihrer Partnerin oder mit Ihren Kindern oder Enkeln macht es noch mehr Spaß und hat einen Multiplikatoreneffekt. Im Kapitel »Mut und Tapferkeit« finden Sie zudem noch Hinweise darauf, wie Sie die stärkende Tugend des Mutes in sich weiterentwickeln können.

Krafträuber Kränkungen

Wer über eine Beleidigung weint,
dem werden mehrere begegnen.
JOHANN WOLFGANG VON GOETHE

Reaktionsweisen

Gegen Kränkungen ist der Lotos-Abperleffekt der Resilienz besonders wichtig. Denn sie kommen in unserem Alltag immer wieder vor und kosten uns viel Kraft. Kränkungen laufen oft sehr subtil ab, wir bemerken sie nicht immer bewusst, fühlen uns am Ende eines Tages aber ärgerlich, ausgelaugt, erschöpft – kraftlos. Kränkungen verursachen in uns negative Gefühle, und diese führen bekanntermaßen zur Ausschüttung von Stresshormonen, die sich auf die Gesundheit im Laufe unseres Lebens unter Umständen vernichtend auswirken.

Eine Kränkung ist ein Angriff auf das körperlich-seelische Wohlbefinden. Es ist die Verletzung eines Menschen in seiner Ehre, in seinen Gefühlen und in seiner Selbstachtung. Eine Kränkung nagt an unseren Lebensnotwendigkeiten, die da heißen Geborgenheit und Sicherheit, Vertrauen und Zuverlässigkeit, Liebe, Friede und Harmonie. Was lange kränkt, macht schließlich krank.

Kränkungen werden im Gehirn abgespeichert und dann zu Gefühlen und zu Reaktionen weiterverarbeitet. Je nachdem, welcher Reaktionstyp Sie sind, werden Sie auf eine Kränkung vielleicht mit Angriff reagieren nach dem Motto »Angriff ist die beste Verteidigung«. Das bedeutet in jedem Fall einen großen Energieaufwand und die maximale Produktion und Ausschüttung von Cortisol, dem Stresshormon. Die Reaktion Kampf bedeutet also immer Stress und Kraftaufwand, selbst wenn Sie der Sieger und der erfolgreiche Rächer sind und es demjenigen, der Sie gekränkt hat, »so richtig zeigen«.

Oder sind Sie eher der Typ, der sein Heil in der Flucht sucht, im Rückzug in sein Inneres: Sie grämen sich, sind insgeheim voller Groll oder voller Trauer und weinen. Auch das bedeutet: Produktion von Stresshormonen, es schwächt insgesamt Ihre Kraft. Eine verzweifelte Flucht ist dabei nicht zu verwechseln mit kluger Resignation.

Im schlimmsten Fall führt Kränkung zu einem Zustand der Erstarrung – Freeze, dem »Eingefroren-Sein«. Hier ist nicht einmal mehr eine Abreaktion möglich, und entsprechend sind Stress und Kräfteverlust am allergrößten.

In Abstufungen kränkend

Ein großer Geist, der sich selbst richtig schätzt,
rächt Beleidigungen nicht, weil er für sie keinen Sinn hat.
Seneca

Die kleinen Kränkungen des Alltags hängen mit unserem Selbstwertgefühl zusammen. Je schlechter ausgeprägt es ist, desto mehr können auch kleine Kränkungen ihre Wirkung entfalten. Menschen mit einer sogenannten narzisstischen Störung oder ängstlich-depressive Menschen fühlen sich schnell wegen einer Unachtsamkeit beleidigt, wegen einer Unhöflichkeit, eines unwirschen Wortes oder »des bösen Blicks« des Nachbarn. Sie sind empört oder am Boden zerstört wegen einem Autofahrer, der ihnen die Vorfahrt nimmt oder eine Parklücke vor der Nase wegschnappt, oder wegen der schnippischen Antwort ihrer Kinder. Kleine Kränkung, kurze Stressreaktion – und trotzdem eine Anstrengung für die Neuronen und ein zusätzlicher Energieverbrauch.

Stärken Sie Ihr Selbstwertgefühl und Ihre Resilienz, um kränkenden Alltagsnichtigkeiten mit freundlicher Gelassenheit zu begegnen.

Mit Kränkungen, die ich als Risikokränkungen bezeichne, verhält es sich schon etwas anders: Hier brauchen wir nicht nur Selbstbewusstsein, sondern auch den Lotoseffekt. Destruktive Kritik oder ein schlechtes Zeugnis, eine abgelehnte Bewerbung oder eine spöttische Bemerkung vor vielen Zuhörern: Solche Erlebnisse werden vom Gehirn und den emotionalen Zentren nicht nur kurz registriert, sondern führen zu wesentlich komplexeren Verschaltungen und Reaktionen. Spätestens hier beginnt der Kampf / Flucht- oder der Erstarrungsmodus mit mehr oder weniger ausgeprägten emotionalen, hormonellen und körperlichen Begleiterscheinungen. Dauer und Nachwirkungen ungewiss – abhängig vom psychomentalen Gesamtzustand und der Resilienz.

Dann gibt es noch die »elementaren Kränkungen«, zu denen schicksalhafte und traumatische Erlebnisse gehören. Kriegerische Handlungen mit Vertreibung und Flucht, Verlust der Heimat und der eigenen Identitätswurzeln, Betrug, Verrat und Untreue, Verlust des Arbeitsplatzes und Armut, Mobbing und Verleumdung, Rufmord mit Verlust von Vertrauen, Ansehen und Würde. Die schwersten elementaren Kränkungen – oder in diesem Fall besser Verletzungen – sind körperliche Gewalt und körperliche Beschädigung wie Gefangenschaft und Folter oder sexueller Missbrauch. Sie führen je nach Schwere und Dauer sogar zu einer Beschädigung der Gehirnmasse selbst: In der Kernspintomografie können strukturelle Beschädigungen von Neuronen im Gehirn sichtbar gemacht werden.

Wohl dem, der – wodurch auch immer – mit einer hohen Resilienz ausgestattet ist: Diese Menschen können auch schwere Traumatisierungen überwinden und sind zu einem Neubeginn fähig. Weniger resiliente oder nicht resiliente Menschen können durch Kränkungen – auch die der weniger heftigen Art – viele Formen psychischer oder körperlicher Erkrankungen entwickeln.

Zurückschlagen lohnt nicht

Was wir oft nicht bedenken: Wir sind nicht nur arme Opfer, wir sind häufig auch Täter. Es gibt interessante Untersuchungen zu Kränkungen. In Kolonien von Seemöwen wurde beispielsweise beobachtet, dass Küken, die von vagabundierenden erwachsenen Seemöwen angegriffen und verletzt wurden, als erwachsene Vögel ebenfalls zu dieser Art von Angriff und Verletzung anderer Jungvögel neigten.

So ist das auch beim Menschen: Wer gehäuft Kränkungen erfahren hat, scheint besondere Fähigkeiten zu entwickeln, um andere – bewusst oder unbewusst – später ebenfalls zu kränken und zu verletzen. Oder, und das ist noch viel hinterhältiger: andere Menschen zwar zu verschonen, diese Kränkungen aber gegen sich selbst anzuwenden. Seien Sie ehrlich: Wie oft haben Sie sich schon einen Idioten geschimpft oder sich gegen den Kopf geschlagen? Wie oft gibt es eine Stimme in Ihnen, die Ihnen sagt: »Du lernst es eben nicht!« Wenn ich diese Frage bei einem Vortrag stelle, kommt von fast allen Zuhörern ein verlegenes Lächeln oder Lachen: Erwischt!

Damit Ihr Gehirn sich nach dem Lesen dieses ernsten Textes regenerieren kann, hier ein paar Übungen »Ermunterung und Trost« zur Auflockerung.

BODY 2 BRAIN – Ermunterung und Trost

- Dehnen und strecken Sie sich wieder ausgiebig.
- Gähnen Sie ein paarmal herzhaft und wenn Gähnen nicht geht: einfach den Mund weit aufmachen und genussvoll »Aaah« sagen.
- Streichen Sie dabei sanft mit der Hand über Ihr Brustbein.
- Und jetzt noch mit Ihren Händen hinter den Ohren sanft im Rechts-Links-Wechsel den Nacken streicheln.
- Schauen Sie in Ihre Hand, benutzen Sie diese als fiktiven Handspiegel: Lächeln Sie hinein, nicken Sie sich zu. Vielleicht geht auch ein kleiner Kuss hinein in den Handspiegel.

Einfach, aber wirksam: Dass die Muskeldehnung von Armen, Beinen und dem Gesicht über Neuronenverschaltungen im Gehirn zu guter Stimmung führt, wissen Sie ja bereits. Das Streicheln des Nacken- und des Brustbereichs ist eine achtsame Berührung des Nervus vagus, des X. Hirnnervs, was in den emotionalen Zentren des Gehirns sofort wahrgenommen und mit der Produktion antidepressiver Substanzen belohnt wird. Erinnern Sie sich an die wohligen Reaktionen eines Haustiers, wenn Sie es hinter den Ohren kraulen – genau das ist dieser Effekt.

Die Handspiegel-Übung aktiviert Ihre Spiegelneuronen im Gehirn positiv.

Und schlimmer noch: Wie oft schreien wir zurück, strafen einen »Übeltäter« mit kalter Verachtung oder zeigen jemandem den Stinkefinger (oder stellen es uns zumindest genussvoll vor). Dadurch werden wir zu Kränkungstätern. Darüber hinaus produzieren wir jede Menge Stresshormone, beim anderen, aber auch (und manchmal nur) bei uns selbst.

Da durch die Erwähnung dieses Themas und durch meine Fragen an Sie vielleicht manche Erinnerungsspeicher in Ihrem Gehirn aktiviert wurden und alte – große oder kleine – Kränkungen über neuronale Vernetzungen gerade anfangen wollen, ihre negative emotionale Wirkung und die entsprechenden Körperreaktionen zu entfalten, gleich ein wenig Resilienztraining zur Immunisierung. Wie immer meine Anregung, die nachfolgenden Übungen als Abperleffekt gegen Kränkungen nicht nur zu lesen, sondern auch körperlich umzusetzen, damit Ihr Gehirn sofort Kraft und Resilienz erleben darf. So kann es am besten lernen.

Stellen Sie sich aus dieser kleinen Auswahl schon mal ein paar Favoriten zusammen. Mehr kraftvolle und wirksame Übungen gegen Kränkungen finden Sie später bei der Charaktertugend des »Vergebens« und im BODY 2 BRAIN Resilienz-Notfallkoffer (siehe das jeweilige Kapitel). Gute körperliche und freudvolle Aktivität ist bei Kränkungen besonders wichtig, damit Sie weder in den schädlichen Modus von Kampf oder Flucht kommen noch erstarren.

Zum Abschluss ein wunderbarer Kraftsatz, der Ihnen im Augenblick einer Kränkung sehr helfen kann. Ich liebe diesen Satz, weil er so einfach und ermutigend ist:

An einer Verwünschung stirbt kein Elefant.

BODY 2 BRAIN – Abperleffekt gegen Kränkungen

Wiegen Sie sich – im Stehen oder Sitzen – hin und her, im Wechsel von rechts nach links (bilaterale Stimulation)

Einfach, aber wirksam: Diese Trost- und Beruhigungsbewegung wird von den Körpernerven an das Gehirn weitergeleitet und dort zu einer emotionalen Stabilisierung verarbeitet. Instinktiv wiegen Mütter auf der ganzen Welt ihr weinendes Baby. Trösten Sie auch Ihr »inneres Kind«, das wegen einer Kränkung weint.

Strecken Sie vor dem Spiegel Ihre beiden Daumen hoch und schauen Sie sich dabei freundlich (!) an

Einfach, aber wirksam: Die Daumenbewegung aktiviert in der Großhirnrinde einen relativ großen Bereich und das Sehen der Anerkennungsgeste einen zusätzlichen visuellen Bereich. Alles zusammen trägt zu einer guten Stimmung bei.

Schulterwurf: rechts und links im Wechsel die Arme schwungvoll im Bogen über die Schultern bewegen, so als wollten Sie etwas hinter sich werfen (bilaterale Stimulation)

Einfach, aber wirksam: Durch diese Übung sind Großhirn (Bewegung) und Kleinhirn (Koordination) beschäftigt, die Bewegung selbst bringt ein bisschen Heiterkeit und entspannte Gelassenheit in den emotionalen Bereichen.

Die Lippen spitzen und pfeifen (oder wenigstens so tun, als ob)

Einfach, aber wirksam: Pfeifen erzeugt Leichtigkeit und Fröhlichkeit. So fordert die Redewendung »Pfeif drauf« dazu auf, etwas nicht so schwer oder zu ernst zu nehmen.

Resilienz für Kinder und Jugendliche

Zwei Dinge sollten Kinder von ihren Eltern bekommen:
Wurzeln und Flügel.
JOHANN WOLFGANG VON GOETHE

Vergesst die Kinder nicht!

Kinder haben ein Recht auf konkrete und kindgerechte Resilienzangebote. Gerade in Krisenzeiten kommen Kinder und Jugendliche oft zu kurz. Und deshalb möchte ich in einem Buch über Resilienz auch ihren Bedarf berücksichtigen und Angebote dazu machen. Im von Susan Burckhardt, Beatrice Uehli und Susanne Amft herausgegebenen Buch *Schüchterne und sozial ängstliche Kinder in der Schule* habe ich in einem Artikel diese Dinge etwas genauer beleuchtet.

Kinder haben ein Recht auf die Stärkung ihrer Resilienz. Zumindest angedeutet wird dies in der UN-Kinderrechtskonvention, Artikel 29. Zu den deutschen Kinderrechten gehören das Recht auf Freizeit, Spiel und Erholung. Die Inhalte bleiben allerdings oft vage, und entsprechende Angebote – soweit überhaupt vorhanden – sind meist allgemein gehalten und häufig beliebig.

Die Methode BODY 2 BRAIN ist in ihrer spielerischen körperorientierten Einfachheit für Kinder und Jugendliche leicht zu verstehen und sehr gut anzuwenden. Die jungen Menschen erleben Selbstwirksamkeit in für sie schwierigen Situationen auf eine heitere Art – und genau dies stärkt ihre Resilienz.

Die Entwicklung des kindlichen Nervensystems

Die Entwicklung des Gehirns und des Nervensystems beginnt in der dritten Schwangerschaftswoche. Bei der Geburt sind zwar alle Nervenzellen vorhanden, die Entwicklung eines funktionsfähigen neuronalen Netzwerkes ist aber erst nach der Pubertät um das zwanzigste Lebensjahr herum abgeschlossen. Bis zum sechsten Lebensjahr entwickelt sich dieses Netzwerk, in dem jede Nervenzelle mit Tausenden anderen Neuronen verbunden ist, sehr intensiv. Danach verlangsamt sich der Prozess. Dies unterstreicht auch die Wichtigkeit einer kindlichen Förderung in den frühen Entwicklungsphasen.

In den beiden ersten Lebensjahren wächst das Gehirn des Kleinkindes extrem schnell, die Gehirnmasse verdreifacht sich. Besonders in den ersten zehn Monaten sind die Entwicklung und das Lernen besonders rasant. Immer dabei: Gefühle und Neurotransmitter. Je nach Erlebnisinhalten und Lerninhalten sind diese stärkend und motivierend oder enttäuschend-entmutigend und ängstigend. Daraus entwickelt sich in diesem Zeitraum die Basis der psychosomatischen Gesundheit und Resilienz des Kindes. Auch diese Tatsache unterstreicht die Bedeutung frühester Förderung nicht nur für die körperliche, sondern auch für die psychomentale Entwicklung des Kindes.

Pro Sekunde werden im Wachzustand in den ersten beiden Jahren bis zu 700 neue Nervenverbindungen gebildet. Die Gehirnstrukturen vernetzen, verstärken und verändern sich dabei ständig. Das Gehirn geht permanent durch Phasen der strukturellen Verfeinerung, in der eine Vielzahl von neuronalen Verbindungen durchtrennt und Platz für neue geschaffen wird.

Das ist auch der Grund für das hohe Schlafbedürfnis des Babys oder Kleinkindes: Die im Wachzustand aufgenommenen Reize werden im Schlaf verarbeitet, gespeichert oder aussortiert. Ansonsten käme es zu einer Reizüberflutung des Gehirns mit negativen Folgen.

Die Kommunikation zwischen rechter und linker Gehirnhälfte verstärkt sich ab dem vierten Lebensjahr, was das logische und analytische Denken fördert. In diesem Zeitraum beginnen intensive diesbezügliche Lernprozesse.

> *Je resilienter Kinder und Jugendliche aufgrund genetischer Grundlagen oder Anleitung durch Bezugspersonen sind, desto besser werden sie Krisen überstehen und sogar gestärkt aus diesen hervorgehen können. Je früher die Förderung kindlicher Resilienz beginnt, desto besser.*

Ab dem zehnten Lebensjahr werden nur noch die Nervenverbindungen aufrechterhalten, die häufig gebraucht werden. Während der Pubertät kommt es unter hormonellem Einfluss nochmals zu enormen Umbauprozessen in den neuronalen Verschaltungen. Dies bedeutet für das Gehirn einen großen Energieaufwand und schnellere Erschöpfbarkeit, was auch die in dieser Zeit häufig schlechteren schulischen Leistungen erklärt ebenso wie die erhöhte Anfälligkeit für psychische Störungen verschiedener Art.

Gerade in Krisen wie Krieg, Pandemie oder familiärer Zerrüttung brauchen Kinder Freude-Angebote. Dass das geht und wie das gehen kann, wurde in dem oscarprämierten Film »Das Leben ist schön« gezeigt. Als Gefangener in einem Internierungslager erzählt ein Vater seinem kleinen Sohn, um ihn zu beschützen und ihn vor der grauenvollen Realität zu bewahren, der Aufenthalt sei ein kompliziertes Spiel, dessen Regeln sie genau einhalten müssten, um am Ende etwas zu gewinnen. Dazu versucht der Vater alles Mögliche, um seinem Sohn den Aufenthalt im Lager so angenehm wie möglich zu gestalten. Der Kleine überlebt dank seiner spielerischen Fantasiewelt die grausame Realität.

Schöne neue Kinderwelt? Andere Länder, andere Sitten

Die Moral, die gut genug war für unsere Väter,
ist nicht gut genug für unsere Kinder.
MARIE VON EBNER-ESCHENBACH

Was erleben wir heute? Körperliche Inaktivität und vermehrter Medienkonsum führen nicht nur zu einer Gewichtszunahme, sondern erhöhen die Wahrscheinlichkeit, an einer Depression oder Angststörung zu erkranken. Dies bestätigte auch eine Basiserhebung zur Kindergesundheit in Deutschland 2018 mit dem Hinweis auf eine Verstärkung von ADHS und gehäufter Kurzsichtigkeit durch das viele Sitzen vorm PC. Deshalb haben Südkorea und Taiwan die tägliche Bildschirmnutzung für Kinder begrenzt.

Zugleich bestätigten Studien von Jeremy Walsh am Children's Hospital of Eastern Ontario in Kanada von 2018, dass sich Lernfähigkeit, sprachliche Entwicklung und Kurzzeitgedächtnis bei Kindern und Jugendlichen deutlich verbessern bei mindestens einer Stunde körperlicher Bewegung täglich, neun bis elf Stunden Schlaf und nicht mehr als zwei Stunden vor dem Bildschirm. Wenn dies noch mit lustvoller Outdoor-Aktivität verbunden wird, wird auch der Sehnerv trainiert – als Schutz vor Kurzsichtigkeit.

Meine Beobachtungen und Rückmeldungen bestätigen, dass körperliche Bewegung noch viel mehr bewirkt: Lustvolle, spielerische, kinderleichte körperpsychotherapeutische Angebote werden von Kindern meist spontan angenommen und führen sehr schnell zu einer Affektstabilisierung. Die Kinder erleben sich als selbstwirksam und autonom, werden sozial kompetenter und stärken spielerisch ihre Resilienz. Wenn Inaktivität zu kindlicher Depression und Angststörungen führt, dann führt in logischer Konsequenz lustvolle Aktivität zu Stimmungsverbesserung und Stabilisierung.

BODY 2 BRAIN für Kinder

Grundsätzlich können alle in diesem Buch vorgestellten Übungen Kindern und Jugendlichen angeboten werden. Ideal wären das elterliche Vormachen, Mitmachen, die Ermutigung und Anerkennung und eine Ritualisierung. Hilfreich ist besonders bei Jugendlichen die kostenlose App BODY 2 BRAIN mit Übungen für verschiedene Situationen und bei bestimmten Emotionen oder das individuelle Auswählen einer Übung aus den Therapiekarten »Ich schaff das« (siehe Bücherempfehlungen am Schluss).

Die kleinen Übungen werden attraktiver und oft besser akzeptiert durch den Hinweis auf eine »Geheimsprache«, eine »Zauberformel«.

Morgendliche spielerische Stärkung

- Die Arme, die Hände und die Finger anspannen und wieder ausdehnen, ebenso die Beine im Hüftgelenk und im Kniegelenk bis hin zu den Zehen: anspannen und ausstrecken. »Schau, so macht das die Katze morgens beim Aufstehen.«
- Ins Bad hüpfen oder schlendern.

Wirkweise: Durch diese Bewegungen werden nicht nur die Muskelrezeptoren aktiviert und die Durchblutung angeregt, sondern die lustvolle Aktivierung führt auch im Gehirn zu einer Stimmungsanregung durch die Bildung antidepressiver Neurotransmitter.

In belastenden Situationen des Alltags, auch bei Angst oder Schüchternheit

- Breitbeinig und stampfend gehen – wie ein starker Bär.

- Boxen im Rechts-Links-Rhythmus – das kleine Ängstlichkeitsgespenst verjagen.
- Mit den Händen trommeln: auf die Brust wie Tarzan, auf die Oberschenkel, auf die Tischplatte.
- Kraftvolle Wegschiebe-Bewegungen mit beiden Armen und Händen – »Aus dem Weg, alte Angst!«

Wirkweise: Eine körperlich kraftvolle Gangart wirkt sich ermutigend und stabilisierend auf Gefühle und Gedanken aus, die mentale Vorgehensweise wird dadurch gestärkt. Dynamische motorische Handaktivitäten erzeugen über die Aktivierung der motorischen Areale im Großhirn positive Assoziationen und Einstellungen zur eigenen Handlungsfähigkeit. Die Bewegungsmuster im Rechts-Links-Wechsel verstärken diesen Effekt.

Körper und Geist Wachstum und Freiraum geben

Diese Übungen bieten sich besonders in Situationen der motorischen Einschränkung an: Onlineunterricht, Ausfall des Sportunterrichts, aber auch als kreative Zwischendurch-Mini-Lernpause.

- Die Arme weit nach rechts und links ausbreiten, sich langsam nach rechts einmal um die eigene Achse drehen, dann langsam nach links. »Mein Spielplatz.«
- Mit weit ausgebreiteten Armen kraftvolle Flugbewegungen machen wie ein Adler, dabei das Zimmer durchmessen.
- Fiktives Klettern: Der rechte Arm streckt sich und die Hand greift nach oben, das linke Bein zieht nach, der linke Arm streckt sich und die linke Hand greift nach oben, das rechte Bein zieht nach.
- Auf einem Stuhl stehen, den Überblick üben: Man kann gut in jede Ecke des Raumes sehen, alles ist kleiner als man selbst.
- Dem Kind einen haptisch angenehmen Holzstab geben, der etwa zehn Zentimeter kleiner ist als das Kind. Den Stock kann

es nun wie ein Hirte benutzen und sich leicht darauf stützen. Oder wie einen Malstift: einen großen Kreis um sich ziehen, »mein eigener Raum«. Oder als Zauberstab: Stop!

Wirkweise: Kinder brauchen Freiraum und Spielraum, durch die BODY 2 BRAIN Angebote erleben sie eine lustvolle Eroberung des Raumes und ein ermutigendes Körper-Raumgefühl: Sie erleben sich größer, breiter, einnehmender. Die spielerischen Übungen, die auch auf kleinstem Raum gemacht werden können, führen über die Aktivierung der motorischen Großhirnrinde zur Ausschüttung von antidepressiven Neurotransmittern.

Körper und Geist Frohsinn geben: Lachbewegungen und lustiges Wegräumen

- Abschütteln: im Rechts-Links-Wechsel die Arme und Hände, Beine und Füße ausschütteln, ein Lachen intonieren: »Haha.«
- Schulterwurf: im Rechts-Links-Wechsel mit Schwung die Arme von vorn nach hinten über die Schultern bewegen, dabei auch mal die Zunge herausstrecken: »Päähh ...«.
- Leichtes Hüpfen mit geöffnetem Mund und »Hahaha ...«, im Stehen am Platz, die Treppe hinunter, auf einem Gym Ball sitzend.

Wirkweise: Lachen dient der Entlastung und als Abwehrmechanismus. Das Herz-Kreislauf-System wird gestärkt und Stresshormone werden abgebaut. Körperbewegungen, die zu einer Vibration im Brust- und Bauchraum führen, stimulieren die Produktion von euphorisierenden und schmerzlindernden Neurotransmittern, zum Beispiel Endorphin. Die kindliche Zuversicht und Ermutigung werden gestärkt.

Körper und Geist Sicherheit und Ermutigung geben

- Königin/König sein: Die Wirbelsäule aufrichten und aufrecht stehen oder sitzen. Dabei hilft eine kleine Krone auf dem Kopf beziehungsweise die Vorstellung davon.
- Brust raus! Das Brustbein entfalten geht mit der Ziehharmonika-Übung: Zwischen beiden Händen eine kleine imaginäre Ziehharmonika halten, die Arme nach rechts und links ausbreiten und dabei beim Einatmen die Ziehharmonika auseinanderziehen – ganz weit. Beim Ausatmen wird die Ziehharmonika wieder zusammengedrückt. Der Körper richtet sich dabei auf, die Brust wird weit.
- Breitbeinig stehen auf beiden Beinen – wie ein Baum.
- Fest und breitbeinig sitzen – wie ein Berg.
- Hände in die Hüften stemmen.

Wirkweise: Durch die spielerische Veränderung der äußeren Haltung ändern sich auch die Gefühle. Durch körperliche Stabilität entsteht mentale und emotionale Stabilität. Ruhige Mut-Haltungen des Körpers erzeugen psychomentale Ruhe, Ermutigung und Zuversicht. Die aufrechte Haltung gibt dem Kind ein Gefühl von Überblick und Sicherheit. Die kraftvollen Armbewegungen und Handhaltungen bei der Ziehharmonika-Übung in Kombination mit der Atmung vermitteln ihm das Gefühl der Handlungsfähigkeit, der Selbstwirksamkeit.

Über die Mimik den Mut stärken

- Die Augäpfel hin- und herrollen lassen: Was sehe ich auf der rechten Seite in der Farbe Grün, was sehe ich auf der linken Seite in der Farbe Grün? Und so weiter mit Blau, Gelb ...
- Die Zunge im Mund bewegen – die Zunge darf die Zähne zählen.
- Eine Melodie pfeifen oder eine Friedenspfeife (ein gerolltes Papierblatt) rauchen (so tun als ob rauchen).

- Gähnen oder so tun als ob.
- Die Augenbrauen tanzen lassen.

Wirkweise: Gerade bei ängstlichen Kindern ist die Gesichtsmuskulatur oft schlaff oder ängstlich-weinerlich angespannt, besonders im Kiefer und Mundbereich. Durch die spielerischen (!) und lustvollen (!) Übungen im Gesichtsbereich werden die Hirnnerven aktiviert, die für die funktionelle Versorgung dieser Muskelgruppen zuständig sind. Im Gehirn werden die Übungen als erheiternd wahrgenommen, und passend dazu werden stimmungsaufhellende und affektstabilisierende Hormone und Neurotransmitter gebildet.

Körper und Gehirn ablenken durch interessante Aufgaben

- Auf einem Bein stehen, mit dem anderen Beinzahlen von 1–10 in die Luft oder den eigenen Namen in die Luft schreiben.
- Hüpfen auf einem Bein, dabei Hüpf-Muster entwickeln.
- Finger schnippen mit allen Fingern beider Hände der Reihe nach im Rechts-Links-Wechsel.

Wirkweise: Bei affektlabilen Kindern und Jugendlichen, die zu schlecht kontrollierbaren Panikattacken oder Wutanfällen neigen, braucht das Gehirn interessante Aufgaben im motorischen Bereich, um aus der negativen Affekt-Dauerspirale herauszufinden. Körperübungen, die mehrere anspruchsvolle Bewegungselemente beinhalten, benötigen hohe Konzentration und beanspruchen verschiedene Funktionsbereiche im Gehirn. Affekte wie Angst oder Wut werden dabei dann zunehmend ausgeblendet beziehungsweise vergessen. Das Gelingen der Bewegungsaufgabe bewirkt beim Kind Freude und Stolz mit der entsprechenden Produktion von »Glückshormonen«. Das Kind lernt, sich durch einfache Übungen selbst zu stabilisieren.

Resilienz durch Charaktertugenden

Tugenden stärken Ihre Lebenskraft

Lobenswerte Eigenschaften
nennen wir Tugenden.
ARISTOTELES

Sie erinnern sich noch? Ihr kluges Gehirn hat es auf alle Fälle noch – anatomisch nicht ganz korrekt – »im Hinterkopf«: die Liste der Charakterstärken, Ihr »Resilienzguthaben« im Kapitel »Ihre Urkraft«. Ich hatte Ihnen empfohlen, ausschließlich anhand dieser Kriterien Ihre Fähigkeiten für die einzelnen Abschnitte Ihres Lebens zu definieren und sich darüber zu freuen. Ich hoffe, Sie haben es getan. Denn diese Aufzählung beinhaltet nicht einfach »nur« Charakterstärken – was schon mehr als wertvoll ist –, sondern: Tugenden. Auch wenn das Wort in unserer heutigen Zeit etwas antiquiert und deplatziert wirkt, exakt diese Tugenden sind Kennzeichen einer resilienten Persönlichkeit.

Deshalb bedeutet Resilienztraining für mich auch immer ein Training in Charakterstärke und Tugendhaftigkeit. Altmodisch hin oder her – glauben Sie mir: Tugenden und Charakter stärken Ihre Lebenskraft ungemein. Deshalb möchte ich Ihnen im Folgenden schwerpunktmäßig einige dieser Tugenden vorstellen. Aber auch hier geht es mir trotz aller Liebe zur Theorie vor allem um die Praxis. Ich möchte Ihnen deshalb kleine BODY 2 BRAIN Übungen anbieten, damit Sie Tugenden – nebenbei und täglich – trainieren können. Seien Sie neugierig und machen Sie mit – Sie werden viel Gutes erleben!

Tatsächlich sind kraftvolle Menschen meist tugendhaft und charakterstark. Im Umkehrschluss bedeutet das: Durch Tugendhaftigkeit und gutes Handeln entstehen Kraft und Resilienz.

West-östlicher Tugendkonsens der Philosophen

Schon von den Philosophen des Altertums wurden die Kardinaltugenden als ein Schlüssel für Gesundheit und Lebenskraft gepriesen: Platon empfahl Weisheit, Gerechtigkeit, Tapferkeit und Mäßigung. Für Aristoteles machten diese Tugenden ein geglücktes Leben erst überhaupt möglich. Die konfuzianischen Tugenden sind sehr ähnlich: Menschlichkeit, Gerechtigkeit und rechtes Handeln, Sitte, Wissen und Wahrhaftigkeit. Das Christentum übernahm diese Werte und fügte explizit noch Glaube, Hoffnung und Liebe hinzu.

Handeln gemäß dieser Werte stärkt Ihr Wohlbefinden und führt zu Anerkennung und Achtung durch die Menschen um Sie herum, was bei Ihnen wiederum zu guten Gefühlen führt. Und dies – das wissen Sie bereits – löst eine biochemische Reaktion in Ihrem Gehirn aus, die Ihnen dazu verhilft, sich gleich noch besser zu fühlen und immer stärker zu werden. Das Bemühen, ein tugendhafter Mensch zu sein, führt definitiv zu mehr Kraft und zu mehr Resilienz.

Laster hingegen sind wirklich eine Last. Durch diese Untugenden entstehen schlechte Gefühle, sowohl bei sich selbst als auch bei den Menschen in der Umgebung. Zu den Kardinallastern gehören Hochmut, Geiz und Habgier, Ausschweifung, Zorn und Rachsucht, Maßlosigkeit und Selbstsucht, Neid, Eifersucht und Missgunst, Faulheit sowie Feigheit und Trägheit des Herzens.

Laster sind eine Last für die Befindlichkeit und die Resilienz. Ein weiterer Ansporn, Tugenden zu entwickeln.

Mahatma Gandhi hat die Laster des modernen Menschen noch genauer benannt: Reichtum ohne Arbeit, Genuss ohne Gewissen, Wissen ohne Charakter, Geschäft ohne Moral, Wissenschaft ohne Menschlichkeit, Religion ohne Opferbereitschaft,

Politik ohne Prinzipien. Na, da fallen Ihnen doch sicher ein paar Zeitgenossen ein, oder?

Menschen, die ein derartiges Verhalten zeigen, infizieren oft auch andere mit negativen Gefühlen – mit allen biochemischen Konsequenzen in Gehirn und Körper. Die Spiegelneuronen wirken leider auch hierbei.

Kraft durch ritterliche Tugenden

Geringer als Gold ist Silber,
geringer als die Tugenden das Gold.
HORAZ

Was fasziniert selbst Erwachsene noch an Ritterspielen – ob nun mittelalterliche oder asiatische? Es sind die Tugenden dieser Kämpfer, die dargestellt und ausgelebt werden. Integrität und Höflichkeit gegenüber anderen Menschen, Gelassenheit und Enthusiasmus, Mäßigung und aufrichtige Treue. Es gibt ein altes Preisgedicht auf Kaiser Karl IV., in dem zwölf Tugenden genannt werden: Weisheit, Wahrheit, Gerechtigkeit, Barmherzigkeit, Friedfertigkeit, Starkmut, Glaube, Mäßigkeit, Güte, Demut, Hoffnung und Liebe. Diese Rittertugenden kommen nahe an die Ihnen bekannte Aufzählung der Resilienzmerkmale heran. Also, seien Sie ritterlich! Dadurch werden Sie sich kraftvoll und wertvoll fühlen, und dies wiederum führt zu guten biochemischen Reaktionen in Ihrem Gehirn, mit entsprechender Auswirkung auf Ihre körperliche und seelische Gesundheit.

BODY 2 BRAIN – den »Tugend-Resilienz-Eid« leisten

- Stellen oder setzen Sie sich aufrecht hin und heben Sie Ihre rechte Hand.
- Stellen Sie sich die Tugenden Ihnen gegenüber vor (ein freundliches Lächeln dabei kann nicht schaden).
- Und nun legen Sie Ihre Hand auf Ihre linke Brust als eine Art patriotische Geste gegenüber Ihren Tugenden und denen, die Sie sich noch zu eigen machen möchten. Atmen Sie ruhig ein und aus und spüren Sie die Gleichmäßigkeit Ihres Atems und die Wärme Ihres Körpers: Ihre Lebenskraft.

Kraft durch soziale Tugenden

Tugend will ermuntert sein,
Bosheit kann man schon allein!
WILHELM BUSCH

Der italienische Gestalttheoretiker Giuseppe Galli hat den Begriff der sozialen Tugenden entwickelt und nennt dafür: Hingabe, Dankbarkeit, Staunen, Vergebung, Vertrauen, Aufrichtigkeit. Diese Fähigkeiten, aber auch derartiges Handeln, gehören zu den guten zwischenmenschlichen Verhaltensformen, die soziale Bande verstärken, uns in einer Gemeinschaft integrieren und für Anerkennung sorgen – wodurch wir sowohl äußere als auch innere Kraft gewinnen.

Auch wenn wir hier von Charaktereigenschaften sprechen: Es sind letztlich Hirnfunktionen, die sich durch Training verbessern lassen. Wenn Sie sich daran erinnern, dass Ihr Gehirn eine Mega-Intelligenz aus 86 Milliarden Nervenzellen,

100 Billionen Synapsen und 5,8 Millionen Kilometern Nervenbahnen ist und etwa 40 Prozent davon ungenutzt sind, dann wissen Sie: Sie haben noch viele schöne Möglichkeiten, Ihre Charaktertugenden weiterzuentwickeln. Dabei entstehen neue Neuronenverbindungen in Ihrem Gehirn, und der Lohn Ihrer Mühen zeigt sich bald in einer höheren Widerstandsfähigkeit gegen Krisen, mehr Freundlichkeit und Ausgeglichenheit selbst in schwierigen Situationen, der wachsenden Fähigkeit, den Überblick zu behalten, und letztendlich in einer verbesserten körperlichen und mentalen Gesundheit.

Tugenden, die es zu entwickeln lohnt

Die folgenden Kapitel sind jeweils einer Tugend gewidmet, die ich Ihnen ans Herz legen möchte, wenn Sie Ihre Resilienz stärken wollen. Es sind

- Würde
- Ehrlichkeit und Wahrhaftigkeit
- Mäßigung und Selbstkontrolle
- Dankbarkeit
- Großzügigkeit
- (Selbst-)Liebe
- Mut und Tapferkeit
- Gelassenheit
- Vergebung
- Hoffnung und Zuversicht
- Frohsinn
- Die Zauberkraft der Schönheit

Würde und innere Ehre

Die Würde des Menschen ist unantastbar.

ARTIKEL 1, ABSATZ 1 DES GRUNDGESETZES

Diese in vielen staatlichen Verfassungen garantierte Würde ist ein großartiges Grundrecht, für das man als Bürgerin oder Bürger eines solchen Staates immer wieder dankbar sein kann. Dieser Artikel 1 steht übrigens unter dem besonderen Schutz einer sogenannten Ewigkeitsgarantie: Er kann durch keine Staatsgewalt ausgehebelt werden.

Aber, mal ehrlich, was machen wir daraus? Benehmen wir selbst uns würdig und würdevoll? Haben wir eine innere Würde kultiviert? Denn dann sind wir auch resilient genug, um in belastenden Situationen unangreifbar und unverletzbar zu sein. Würde hilft auch, sich nicht hinreißen oder verführen zu lassen zu unanständigem Verhalten, das nur den eigenen Vorteil sieht oder andere Menschen in welcher Form auch immer verletzt.

> *Wirkliche Würde liegt im Inneren eines jeden Menschen selbst, im Sinne einer inneren Ehre. Diese Würde bestimmt Ihr Handeln und ist Ihr unzerstörbarer Wesenskern.*

Was wir oft übersehen: Wir entwürdigen uns durchaus auch selbst auf vielerlei Art. Der Schweizer Philosoph Peter Bieri versteht Menschenwürde als eine bestimmte Art der persönlichen Lebensführung, die auch misslingen kann im Sinne eines Würdeverlustes und durch bestimmte Fehler im eigenen Lebenswandel.

Was das alles sein kann? Alles, was das Gegenteil der in diesem Buch erwähnten Charakterstärken und Tugenden ist. Alles, was unser psychomentales Wohlbefinden und unsere Gesundheit schwächt: Wut, Rachsucht, Minderwertigkeitsgefühle und möglichst laute, gern peinliche Selbstdarstellung und Angeberei, Rauschzustände und Exzesse in jeder Form, ordinäres Benehmen und Pöbeleien – und alles vielleicht auch noch über die sozialen Medien verbreitet. Die Liste der emotionalen Entgleisungen ließe sich beliebig verlängern.

Aber auch jenseits solcher auffälligen Selbstentwürdigungen gibt es jede Menge subtiler Handlungen, mit denen wir seit einiger Zeit mehr oder weniger würdelos vor uns hin leben: Hände in den Hosentaschen im Gespräch, Faust oder Ellbogencheck als Begrüßungsformel, Begrüßung mit den Füßen, gehetzte Gangart und gebeugte Haltung, fehlender Blickkontakt, Essen und Trinken to go aus der Tüte im Laufen, Achtlosigkeit bei Kleidung und Körperpflege. Äußere und innere Verwahrlosung ist würdelose Selbstverletzung, die andere Menschen zu einer demütigenden und respektlosen Behandlung ermutigt. Lassen Sie sich keineswegs dazu hinreißen, auf entwürdigendes Verhalten anderer auch würdelos zu reagieren.

Es ist umgekehrt ja so: Je mehr Sie eine gute Selbstliebe pflegen und mit sich selbst in einen wertschätzenden Kontakt kommen, je mehr Sie sich anständig und »tugendhaft« auch durch Krisenzeiten hindurchbewegen, desto mehr werden Ihre Würde und Ihre Lebenskraft wachsen und auch von anderen Menschen wahrgenommen und respektiert werden.

BODY 2 BRAIN zur Stärkung der Würde

- Wenn Sie diese Zeilen lesen und über Ihre Würde nachdenken: Wo in Ihrem Körper spüren Sie am ehesten ein solches Gefühl?
- Legen Sie Ihre Hand auf diese Körperstelle und atmen Sie ruhig mehrfach ein und aus.
- Richten Sie Ihren Körper auf, richten Sie etwas Ihren Kopf auf.
- Welche Farbe ordnen Sie Ihrem Gefühl der Würde zu?
- Stellen Sie sich dazu eine Säule oder Wand etwa drei bis fünf Meter – wie es Ihnen gefällt – von Ihnen entfernt vor.
- Richten Sie Ihren Blick konzentriert und wohlwollend auf diese Form und Farbe.
- Zur Erhaltung Ihrer Würde: Gehen Sie bewusst und langsam – schreiten Sie.
- Vor einem großen Spiegel zu Hause: Legen Sie eine Hand auf Ihr Herz, verbeugen Sie sich vor Ihrem Spiegelbild und schauen Sie sich dabei wertschätzend an.
- Erinnern Sie sich an diese Übungen, wenn Sie anderen Menschen begegnen und mit ihnen kommunizieren – besonders in schwierigen Situationen.
- Grüßen Sie andere Menschen mit einer angedeuteten Verbeugung.

Einfach, aber wirksam: Die Aufwärtsbewegung Ihres Körpers, die Aktivierung Ihrer Spiegelneuronen und die Berührung ihres Nervus vagus-Areals im Brustbereich führen zur Ausschüttung stabilisierender Neurotransmitter und stärken Ihr würdevolles Selbstbild.

Ehrlichkeit und Wahrhaftigkeit

Die Wahrhaftigkeit beginnt
mit der Wahrhaftigkeit gegen sich selbst.
ALBERT SCHWEITZER

Es gibt eine Ehrlichkeit im Reden – die Wahrheit zu sagen – und eine Ehrlichkeit im Verhalten – andere nicht zu manipulieren, zu täuschen oder zu beschädigen. Mit der Wahrheit nehmen wir es aber alle – Tendenz zunehmend – oft nicht so genau. Da gibt es die kleinen und größeren Notlügen und Ausreden im Alltag. »Ich habe leider, leider keine Zeit«, wenn man nicht der Partytyp ist, statt dies freundlich und eindeutig mitzuteilen. Was wäre das für eine Erleichterung für alle Beteiligten für die Zukunft. Werbung, die mehr verspricht, als sie hält, oder schädliche Wahrheiten nur im Kleingedruckten, Finanzberatungen, die uns nicht reicher machen – die Liste ist sehr, sehr lang. Dabei beschädigt jede Form von Unwahrheit entweder unser Ansehen, wenn wir die Lügner sind, oder unser Vertrauen, wenn wir die Belogenen sind.

Lügengewohnheiten können eine ganze Gesellschaft beschädigen. Hochresiliente Menschen und eine resiliente Gesellschaft sind gegen derartige Enthemmungen und Entgleisungen jedoch mehr oder weniger immun.

Das Gehirn braucht Wahrhaftigkeit

Was wir denken, sagen und tun, verändert die Strukturen unseres Gehirns. In jedem Menschen ist die Sehnsucht nach Wahrheit tief verwurzelt. Wahrhaftigkeit gehört zum menschlichen Wertesystem. Jede Form von erlebter und entdeckter Lügerei und Täuschung wühlt uns emotional auf. Umgekehrt ist aber ständiges Lügen auch eine anstrengende, energieintensive Aufgabe für das Gehirn. Ständig muss es darauf achten, sich nicht in Widersprüche zu verstricken, nicht entdeckt zu werden, und die Angst vor Bloßstellung und Strafe ist ein ständiger Stressfaktor mit der Folge anhaltend erhöhter Produktion von Stress-Neurotransmittern und körperlich und psychisch erhöhter Anspannung. Auf das Herz-Kreislauf-System, die Gesundheit und die Lebenserwartung hat dies schädigende Auswirkungen.

> *Ehrlich und wahrheitsgetreu zu leben stärkt das Selbstbild und die eigene Würde und ist nachweislich gesundheitsfördernd.*

Durch ständige Unwahrheit und Lebenslügen wird das eigene Selbstbild beschädigt – mit gravierenden Folgen. Nach Immanuel Kant steht mit der Gefährdung von Wahrheit, Ehrlichkeit, Aufrichtigkeit zugleich die Würde der beteiligten Personen auf dem Spiel, »weil die Lüge dem Gebot der Selbstachtung widerstreitet, die wir Menschen als Vernunftwesen voreinander haben und auch bewahren sollen«. Die Lüge verletzt die Würde der menschlichen Person. Die Wahrheit ist laut Kant ein »Vernunftsgebot«. Oder einfach ausgedrückt: Wahrhaftigkeit stärkt uns, Lügen deformieren uns als Gesamtperson.

Wahrhaftigkeit und Ehrlichkeit sind nicht nur Kennzeichen von Charakterstärke, sondern auch Resilienzmerkmale und »die Schwestern des Mutes«. Daher also hier gleich ein paar BODY 2 BRAIN Angebote zur Wahrhaftigkeit.

BODY 2 BRAIN: Übungen zur Wahrhaftigkeit

- Wenn Sie diese Zeilen lesen und über die Begriffe Ehrlichkeit, Wahrhaftigkeit, Aufrichtigkeit nachdenken: An welchen Stellen reagiert Ihr Körper?
- Legen Sie Ihre Hand auf diese Körperstelle und atmen Sie ruhig mehrfach ein und aus.
- Als Verstärker für die Aufrichtigkeit: Richten Sie sich auf.
- Legen Sie die Hand auf Ihr Herz.
- Betrachten Sie sich dabei anerkennend im (gedanklichen) Spiegel.

Bei Erinnerungen, die mit Enttäuschung, Schmerz oder Scham verbunden sind

- Ballen Sie beim Einatmen Ihre Hände zu Fäusten, öffnen Sie beim Ausatmen Ihre Hände und lassen Sie die belastenden Erinnerungen los.

Bei Erinnerungen, die mit Stolz und Mut verbunden sind

- Richten Sie sich verstärkt auf.
- Heben Sie eine Hand zum heiligen Eid für weitere Wahrhaftigkeit.
- Ihre andere Hand legen Sie dabei auf Ihre Herzgegend.

Mäßigung und Selbstkontrolle

Mäßigkeit macht die Seele stark,
Selbstbeherrschung erleuchtet sie.
PYTHAGORAS

Seit der Antike hoch geschätzt

Die Mäßigung beziehungsweise das Maß wurde von Platon als eine der vier grundlegenden Tugenden benannt. Der griechische Ausdruck σωφροσύνη (*sophrosyne*) wurde im Lateinischen etwas unzutreffend mit *temperantia* oder *moderatio* übersetzt, also »Mäßigung des Temperaments« und »Bescheidenheit«. Unter Mäßigung im altgriechischen Sinne versteht man heute eine Vielzahl von Begriffen: gesunder Menschenverstand, vernünftige Besonnenheit, Klugheit, Erkenntnis, vor allem jedoch Zurückhaltung, Selbstbeherrschung, Anstand, Ordnung, Moral und eben Mäßigung.

Sokrates definierte die Mäßigung als »zur Sittlichkeit gewordene Besonnenheit aufgrund der richtigen Einsicht«. Interessanterweise bedeutet das griechische Wort für Mäßigung ursprünglich »Gesundheit des Zwerchfells«, in dem man damals den Sitz der Seele vermutete. Bei zahlreichen Entspannungstechniken wie zum Beispiel Atementspannung oder den Atemübungen des Yoga ist das Zwerchfell in seiner Funktion ein wichtiger Mitspieler.

Im Leben Maß halten

Der berühmte Arzt Paracelsus schrieb: »Alle Dinge sind Gift und nichts ist ohne Gift; allein die Dosis macht's, dass ein Ding kein Gift sei.« Hier können wir gleich den medizinischen und gesundheitlichen Aspekt sowie die Notwendigkeit der Mitte und der Mäßigung sehen. Unser Blutdruck ist wichtig für die Aufrechterhaltung unserer Lebensvorgänge, aber ein zu niedriger und noch viel mehr ein zu hoher Blutdruck schaden unserem Körper. Übermäßige Müdigkeit und ständiges Schlafen können ein Hinweis auf eine ernsthafte Erkrankung sein; vor allem aber führt zu wenig Schlaf zu schweren Erkrankungen. Arbeitslosigkeit macht nachweislich krank; aber zu viel Arbeit kann zu völliger Erschöpfung und Folgekrankheiten führen.

> *Die Ursache für ernsthafte Erschöpfung ist immer das falsche Maß: Ehrgeiz statt gesundem Fleiß, Neid und Rivalität statt freudigem Wetteifern, Sucht nach Lob und Anerkennung statt eines gesunden Selbstbewusstseins und Selbstliebe.*

Der Verlust der Mitte und der Mäßigung geht bei drohendem Burnout immer weiter. Ein wesentliches Zeichen des Burnouts ist nämlich die Gereiztheit, die Ungeduld, die Schlafstörung, die Neigung zu vermehrtem Alkohol- oder Tablettenkonsum.

Je mehr durch das Verhalten und die Fehlreaktion auf äußere belastende Lebensumstände die Mäßigung verlassen wird, desto mehr kommt es auch zu körperlichen Entgleisungen bis hin zu Blutdruckerhöhungen, Tinnitus, Magen-Darm-Problemen oder Depressionen. Die Unfähigkeit des Maßhaltens im Verhalten führt im Körper zu biochemischen Stressreaktionen mit Ausschüttung von Hormonen, die beispielsweise unser Hungergefühl verstärken, sodass wir im Stress ständig das Falsche und zu viel essen, oder zu einer fehlenden Produktion von Schlafhormonen, sodass wir stundenlang wach liegen. Das alles heizt im Gehirn das Ungleichgewicht immer mehr an, bis schließlich Körper, Geist und Psyche mehr oder weniger komplett entgleisen.

Umso wichtiger ist es, immer wieder durch Gedanken und Übungen zum rechten Maß zurückzukommen. Die Charaktertugend der Mäßigung führt zu einer ausgewogenen Produktion von Neurotransmittern und unterstützt Besonnenheit und emotionale Ausgeglichenheit.

Um auch gleich das rechte Maß zwischen Theorie und Praxis zu finden, hier eine kleine Körperübung, durch die Ihre Gehirnareale etwas erleben und somit zum Thema lernen.

BODY 2 BRAIN – die ruhige Mitte finden

- Wo und wie auch immer Sie gerade sitzen: Wiegen Sie sich ein wenig hin und her, von rechts nach links und von links nach rechts – die bilaterale Stimulation kommt zum Tragen.
- Wiegen Sie auch Ihren Kopf langsam von rechts nach links und von links nach rechts.
- Atmen Sie bewusst und tief ein und wieder aus.
- Fragen Sie sich nun: Gibt es einen Bereich, in dem Sie ab jetzt mehr Selbstkontrolle und Mäßigung üben wollen?
- Sprechen Sie die Antwort dazu ruhig und in einer angenehmen Lautstärke (oder denken Sie, wenn Sie nicht allein sind, den Satz dazu). Berühren Sie dabei die Körperregion, die zu Ihrem Vorsatz der Selbstkontrolle passt.
- Legen Sie eine Hand auf Ihre Nabelgegend, die andere auf Ihre Lendenwirbelsäule. Spüren Sie Ihre Körpermitte durch eine imaginäre Verbindungslinie.

Vielleicht haben Sie es selbst schon bemerkt: Je erschöpfter und ausgelaugter Sie sind, desto schwerer fällt Ihnen das Maßhalten. Vielleicht gehören Sie zu den Menschen, die im Stress plötzlich eine Tafel Schokolade verschlingen müssen oder die jeden Abend nach der Arbeit einen alkoholischen »Absacker« brauchen oder irgendwann vor dem Fernseher einschlafen und es nicht mehr ins Bett schaffen. Vielleicht gehören Sie auch zu jenen, die unter der Woche wenig schlafen, dafür am Sonntag ganz lange oder die unter der Woche nur ihren Schreibtisch kennen, aber das Wochenende mit sportlichen Höchstleistungen vollladen. Wenn es so ist: Ändern Sie dieses Verhalten! Packen Sie sich kleine Päckchen aus Arbeit, Aktivität und Ruhe, die Sie die ganze Woche über – eins nach dem andern – öffnen. Es gibt unzählige wissenschaftliche Untersuchungen zum Thema Regelmäßigkeit und Gesundheit, die eindeutig belegen, dass Regelmäßigkeit vor Krankheiten schützt und lebensverlängernd wirkt.

> *Resiliente Menschen sind in Balance. Mäßigung, Selbstkontrolle und Ausgeglichenheit sind lohnende und stärkende Tugenden.*

Die Kunst der Selbstbeherrschung

Was die Franzosen Contenance nennen,
Haltung und Harmonie im äußern Betragen,
Gleichmütigkeit, Vermeidung alles Ungestüms …,
dessen sollte sich vorzüglich ein Mensch von
lebhaftem Temperamente befleißigen.
ADOLPH FREIHERR VON KNIGGE

Ein wichtiges Beurteilungskriterium für psychomentale Gesundheit ist für Neurologen und Psychiater die Fähigkeit zur

Steuerung der Affekte – was bei zahlreichen Erkrankungen nicht mehr funktioniert. Die Menschen geraten auf die unterschiedlichsten Weisen emotional und vegetativ »außer sich«. Das Gegenteil ist die Contenance, mit »Haltung«, »Fassung«, »Gelassenheit«, »Besonnenheit« übersetzt. Ganz abgesehen davon, dass solche Fähigkeiten gerade in schwierigen Situationen helfen, Eskalationen zu vermeiden: Sie dienen ebenso der emotionalen Gesundheit.

Auch hier gilt: Durch frühzeitiges Einüben der Fähigkeit, Gefühle zu mäßigen und zu steuern, lässt sich vielen Krankheiten vorbeugen. Eine Studie der Universität Göteborg zeigt, dass unausgeglichene, launische Frauen ein erhöhtes Risiko für Demenzerkrankungen haben (Online-Ausgabe der Fachzeitschrift »Neurology«, Dezember 2014). Dafür waren 800 Frauen über 38 Jahre hinweg beobachtet worden. Diejenigen mit Charaktereigenschaften wie Reizbarkeit, Nervosität und Stressanfälligkeit erkrankten doppelt so häufig an Demenz als diejenigen, die ausgeglichen waren und diese Eigenschaften nicht oder nur wenig zeigten. Die Studie wurde zwar an Frauen durchgeführt, gilt aber für alle Gehirne.

Emotionale Unausgeglichenheit belastet, erschöpft die Neuronen und führt zur Produktion von gesundheitsschädlichen Substanzen.

Frauen neigen (hormonbedingt und möglicherweise auch erziehungsbedingt) häufiger zu emotionaler Labilität: schnell mal beleidigt, weinend, ein wenig schimpfend, dann wieder Sonnenschein. Dies ist nicht grundsätzlich etwas Negatives, braucht aber auch besondere Aufmerksamkeit und Regelung. Männer neigen dagegen (ebenfalls hormonell bedingt, aber auch aufgrund der Erziehung und eines dadurch entstehenden Selbstbildes) mehr zu »körperlicher« Affektlabilität: Aggressives

Autofahren, Brüllen, Zuschlagen sind die körperlichen Zeichen einer fehlenden emotionalen Steuerung. Aber nach einem kurzen Durchbruch der Gefühle ist es bei Männern auch schneller wieder gut, die Launenhaftigkeit ist weniger ausgeprägt.

Reinigende Gewitter?

Zum Thema Mäßigung bekam ich eine interessante Anfrage: »Im Gegensatz zu früher gelingt es mir jetzt, meine negativen Gefühle herauszulassen. Ich schreie, packe ein Kissen und werfe es in die Ecke. Langsam habe ich aber das Gefühl, dass das ein Muster wird, das mir auch nicht wirklich guttut und mich nicht weiterbringt. Etwas anderes wäre angebrachter. Aber was?« Die Verfasserin dieser E-Mail war auf dem besten Weg, ein Wutmuster in ihrem Gehirn zu etablieren und damit Stresshormone und gesundheitliche Belastung zu produzieren. Wer tobt und schreit, macht sich kraftlos.

Aber hat es nicht eine reinigende und herzerfrischende Wirkung, mal ordentlich mit der Faust auf den Tisch zu hauen oder einen Erleichterungsschrei auszustoßen? Manche mögen eine Explosion subjektiv so empfinden, objektiv fühlt sich der Organismus dabei aber nicht ganz so wohl. Das Gleiche gilt für das »Hinunterschlucken« von negativen Emotionen. So oder so kommt es bei der Entwicklung von Wut, Ärger oder Hass über Regelkreise und Verschaltungen im Gehirn zur Produktion von Cortisol und anderen Stresshormonen, die dann natürlich zu Blutdruckerhöhung und beschleunigtem Herzschlag führen oder sich auf den Magen schlagen. Die einzig vernünftige Reaktion auf herausfordernde oder belastende Situationen ist tatsächlich die Mäßigung und Selbstkontrolle und die sich daraus ergebende Gelassenheit.

BODY 2 BRAIN – die Gefühle in Einklang bringen

- Malen Sie mit beiden Händen gleichzeitig und ruhig Figuren in die Luft: Kreise und Linien – so wie ein Dirigent die einzelnen Musiker koordiniert. Ruhige symmetrische motorische Bewegungen beeinflussen mit ihrer stabilisierenden Wirkung gleich mehrere Gehirnbereiche.

Das rechte Maß an Geschwindigkeit

Unser physisches Wohlsein, unser moralischer Wert,
unser gesellschaftliches Glück, unsere politische Ruhe,
alles hängt von jener Beherrschung unserer Gelüste und
Leidenschaften ab, welche die Alten mit dem Namen der
Kardinaltugend Mäßigkeit bezeichneten.

EDMUND BURKE

Fehlende Mäßigung oder der Verlust der Mitte zeigt sich auch in fahrigen Bewegungen und Denkweisen, in Hektik und grundsätzlich erhöhter Geschwindigkeit. Das alles sind einerseits Hinweise auf ein drohendes Burnout, andererseits aber auch dessen Mitverursacher. Beobachten Sie einmal Ihre Umgebung: In welcher Geschwindigkeit bewegen sich die Menschen um Sie herum, reden auf Sie ein, fahren Fahrrad oder Auto? Wahrscheinlich überwiegend mit erhöhter Geschwindigkeit. Unser Körper und unser Gehirn sind aber nicht für dauerhafte Hochgeschwindigkeit konstruiert. Selbst wenn Sie »nur« körperlich ständig schnell unterwegs sind, muss Ihr Gehirn für diese motorische Leistung die nötige Energie aufbringen. Das schafft es aber nicht in gleichbleibender Qualität: Allmählich kommt es zur

Erschöpfung der zuständigen Gehirnbereiche, dann aber über Regelkreise auch zur Erschöpfung anderer Areale. Das Ergebnis: Konzentrationsverlust, Fehlerhäufung und emotionale Dysbalance.

Ihr Gehirn braucht zwischendurch körperliche Langsamkeit. Dazu gehört auch der Schlaf mit den Tiefschlafstadien, in denen die Muskulatur schlaff wird und das Gehirn ihr kaum noch Energie zur Verfügung stellen muss. »Runter vom Gas« und den eigenen Tempomat zwischendurch auf niedrigere Geschwindigkeit einzustellen, spart nicht nur Kraft, sondern füllt auch die Batterien wieder auf.

Durch Mäßigung und Selbstkontrolle finden Sie zu Ihrer physischen und psychischen Mitte. Die dabei eingesparte Energie kann Ihr Gehirn für wichtigere Aufgaben einsetzen, als Exzesse aller Art zu verarbeiten. Eine gute Lebensbewältigung wird dadurch für Sie wesentlich wahrscheinlicher, was Sie wiederum mit Stolz und Zufriedenheit erfüllen wird – die Positivspirale von Lebenskraft und Resilienz ist in Bewegung gekommen.

BODY 2 BRAIN – die Entdeckung der Langsamkeit

- Üben Sie langsames tiefes achtsames Ein- und Ausatmen – dadurch gewinnen Sie Zeit und versorgen Ihr Gehirn mit mehr Sauerstoff, was auch für die Gehirnfunktion des klaren Denkens und der Affektregulation hilfreich ist.
- Machen Sie Zeitlupenbewegungen, besonders abends vor dem Schlafengehen nach einem hektischen Tag.
- Langsames Kauen und langsames Schlucken entschleunigen hervorragend. Am besten mit geschlossenen Augen essen.
- Maß ist Balance: Balancieren Sie also ab und zu auf einem Bein.

Dankbarkeit

Ich bin dankbar, nicht weil es vorteilhaft ist,
sondern weil es Freude macht.
SENECA

Eine süße Quelle der Kraft

Dankbarkeit ist nicht nur eine anerkannte Tugend, die Kraft gibt. Dankbarkeit ist vor allen Dingen ein energetischer Motor. Vielleicht spielt sie deshalb auch bei vielen Philosophen und in einigen Weltreligionen eine so große Rolle. In der psychotherapeutischen Arbeit hat die Dankbarkeit unter dem Einfluss der Positiven Psychologie an Bedeutung gewonnen.

Dankbare Menschen erkennen eine Zuwendung, egal in welcher Form, und vor allem anerkennen sie diese Zuwendung und den Geber. Sie nehmen sie an, ohne sich schuldig oder verpflichtet zu fühlen oder sie gleich wieder in irgendeiner Form zurückgeben zu wollen.

> *Durch praktizierte Dankbarkeit kommt es zur Produktion antidepressiver Hormone und somit zu psychomentalem Wohlbefinden. Wer einmal konsequent mit Dankbarkeitsübungen begonnen hat, wird ihre kraftvolle Wirkung immer mehr zu schätzen wissen.*

Dankbare Menschen tun nicht nur sich etwas Gutes, sondern auch ihrem Wohltäter. Auch bei ihm werden durch das Erleben der Dankbarkeit des Beschenkten Hormone freigesetzt, die im Sinne eines *Circulus deliciosus* zu weiterer Großzügigkeit führen und zu weiterer Dankbarkeit. Die sozialen Bande, die gegenseitige Achtung und Anerkennung verstärken sich. Dankbarkeit und Großzügigkeit hängen also unmittelbar zusammen, das eine kann das andere verstärken, und beide geben sie uns Kraft.

Zahlreiche Studien weisen nach, dass sich dankbare Menschen nicht nur subjektiv besser fühlen, sondern tatsächlich gesünder sind und besser schlafen. Sie sind optimistischer und belastbarer – alles Merkmale der Resilienz. Die Untersuchungen zeigen auch, dass dankbare Menschen ein gutes Selbstwertgefühl besitzen, ihre Gefühle besser unter Kontrolle haben und Probleme leichter lösen. Sie haben positive Bewältigungsstrategien und sind weniger anfällig für Suchtverhalten.

Zwei eindrucksvolle Beispiele

Stephen Hawking, der bekannte britische Physiker und Astrophysiker, gehörte zu den weltweit maximal zehn Menschen, die die Krankheit Amyotrophe Lateralsklerose (ALS) entgegen aller Prognosen um viele Jahre und Jahrzehnte überlebt haben. Er erfuhr von seiner tödlichen Diagnose als junger Mann, aber unbeirrt führte er sein Studium zu Ende und begann eine wissenschaftliche Laufbahn, die zu vielen bahnbrechenden Forschungsergebnissen und Auszeichnungen geführt hat. Irgendwann war er fast vollständig gelähmt, arbeitete und kommunizierte aber weiterhin über Augenbewegungen, mit denen er einen Sprachcomputer steuerte. In einem Interview wurde er einmal zu den Auswirkungen seiner Erkrankung auf sein Leben befragt. Er machte den erstaunlichen Ausspruch: »Ich bin meiner Erkrankung sehr, sehr dankbar. Warum? Ich verdanke ihr, dass mir seit der Diagnose in meinem Leben keinerlei Schwierigkeiten mehr gemacht wurden, ich konnte in der kürzestmöglichen Zeit studieren, ich wurde von Vorlesungen vor gelangweilten Studenten befreit und konnte mich sofort meiner wissenschaftlichen Tätigkeit widmen, ich wurde meiner Krankheit wegen immer mit maximaler Unterstützung und Wohlwollen behandelt.«

Könnte es sein, dass eine derartig positive Einstellung zum Leben – und dazu gehört auch eine Krankheit – diese fatale neurologische, nicht heilbare Erkrankung in ihrem Verlauf derartig beeinflusst hat, dass er sämtliche Prognosen überlebte? Es wäre möglich, dass seine positive mentale und emotionale Einstellung und die Beschäftigung mit herausfordernden wissenschaftlichen Themen eine negative Beschäftigung mit der Krankheit vermieden haben. So konnte er vielleicht viele körpereigene Substanzen entwickeln, die den Verlauf so günstig beeinflussten.

Ein anderes Beispiel für Kraft und Dankbarkeit ist die tibetische Nonne Ani Choying Drolma. Sie hatte denkbar schlechte Voraussetzungen für ein gelungenes Leben. Ihre Eltern flohen der religiösen Unterdrückung wegen aus Tibet nach Nepal, dort verdingte sich der Vater als Taglöhner und Straßenarbeiter und verfiel dem Alkohol. Er schlug seine kleine Tochter, misshandelte sie so stark, dass sie schließlich von zu Hause ausriss und als Straßenkind in Kathmandu lebte. Schließlich wurde sie von Mönchen eines buddhistischen Klosters aufgenommen und begann nach schwierigen Zeiten der Anpassung dort mit dem Singen. Es zeigte sich ihr besonderes Talent, sie wurde gefördert und es begann ein wunderbarer Weg der Bildung, der Weltreisen mit Konzerten und der sozialen Anerkennung. Bei alledem blieb sie Nonne und nutzt noch heute ihre Fähigkeiten, um für ihr Kloster und neue Klostergründungen Geld zu sammeln. In einem Interview wurde sie nach ihrem schweren Kinderschicksal und ihrem Verhältnis zu ihrem Vater gefragt. Zum Erstaunen aller erklärte sie, dass sie ihrem Vater nicht nur vergeben habe, sondern ihm dankbar sei: »Ich bin ihm dankbar dafür, dass er mich geschlagen und misshandelt hat. Hätte er das nicht getan, wäre ich niemals von zu Hause fortgelaufen, ich hätte niemals die Bildung genossen, die mir dadurch überhaupt erst zuteilwurde, ich hätte niemals die Möglichkeit gehabt, hierher zu Ihnen zu kommen und zu singen.«

Wenn Sie die Welt und Ihr persönliches Schicksal mit solchen Augen sehen, werden Sie niemals mit Verbitterung auf Ihr vielleicht schwieriges Leben schauen, sondern immer feststellen, dass Ihnen schwierige Umstände geholfen haben, zu besonderen Fähigkeiten zu gelangen. Diese Form von Dankbarkeit bedeutet nicht eine Beschönigung oder Sanktionierung von Unrecht, Ungerechtigkeit oder gar Verbrechen, sondern ist eine wichtige Voraussetzung für die Fähigkeit zur Vergebung. Das wird Ihrer Gesundheit guttun, denn es entstehen dabei jede Menge förderlicher Neurotransmitter. Und ich beobachte bei dankbaren Menschen sogar einen gewissen Anti-Aging-Effekt. Na dann, die beste Gelegenheit für alltäglich praktizierte Dankbarkeitsübungen.

> *In einem dankbaren Herzen herrscht ewiger Sommer.*
> CELIA LAIGHTON THAXTER

An dieser Stelle erlaube ich mir eine kleine sehr persönliche Bemerkung: Je älter ich werde, desto bewusster und tiefer wird meine Dankbarkeit: für mein Leben, für alle Erfahrungen, alle Begegnungen – die guten wie die schlechten, denn ich bin daran gewachsen –, für jedes morgendliche Aufwachen und die verbleibenden Kräfte. Meine wachsende Dankbarkeit macht mich auch bescheidener und großzügiger. Deshalb möchte ich alles, was ich weiß und wovon ich glaube, dass es Ihnen nutzen kann, hier vermitteln. Wenn mir dies gelingt, werde ich noch dankbarer sein – und noch lebensfreudiger.

BODY 2 BRAIN – Dankbarkeitsübungen

- Wenn Sie morgens die Augen öffnen: Seien Sie dankbar. Sie leben noch!
- Wenn Sie im Bad den Wasserhahn aufdrehen: Danke! Es kommt Wasser heraus!
- Die Tasse Tee, der Becher Kaffee: Danke! Sie haben die Möglichkeit für ein warmes Getränk.
- Lassen Sie auf dem Weg zu Ihrer Arbeit oder zum Einkaufen den Blick nach rechts und nach links schweifen (bilaterale Stimulation). Nehmen Sie dankbar jede Schönheit um Sie herum wahr.
- Der Arbeitsbeginn – egal, ob als Hausarbeit, im Büro, in der Industrie: Danke! Eine Arbeit zu haben, etwas leisten zu können, ist ein Glück.
- Atmen Sie jede Stunde einmal bewusst tief ein und aus: Danke! Diese lebenswichtige Funktion ist ein wunderbares Geschenk.
- Am Ende eines Tages: Setzen Sie sich ruhig und entspannt hin, legen Sie die Hände zusammen und lassen Sie den Tag Revue passieren. Was ist geschehen, wofür Sie dankbar sind? Welchem Menschen sind Sie begegnet, dem Sie innerlich Ihren Dank aussprechen möchten?
- Und wieder einmal: Legen Sie die Hand auf Ihr Herz – berühren Sie den Nervus vagus – spüren Sie Ihre Lebendigkeit: Danke!
- Und mindestens zweimal im Jahr, auch außerhalb von Weihnachten und Geburtstagen: Setzen Sie sich hin und überlegen Sie, wer einen kleinen Dankesbrief verdient hat. Schreiben Sie diesen Brief und nennen Sie dem Briefempfänger auch den Grund für Ihre Dankbarkeit.

Wirkweise: Durch diese regelmäßigen und bewussten Dankbarkeitsübungen werden Sie in einen immer stärker versöhnlichen und anerkennenden Zustand gegenüber Ihrem Leben kommen. Die dabei entstehenden Hormone und Neurotransmitter wirken antidepressiv, schlaffördernd und mental stabilisierend. Deshalb kann Ihr Gehirn sogar eine Art – schöne – Sucht entwickeln, wenn Sie diese Übungen sehr oft praktizieren. Dankbarkeit ist ein hoher Resilienzfaktor.

Viele Wege führen zur Dankbarkeit

Dankbarkeit ist das Gedächtnis des Herzens.
JEAN-BAPTISTE MASSILLON

Sollten Sie jemandem zu Lebzeiten keinen Dank ausgesprochen haben, dies erkennen und bereuen: Es ist nie zu spät. Schreiben Sie jetzt, nachträglich, diesen Dank auf, lesen Sie den Brief des Öfteren und schicken Sie ihn symbolhaft ab.

Meine Klienten entwickeln dazu viel Fantasie: Manche falten aus dem Schreiben einen kleinen Papierflieger, den sie bei Sturm von einer Anhöhe losfliegen lassen, sie binden den Dankesbrief an einen Luftballon, den sie steigen lassen, oder sie schicken ihn als Flaschenpost auf die Reise. Besonders schön ist es auch, den Brief als kleines Schiffchen, in dessen Mitte ein brennendes Teelicht steht, abends auf einem ruhigen Gewässer auszusetzen. Dankbarkeit hat kein Verfallsdatum.

Führen Sie ein Dankbarkeits-Tagebuch

Diese Übung verlangt nur, täglich einen kleinen Dank zu einer Begebenheit oder einer Begegnung aufzuschreiben. Mit der Zeit entsteht so ein Tagebuch voller positiver Erfahrungen. Lesen Sie allabendlich auch den Dank des vorherigen Tages und weiterer früherer Tage. Es entsteht in Ihnen beim Lesen – durch Ihren Sehnerv und Ihr optisches System im Gehirn – eine Aktivität, die von der Sehrinde zu den Emotionsarealen weitergeleitet wird und dort Ihr Gefühl der Dankbarkeit verstärkt. Das wiederum führt zu einer enormen Hormonausschüttung und der Produktion von antidepressiven Substanzen.

Wenn Sie diese Übung regelmäßig abends machen, werden Sie viel besser schlafen und morgens kraftvoll erwachen. In zahlreichen Studien wurde festgestellt, dass dankbare Menschen besser schlafen – was auch nicht weiter verwundert, wenn man weiß, welche positiven neurochemischen Prozesse dabei im Gehirn vor sich gehen.

Dankbarkeit für Wohltäter und den eigenen Körper

Vielleicht hatten Sie einen Menschen, der Sie besonders gefördert und unterstützt hat, der Ihnen früh geholfen hat, Ihre Resilienz und Ihre Lebenskraft zu stärken, der Ihnen eine außergewöhnliche Chance in Ihrem Leben vermittelt hat. Ein Familienangehöriger, ein Lehrer. Vielleicht hat er sie lange begleitet, vielleicht gab es nur den kurzen Augenblick einer Begegnung. Wie auch immer: Hören Sie nie auf, dankbar an einen solchen Menschen zu denken! Die häufige dankbare Erinnerung an ihn wird bestimmte Gehirnbereiche kräftigen und auch Ihre Lebenszuversicht und damit Resilienz stärken. Sie werden sich durch dankbare Erinnerungen geborgen und zuversichtlich fühlen statt einsam und verlassen.

Da es um fürsorgliche Begleitung geht: Auch Ihr Körper verdient Dankbarkeit. Dazu die nachfolgende Übung »Dankbarkeit für den Körper«.

Nichts ist selbstverständlich. Vor allem nicht unsere Gesundheit. Sie ist ein Geschenk. Dafür können wir gar nicht dankbar genug sein. Dankbarkeit für den eigenen Körper und den eigenen Geist erhöht das Selbstwertgefühl und das Selbstbewusstsein. Daraus entstehen gute Gefühle wie Selbstliebe. Jede Form von liebevoller Berührung und liebevollen Gefühlen führt zur

Ausschüttung von gesundheitlich wertvollen Substanzen wie zum Beispiel Oxytocin und Serotonin.

Das lässt sich auch beim Essen nutzen. Die dankbare Anerkennung unserer Lebensmittel dürfte zu einem bewussteren Essen, zu einer besseren Verdauung und weniger Übergewicht führen. Der frühere Brauch des Betens vor und nach dem Essen ist auch in diesem Zusammenhang zu sehen. Dazu die ebenfalls folgende Übung »Dankbarkeit für die Nahrung«.

Eine Firmenkultur der Dankbarkeit

Für all diejenigen, die in einer leitenden Position tätig sind: Vergessen Sie nicht, dass Menschen für Sie arbeiten und Sie ihnen einen Teil Ihres Ruhmes oder Ihres Geldes verdanken. Ein Weihnachtsgeld, ein Urlaubsgeld, ein Bonus sind gut als Form großzügiger Dankbarkeit. Darüber hinaus schulden Sie diesen Menschen aber vor allem Respekt und haben Verantwortung für ihr Wohlergehen. Das Wachstum einer Organisation oder eines Unternehmens hängt auch mit dessen Dankbarkeitskultur zusammen. Eine Dankbarkeitspraxis sollte unbedingt Teil eines betrieblichen Resilienztrainings sein. Ihre Mitarbeiter werden ebenso aufblühen wie Sie selbst und die Geschäfte.

Umgekehrt gilt natürlich auch für Arbeitnehmer: Ein bisschen bewusste Dankbarkeit für Ausbildung und Arbeitsplatz ist für die eigene Gefühlswelt und als Resilienztraining insgesamt sehr förderlich. Sprachwissenschaftlich sind die Worte »danken« und »denken« übrigens miteinander verwandt …

BODY 2 BRAIN – Dankbarkeit für den Körper

- Richten Sie Ihre Aufmerksamkeit auf Ihren Körper und seine einzelnen Bereiche. Stimmen Sie sich auf ihn ein.
- Wofür sind Sie Ihrem Körper dankbar?
- Was hat er an diesem Tag für Sie geleistet?
- Was konnten Sie durch Ihren Körper heute leisten oder genießen?
- Für welche Sinnesfähigkeit sind Sie heute besonders dankbar? Das Hören? Das Sehen?
- Legen Sie Ihre Hände nacheinander auf jede Stelle Ihres Körpers, für deren Funktion Sie heute besonders dankbar sind.
- Nehmen Sie am Ende sanft Ihren Kopf in beide Hände – eine Hand auf die Stirn, die andere auf den Hinterkopf. Empfinden Sie Dankbarkeit für die vielen Aufgaben, die Ihr zentrales Nervensystem heute geleistet hat.

BODY 2 BRAIN – Dankbarkeit für die Nahrung

- Halten Sie vor dem Essen inne und bedanken Sie sich kurz für die Speisen und Getränke auf Ihrem Teller und in Ihrem Glas.
- Machen Sie auch nach dem Essen eine kurze Dankbarkeitsübung: Legen Sie dazu eine Hand auf Ihre Magengegend oder auf Ihren Bauch. Der dort verlaufende Nervus vagus wird durch diese achtsame Berührung positiv stimuliert und sorgt für gute Verträglichkeit des Essens.

Großzügigkeit

Nicht der ist reich, der viel hat,
sondern der, welcher viel gibt.
ERICH FROMM

Freigiebig und tolerant

Großzügigkeit wird von Aristoteles als Charaktertugend bezeichnet. Wenn Sie ein großzügiger Mensch sind, werden Sie Ihre Leistung oder bestimmte materielle Zuwendungen an andere Menschen in einem Umfang geben, der über das normale Maß hinausgeht. Und vor allen Dingen werden Sie dafür keine Gegenleistung erwarten. Oft halten wir uns für großzügig und geben einem anderen Menschen etwas, aber im Hinterkopf und im Grund unseres Herzens hegen wir die Hoffnung, dafür etwas zu bekommen. Und sei es nur Zuwendung oder Lob. Das aber ist nicht mit Großzügigkeit gemeint.

Großzügigkeit ist tatsächlich ein Geben aus freien Stücken, ohne dafür etwas zu erwarten.

Großzügigkeit ist natürlich auch die goldene Mitte zwischen Verschwendungssucht und Geiz (Sie erinnern sich, Geiz gehört zu den Kardinallastern). Großzügige und resiliente Menschen hängen nicht an Kleinigkeiten und verheddern sich auch nicht darin. Sie sehen über Unwichtiges und vor allem über kleine Fehler von anderen Menschen hinweg. Sie hacken nicht auf Unzulänglichkeiten anderer herum.

Eine derartig großzügige Haltung gegenüber anderen Menschen hat natürlich auch mit Toleranz zu tun. Wer tolerant ist, kann zu anderen Menschen besser Kontakt aufnehmen, es werden viele soziale Beziehungen hergestellt und somit wiederum gute Gefühle geschaffen.

Großzügig gegenüber anderen Menschen zu sein ist auch eine Form, den anderen anzuerkennen. Dass das guttut und auf beiden Seiten mit positiven Gefühlen belohnt wird, ist selbstverständlich.

Der Segen der Großzügigkeit

Eine meiner Klientinnen war auf besonders liebenswürdige Art großzügig. Immer brachte sie eine Kleinigkeit mit und wenn es »nur« ein vierblättriges Kleeblatt war (ich habe es noch heute). Von ihren Freundinnen wurde ihr oft vorgeworfen, dass sie zu gutmütig sei und sich ausnutzen lasse. »Aber es ist mir einfach ein Bedürfnis, großzügig zu sein und anderen eine Freude zu machen«, entgegnete sie. Ich bestärkte sie darin, indem ich darauf hinwies, dass dies schließlich eine Tugend sei und keine Schwäche. Sie war darüber sehr glücklich. Als sie sich später einmal in einer schweren Krise befand, erlebte sie von eben jenen Freundinnen und noch vielen anderen sehr viel Zuwendung und Unterstützung. »Das macht mich so glücklich.«

Großzügig – ungeachtet des eigenen Besitzes

Zu spät gibt, wer erst dem Bittenden gibt.
SENECA

Es gibt einen wissenschaftlich gesicherten Zusammenhang zwischen persönlichem Glück und Großzügigkeit. Wer einem anderen etwas geben kann, wer etwas auf eine schöne Art und Weise und aus ganzem Herzen schenkt, ist glücklicher als weniger großzügige Menschen.

Interessanterweise ist die Spendenbereitschaft bei sehr reichen Leuten oft wesentlich schlechter als bei Menschen, die nicht so viel haben. Und oft sind ärmere glücklicher und zufriedener als sehr reiche Menschen. In Märchen und Sagen zeigt sich genau dieser Zusammenhang sehr oft, denken Sie nur an all die bösen Stiefmütter im edlen Pelz.

Großzügigkeit hat übrigens nichts damit zu tun, andere zu verwöhnen. Ein verwöhnendes Verhalten bei sich und bei anderen ist nämlich letztlich schädlich und fördert in keiner Form die Überlebenskraft.

BODY 2 BRAIN – Übung der Großzügigkeit

- Stellen Sie sich etwas breitbeinig stabil und aufrecht hin und machen Sie abwechselnd mit dem rechten Arm und mit dem linken Arm eine bogenförmige Bewegung nach außen. Atmen Sie dabei jeweils aus. Stellen Sie sich vor, dass Sie wie ein Bauer oder eine Bäuerin Samen nach rechts und links auf Ihrem Acker auswerfen: Ihre Blumen der Großzügigkeit.
- Überlegen Sie dabei, bei welcher Gelegenheit Sie das nächste Mal Ihre Großzügigkeit praktizieren wollen: Gegenüber einer Person, die Sie in ihrem Anderssein besser tolerieren werden? Gegenüber einer karitativen Einrichtung, der Sie ein wenig von Ihrem Besitz spenden? Gegenüber einem Nachbarn, dem Sie Ihre Hilfe anbieten? Gegenüber sich selbst, indem Sie sich Lob und Anerkennung für Erreichtes geben?
- Legen Sie eine Hand auf Ihr Herz.
- Atmen Sie ruhig und tief ein und aus.

(Selbst-)Liebe

Als ich mich selbst zu lieben begann,
habe ich aufgehört,
mich nach einem anderen Leben zu sehnen,
und konnte sehen, dass alles um mich herum
eine Einladung zum Wachsen war.
Heute weiß ich, das nennt man REIFE.

FREI NACH CHARLIE CHAPLIN,
ANLÄSSLICH SEINES 70. GEBURTSTAGS (AUSSCHNITT)

Bedingungslose Liebe

Bevor Sie sich in dieses Kapitel einlesen, einfühlen und sich einüben, einige sehr persönliche Worte von mir: Je älter ich wurde, je mehr ich mich mit Körperpsychotherapie beschäftigt habe, desto bedingungsloser wurde meine Liebe zu mir in meiner Gesamtheit, zu meiner Partnerschaft, zu meinem Beruf, vor allem aber auch zu den Menschen, also auch zu Ihnen und zum Leben. Diese bedingungslose Liebe zu sich selbst und zum eigenen Leben ist in Krisensituationen der größte Schutz vor Zerstörungsfantasien sich selbst oder andere betreffend. Es ist verantwortungsvolle Liebe.

Unter bedingungsloser Liebe verstehe ich nicht eine blinde, abhängige Liebe um jeden Preis, sondern eine kluge, mutige und tiefe Liebe für alles. Die bedingungslose Liebe sieht hinweg über kleine Fehler, über Alltagslächerlichkeit. Sie sieht durch unsere Masken aus Wut, Angst und Verstellung hindurch und sieht das Eigentliche. Charlie Chaplin hat dazu anlässlich seines 70. Geburtstags ein Gedicht verfasst, das diese Art von Liebe annähernd beschreibt und in dem Werte vorkommen wie Respekt, Reife, Einfachheit, Bescheidenheit, Weisheit – also Tugenden und Charakterstärken. Resilienz und Liebe haben miteinander zu tun. Resiliente Menschen lieben sich, ihre Mitmenschen und das Leben. Bedingungslose Liebe ist ein krisenfester Schatz, den Ihnen niemand rauben kann. Und den ich Ihnen so sehr wünsche.

Eine Grundkraft des Lebens

Man kann ohne Liebe Holz hacken,
Ziegel formen, Eisen schmieden.
Aber man kann nicht ohne Liebe
mit Menschen umgehen.
LEO TOLSTOI

Die Liebe ist eine ethische Grundhaltung und gehört zu den ganz großen Gefühlen, die uns glücklich machen, die uns gesund erhalten, die unser Gehirn in einen rauschhaften Zustand versetzen und unendlich viele Neurotransmitter freisetzen, die uns unempfindlich machen gegen Schmerz, Hunger und Kälte. Liebe brauchen wir zum körperlichen und seelischen Gedeihen wie Essen und Trinken.

Menschen, die keinerlei Liebe erfahren haben, neigen sich selbst und anderen gegenüber oft zu Gleichgültigkeit, selbstzerstörerischem Verhalten, Zynismus oder Brutalität. Vor allem aber führt ein Mangel an Selbstliebe und Liebe auch zu einer tiefen Angst und Lebensunsicherheit – ein unguter Nährboden für psychische Dekompensation und zahlreiche psychosomatische Krankheiten.

Resiliente Menschen leben eine gute Mischung aus Selbstliebe und Nächstenliebe und sind umgekehrt auch fähig, die Liebe anderer Menschen anzunehmen oder in diesen liebevolles Verhalten wachzurufen.

Selbstliebe als Basis für Liebe

Bei allen, die fähig sind, andere zu lieben,
(wird man) beobachten können,
dass sie auch sich selbst lieben.

NACH ERICH FROMM

Können Sie sich selbst gut leiden? Hoffentlich. Denn die Liebe zu sich selbst ist die Basis der Liebe zu anderen. Das mag Sie vielleicht wundern, denn ganz schnell ist bei Selbstliebe die Assoziation zu Egoismus oder Narzissmus hergestellt. Und tatsächlich herrscht in unserer Gesellschaft zunehmend ein Überfluss an ich-bezogener Liebe und Egoismus statt Nächstenliebe. Das hängt oft mit einem Mangel an frühkindlich erfahrener Liebe und gut entwickelter Selbstliebe zusammen.

Gute Selbstliebe ist im Sinne eines Selbsterhaltungstriebes und eines guten Umgangs mit sich selbst grundsätzlich von Geburt an in uns vorhanden. Wenn wir Glück haben, wird unsere Selbstliebe von unseren Eltern akzeptiert und liebevoll aufgegriffen, und so entwickelt sich eine gesunde Mischung aus Selbstliebe und Nächstenliebe. Wir haben als Kinder zuerst unsere Mutter und unseren Vater geliebt, dann nähere Familienangehörige, schließlich ist aus dieser vertrauensvollen Liebe auch Interesse und Liebe für andere Menschen geworden: Wir haben Freunde gewonnen und unsere Liebe immer weiter ausgedehnt – auf einen Partner, für eine besondere Idee oder zur Natur.

Im besten Fall wurden aus uns liebevolle Menschen mit Vertrauen in diese Welt und mit der Fähigkeit, von all der erfahrenen Liebe etwas weiterzugeben. Dann ist alles gut, und wir haben ein schönes Resilienzpolster gegen Krisen.

Selbst bei einem Partnerverlust und dem völligen Zurückgeworfensein auf sich selbst werden resiliente Menschen nicht verzweifeln, sondern sich aufgrund einer vorhandenen tiefen Selbstliebe auch in schwersten Zeiten so versorgen können, dass sie nicht zugrunde gehen. Sie werden vielmehr wie Phönix aus der Asche wieder »auferstehen« können. Das ist gute und lebenswichtige Selbstliebe. Der christliche Satz »Liebe deinen Nächsten wie dich selbst« rät genau dies: einen wertschätzenden Umgang zuerst einmal mit sich selbst – denn nur so viel Wertschätzung kann man dann auch dem Gegenüber zukommen lassen. Erst aus einer fürsorglichen Liebe zu sich selbst entstehen die Kraft und das Vertrauen, andere Menschen ebenso zu lieben.

Nun gibt es aber leider relativ häufig ganz andere Entwicklungen. Vielleicht hatten Sie wie so viele das Pech, dass Ihnen als Kind zu wenig oder gar keine Liebe entgegengebracht wurde. Dann haben Sie vielleicht kein stabiles Selbstwertgefühl und keine gute Eigenliebe entwickeln können. Menschen mit einem derartigen Schicksal haben oft keine Selbstfürsorge: Sie trinken zu viel, essen zu viel oder zu wenig, arbeiten zu viel, schlafen zu wenig. Viele sind außerordentlich aufopferungsbereit bis hin zur völligen Selbstlosigkeit, aber nicht aus echter Großzügigkeit, sondern immer in der Hoffnung, dadurch endlich von anderen anerkannt, wertgeschätzt und geliebt zu werden. Diese Menschen sind außerordentlich gefährdet für Erschöpfung, depressive Erkrankungen oder Angststörungen. Für sie bricht die Welt zusammen, wenn der »undankbare Partner« sie verlässt, eine Abmahnung oder Kündigung im Briefkasten liegt oder auch nur irgendjemand sie schief anschaut. Menschen, denen es in einem extremen Maß an Selbstachtung und Selbstliebe mangelt, sind außerordentlich gefährdet, in Krisensituationen Selbstmord zu begehen. Oder sie laufen Amok, um alle vermeintlich lieblosen Menschen zu bestrafen, auch um den Preis des eigenen, als wertlos empfundenen Lebens. Menschen ohne Selbstliebe sind gnadenlos gegen sich selbst!

Raus aus der erlernten Selbstablehnung

Einer meiner Klienten kämpfte bei beruflichen Schwierigkeiten und privaten Enttäuschungen immer wieder mit depressiven Episoden und Selbstmordgedanken. Bei seinen Erzählungen fiel auf, dass er vor allem von sich selbst außerordentlich abfällig und geradezu verächtlich sprach. Als Kind war er von seinem Vater kühl und sehr kritisch behandelt und oft als Versager bezeichnet worden. Dieses Muster hatte er verinnerlicht: In seinem inneren Dialog sprach er mit sich nun so, wie sein Vater seinerzeit mit ihm gesprochen hatte. Das Ergebnis war ein Arbeitsverhalten, bei dem er sich völlig ausbeutete und doch niemals mit sich zufrieden war. Übungen zu Eigenlob und Eigenliebe halfen ihm allmählich zur Anerkennung seiner eigenen Person.

Egomanen und ihre narzisstische Störung

Der Gegenentwurf ist aber keinesfalls besser: die völlig übersteigerte Eigenliebe bei Menschen, die wir als Egoisten oder Egomanen bezeichnen und die in der Psychotherapie oder Psychiatrie als Narzissten bezeichnet werden. Solche Menschen sind beruflich oft erfolgreich oder in hervorgehobener Position, werden aufgrund ihres scheinbar selbstsicheren grandiosen Auftretens bewundert oder wegen ihres Strebens nach Macht und Kontrolle gefürchtet. Im schlimmsten Fall ist ein Mensch mit einer narzisstischen Störung skrupellos, nutzt andere Menschen aus oder wird straffällig. Die Welt der Banker und Manager ist im Übermaß »gesegnet« mit derartigen Personen.

Pathologischer Egoismus macht nicht resilient, sondern im Gegenteil schwach. Denn wenn es zu Krisen kommt – dem Zusammenbruch des Imperiums, Partnerverlust, gesellschaftlicher Ächtung –, sind meist gewaltige persönliche Verwerfungen aufgrund der fehlenden Tugenden die Folge. Hinter derartigen Biografien steckt meist nichts anderes als die Tragik fehlender Liebe und mangelnder Entwicklung von Liebesfähigkeit. Solche Narzissten versuchen oft kompensatorisch, sich über Macht, Einfluss und Geld die fehlende Anerkennung zu kaufen – aber sie werden dabei niemals satt. Hinter der Gier nach Macht und Geld steckt fast immer der unstillbare Hunger nach Liebe. Derartige Menschen werden letzten Endes von denen um sie herum nicht um ihrer selbst willen geliebt, sondern nur aufgrund ihres Geldes oder ihres Status, was sie im Endeffekt auch spüren. Das Einzige, was ihnen helfen würde, wäre eine positive, anerkennende, wertschätzende Selbstliebe im richtigen Maß. Der Psychiater und Psychoanalytiker Hans-Joachim Maaz hat in seinem Buch »Die narzisstische Gesellschaft. Ein Psychogramm« sehr interessant dargestellt, dass unsere westliche Gesellschaft und die Krisen der Finanzsysteme mit einer tiefen emotionalen Bedürftigkeit zusammenhängen, die aber nicht erkannt wird, sondern sich in Materiellem erschöpft. Reich zu sein bezüglich Geld und Macht bedeutet nicht zwangsläufig, reich zu sein an guten Gefühlen oder guten Neurotransmittern.

Die »Über-Liebe« vieler moderner Eltern

Kinder, die von ihren »Helikopter-Eltern« mit zu viel »Liebe« überschüttet wurden, entwickeln häufig keine gute Selbstliebe. Sie erleben maßlose Bewunderung, maßlose Überversorgung, maßloses Verwöhnen, aber auch maßlose Erwartungen an sich. Diese Kinder spüren instinktiv, dass sie immer etwas leisten müssen, etwas vorweisen müssen, um geliebt zu werden. Sie sind dadurch meist angespannt und immer besorgt, nicht zu genügen und die Liebe ihrer Eltern zu verlieren oder sie zu enttäuschen. Als Erwachsene später müssen sie oft gegen ihr fehlendes Selbstwertgefühl und ihre fehlende Selbstliebe ankämpfen und wählen dafür nicht selten ungünstige Verhaltensweisen und eine ungesunde Lebensführung. Sie müssen meist mühsam Schritt für Schritt lernen, einen liebevollen Dialog mit sich zu führen und Vertrauen in sich und das Leben zu gewinnen.

Richtige Liebe lässt sich lernen

Üben Sie also vor allen Dingen eine gute und angemessene Selbstliebe. Dadurch werden Sie ein liebevoller Mensch, und mit dieser Haltung können Sie anderen und der Welt auch positiv und liebevoll begegnen. Und das wiederum wird vielfach zu Ihnen zurückkehren und dazu führen, dass Ihr Leben gelingt und Sie wirklich widerstandsfähig werden gegen die kleinen und großen Krisen, die im Laufe eines Lebens unvermeidlich auftreten.

Unabhängig davon, wie gut Sie sich in Ihrer Selbstliebe einschätzen: Ein bisschen Zugabe kann nicht schaden. Probieren Sie die folgende Übung und lassen Sie sie wirken. Mit der Zeit werden Sie viele kleine, aber feine Veränderungen an sich und in Ihrem Umgang mit anderen spüren.

BODY 2 BRAIN – wertschätzendes Selbstgespräch

- Legen Sie Ihre Hand auf Ihre Brust, um sich einen guten sensorischen Impuls zu geben.
- Lächeln Sie, um die Hirnnerven im Hirnstamm anzuregen.
- Und nun: Führen Sie ein liebevolles Selbstgespräch, am besten auch einmal laut hörbar. Loben Sie sich, zählen Sie sich Ihre guten Eigenschaften auf und sagen Sie sich, was Sie an sich schätzen.
- Sprechen Sie sich dabei auch explizit bei Ihrem Vornamen oder Kosenamen an.
- Wiegen Sie sich dabei ein wenig von rechts nach links hin und her, diese bilaterale Stimulation wirkt wie ein Akzeptanz-Anker in Ihrem Gehirn.

Übungen zur Selbstliebe gelingen über einen wertschätzenden Dialog mit sich selbst im Sinne von Lob, Ermutigung und Anerkennung: »Das hast du gut gemacht! Ich bin stolz auf dich.« Gewöhnen Sie es sich also ruhig an, gelegentlich laut mit sich zu sprechen – aber natürlich nur positive, wertschätzende Worte. Sprechen Sie sie laut, werden durch die Bewegung von Lippen, Kehlkopf und Zunge und das Hören dieser Worte bestimmte Regionen im Großhirn aktiviert, die ermutigend auf die emotionalen Bereiche wirken und gute Gefühle erzeugen. Ein kleines Kind braucht ja auch die wohlwollende Stimme seiner Eltern, um sich ruhig und sicher zu fühlen. Mit Übungen wie dieser können Sie sich selbst eine gute Mutter oder ein guter Vater sein. Dieser innere Dialog wird als Selfparenting bezeichnet und sollte in jedem Fall wohlwollend sein. Übrigens: Trauen Sie grundsätzlich keiner Stimme in Ihrem Inneren, die nicht gut über Sie oder zu Ihnen spricht.

BODY 2 BRAIN – das Mitgefühl für sich selbst wachsen lassen

Zur Anregung Ihrer Spiegelneuronen und Ihrer (Selbst-)Empathie sollten Sie täglich Folgendes tun:

- Werfen Sie häufig und regelmäßig einen wertschätzenden (!) Blick in den Spiegel.
- Schauen Sie sich dabei ruhig auch mal tief in die Augen.
- Lächeln Sie sich an und nicken Sie sich zu.
- Stellen Sie ein Babyfoto von sich auf. Berühren Sie dieses gelegentlich sacht.

Die eben vorgestellte Übung finden viele meiner Klienten erst einmal lächerlich, peinlich, absurd – oder schlimmer noch: Sie sind überhaupt nicht dazu fähig. Dabei ahmt diese Körperübung ein ganz normales Verhalten zu Beginn der frühkindlichen Entwicklung nach. Zuerst übernehmen Mutter und Vater die Aufgabe, das Kind liebevoll anzublicken, es anzulächeln, ihm zuzunicken – all dies bestätigt ihm deren Liebe. Etwas später in der Entwicklung übernimmt das Kind das selbst: Es ist begeistert, wenn es sich erstmals im Spiegel sieht und erkennt, es ist erfreut und von sich selbst fasziniert. Es nimmt Kontakt mit sich selbst auf und bewirkt darüber in entsprechenden Gehirnarealen Zustimmung, was zu den emotionalen Arealen weitergeleitet wird und dort für Wohlbefinden und Freude sorgt.

Ein achtsamer und wertschätzender Blick (auf sich selbst) stärkt Selbstakzeptanz und Resilienz.

Ein Leben lang sollten Sie auf diese gute und wertschätzende Art mit sich verbunden bleiben, indem Sie sich selbst zulächeln, sich zunicken und sich über Ihr visuelles System derart anerkennen, dass in Ihren emotionalen Zentren das warme Gefühl der Liebe und somit Wohlbefinden und förderliche Neurotransmitter entstehen.

Was gefällt Ihnen an Ihrem Gesicht besonders gut?

Bei berufsgruppenspezifischen Fortbildungen lasse ich die Teilnehmer gern in einem kleinen Spiegel Einzelheiten ihres eigenen Gesichtes betrachten mit der Aufforderung, etwas zu entdecken, das sie sympathisch finden. Die Reaktionen darauf sind sehr unterschiedlich. Manche schauen sich dann wirklich interessiert im Spiegel an, irgendwann erhellt sich ihr Gesicht, sie lächeln – sie haben etwas Liebenswertes gefunden. Andere bekommen erst einmal eine ärgerliche Falte über den Augenbrauen und brauchen viel

Aufforderung und Ermutigung, mit der Übung so lange fortzufahren, bis sie dann doch noch etwas finden – große Erleichterung, schüchternes Lächeln: »Oh, da ist etwas, das ich an mir mag.«

Sympathie schafft Empathie und umgekehrt

Wir haben verlernt, die Augen auf etwas ruhen zu lassen.
Deshalb erkennen wir so wenig.
JEAN GIONO

Die folgende schöne und wirkungsvolle Übung sollten Sie auf alle Fälle morgens machen, bevor Sie aus dem Haus gehen – idealerweise ist sie auch Bestandteil Ihres Morgenrituals (siehe Kapitel »Ein Kraftritual am Morgen«).

Ich lege Ihnen und grundsätzlich allen Menschen diese Übung sehr ans Herz. Denn so innig wurden Sie idealerweise als Kind von Ihren Eltern verabschiedet, um Sie mit Liebe, Zuversicht und Selbstvertrauen an diesem Tag zu stärken. Das können Sie als Erwachsener wiederholen – oder nachholen: empathische Selbstversorgung. Durch die dabei entstehenden guten Gefühle bilden sich auch »gute« Neurotransmitter und mehr Resilienz für die bevorstehenden Aufgaben des Tages. In diesem Zustand werden Sie die Haustür öffnen und den ersten Menschen, der Ihnen begegnet, wahrscheinlich als Nachwirkung auch freundlich und wertschätzend anschauen. Wenn Sie Glück haben (und warum sollten Sie kein Glück haben), wird dieser Mensch Ihren Blick ebenso wertschätzend erwidern – schließlich hat auch er Spiegelneuronen. Das wiederum verstärkt Ihre guten Gefühle und die Produktion Ihrer körpereigenen antidepressiven Substanzen. Es wird ein guter Tag werden, denn Sie haben ihn mit Selbstliebe begonnen.

Vielleicht wird dieser Mensch Sie auch nur erstaunt und ein wenig neidisch ob Ihrer guten Laune und Freundlichkeit anschauen. Aber Sie sind aufgrund Ihrer Selbstliebe-Übung zunehmend resistent gegen schlecht gelaunte Zeitgenossen und deren bösen Blick.

BODY 2 BRAIN – liebenswürdiges Morgenritual

- Schauen Sie sich im Spiegel an und zeigen Sie sich den erhobenen Daumen: »Du bist okay!«
- Winken Sie Ihrem Spiegelbild zu.
- Und wie immer: ein freundliches Lächeln als Liebes-Zugabe.

Die Kraft sanfter Berührungen

Man kann in Kinder nichts hineinprügeln,
aber vieles herausstreicheln.
ASTRID LINDGREN

Wertschätzende und zarte Berührungen sind emotional sehr wirkungsvoll. Wie Sie schon wissen: Über die Hautnerven wird der Sinnesreiz aufgenommen und zum Gehirn weitergeleitet. Das gute Erlebnis wird dort als solches erkannt und verarbeitet – die sofortige Produktion von Endorphinen, unter anderem auch Oxytocin, ist die Folge. Diese Substanzen wirken euphorisierend, schmerzlindernd und haben bei Kummer einen sehr tröstlichen Effekt. Das ist auch der Grund, warum liebevolle Eltern zart über das aufgeschlagene Knie ihres Kindes streicheln: Ganz schnell lässt über den Wirkmechanismus Berührung – Signale an das Gehirn – gutes Gefühl – Produktion von

Neurotransmittern – der Schmerz nach und der Heilprozess beginnt. Auch in der Medizin spielt die Berührung des Patienten durch den Arzt eine wichtige Rolle: Vermittelt sie Trost und Vertrauen, wird der Heilprozess beschleunigt. Ähnliches passiert selbst beim »Handauflegen« oder bei der folgenden Übung »Sanfte Berührungen«, die Sie gleich probieren sollten.

Untersuchungen haben gezeigt, dass es in den emotionalen Zentren des Gehirns bereits durch eine leichte Berührung der Lippen zu einer Beruhigung kommt. Und wenn Sie Ihre Hand leicht auf Ihre Herzgegend legen oder neben dem Brustbein rechts und links abwechselnd sanft entlangstreichen, stimulieren Sie den schon weiter vorn erwähnten *Nervus vagus*, den X. Hirnnerv.

BODY 2 BRAIN – sanfte Berührungen

- Berühren Sie sanft Ihre Lippen, fahren Sie die Konturen entlang.
- Legen Sie nun die Hand auf die Herzgegend und streichen Sie sanft rechts und links neben dem Brustbein entlang – der sensorische Impuls wird durch die bilaterale Stimulation verstärkt.
- Waschen Sie Ihre Hände nicht nur gründlich und achtsam, sondern sanft und liebevoll – Finger für Finger.
- Beim Ankleiden und Auskleiden: Streifen Sie die Kleidungsstücke behutsam über Ihren Körper.

Wieder mit sich in Kontakt kommen

Eine Klientin, die als Kind einem pädophilen Übergriff ausgesetzt war, war leicht reizbar und dann aggressiv gegen sich (zu viel Alkohol) oder gegen andere (verbale Attacken und Beleidigungen). Menschen, die sexuelle Übergriffe erfahren haben, erleben sich oft als wertlos, schuldig, sind voller Scham, Ekel und Selbstverachtung. Als sie sich sanft über das Brustbein streichelte, begann sie heftig zu weinen. Es waren Tränen der Selbstliebe und des Mitgefühls. »Ich bin so voller Gefühl für mich, so berührt wie schon lange nicht mehr«, sagte sie.

Liebevolle Berührung erzeugt positive Gefühle und wirkt physisch und psychisch stabilisierend und heilend. Durch die Weiterentwicklung Ihrer Selbstliebe und der Liebe gegenüber Ihrer Umwelt werden Sie viel Achtung, Anerkennung und erneut Liebe erfahren – eine enorme Stärkung Ihrer Resilienz. Liebesdefizite, die Sie vielleicht in der Kindheit erleiden mussten, können Sie durch konsequentes Training kompensieren.

Üben Sie die Liebe zu sich und zur Welt.

Vergesst die Liebe nicht! Liebe in Zeiten von Krisen

Ein Tropfen Liebe ist mehr
als ein Ozean Verstand.
BLAISE PASCAL

Krisen verändern uns. Wer in einer bedingungslosen Liebe zum Leben und zu den Menschen ist, wird daraus gestärkt hervorgehen – reicher an Erfahrung, lebensgereifter, mit berechtigtem Stolz und ausreichend psychomentaler Stärke, um andere Menschen mit seiner Lebensliebe zu unterstützen. Wer dagegen nicht in einem stabilen Liebesmodus und damit auch nicht ausreichend resilient ist – oder wer bereits deutlich erschöpft ist –, den trifft eine Krise mit voller Wucht und kann ihn zum Nachteil verändern. Solche Menschen neigen zu Panik, Verzweiflung oder hilfloser Wut, was sich als Gewalttätigkeit gegen die Familie, andere Menschen oder sich selbst äußern kann – weil die Nerven blank liegen, man sich ohnmächtig fühlt oder als Überlebensstrategie nur noch einen Rundumschlag wahrnimmt. Sie können sich selbst und andere vergessen und zu emotionalen Raubtiere werden, die unter Umständen furchtbare Taten begehen.

> *Liebe muss kultiviert werden – gerade und besonders in Krisen. Kultivierte Selbstliebe und Liebe sind ein Bollwerk gegen Entgleisungen jeder Art in Krisenzeiten.*

Liebesbeweise: Gutes Benehmen und Freundlichkeit

Unter persönlicher Belastung oder in Krisenzeiten lassen wir uns häufig gehen – in unserer Kleidung, unserem Benehmen und natürlich auch in unserer Sprache und Wortwahl. Manche Menschen können sich zwar diesbezüglich erst mal noch steuern, rasten aber aus, wenn es ihnen in irgendeiner Begegnung dann doch zu viel wird. Lassen Sie sich nicht in den Schmutz ziehen und springen Sie nicht selbst hinein.

In Krisenzeiten, in Belastungssituationen und bei Erschöpfung werden manche Menschen ruppig, gefühllos oder hartherzig. Sind die eigenen Akkus leer, bleibt die Liebe oft als Erstes auf der Strecke. Wenn wir jedoch keine »Liebeshormone« mehr produzieren, schwächt uns dies zusätzlich, und auch die Schmerzempfindlichkeit wird höher. In einer Haltung von Lieblosigkeit produzieren wir unter anderem weniger Oxytocin – und leiden noch mehr. Die Art unseres körperlichen Auftretens und Benehmens verändert unsere Stimmung und Einstellung und überträgt sich auf unser Gegenüber. Gutes Benehmen stärkt auf beiden Seiten die psychomentale Gesundheit.

BODY 2 BRAIN zur Stärkung der Liebe – vor allem in Krisenzeiten

Die Liebe zu allem um Sie herum kultivieren können Sie mit den folgenden Übungen:

- Blicken Sie Ihre Mitmenschen wohlwollend interessiert an.
- Sprechen Sie mit ruhiger Stimme.
- Begrüßen Sie andere mit einem Zuwinken schon von Weitem.
- Zeigen Sie Anerkennung mit einem leichten Kopfnicken.
- Begrüßen Sie andere mit einer angedeuteten Verbeugung.
- Gehen Sie möglichst oft mit Freunden oder ihren Liebsten im Gleichschritt, auch mal Hand in Hand.
- Lehnen Sie sich Rücken an Rücken aneinander, wiegen Sie sich dabei ein wenig hin und her, im Stehen oder im Sitzen.
- Beim Gegenübersitzen: lassen Sie Ihre Zehen und dann Ihre Fußsohlen ein wenig einander berühren, mit oder ohne Schuhe.

Die Liebesbeziehung zu sich selbst können Sie so verstärken:

- Umfassen Sie liebevoll mit beiden Händen Ihren Kopf, am besten über den Ohren oder im Bereich des Hinterkopfes.
- Halten Sie Ihre Hände über Ihren Kopf, wie ein kleines Regendach.
- Kleiden Sie sich sorgsam und spüren Sie Ihren Körper dabei.
- Essen und trinken Sie in Ruhe und werthaltig.
- Kuscheln Sie ganz viel, mit sich, mit einer Decke, mit – wenn vorhanden – einem anderen lebendigen Wesen.
- Spüren Sie in Ihrem Körper nach, wo er Schutzräume oder Liebe lokalisiert, und berühren Sie diese Gegenden.
- Atmen Sie bei allen Übungen ruhig ein und aus.
- Lächeln Sie dabei.

Einfach, aber wirksam: Machen Sie, wenn möglich, einige der Übungen vor dem Spiegel – mit sich selbst, nicht nur um sich dabei zu beobachten, sondern um sich selbst freundlich und liebevoll zu begegnen. Lächeln Sie sich dabei an. Durch den freundlichen Blick zum eigenen Spiegelbild ebenso wie durch ein freundliches Angeblicktwerden lassen sich die Spiegelneuronen aktivieren. Das wiederum ergibt reichlich Endorphine, Serotonin und Oxytocin. Und jede zärtliche, liebevolle (Selbst-)Berührung verstärkt diesen Effekt.

Mut und Tapferkeit

Was keiner wagt, das sollt ihr wagen,
was keiner sagt, das sagt heraus,
was keiner denkt, das wagt zu denken,
was keiner anfängt, das führt aus.
Johann Wolfgang von Goethe

Eine Tugend für alle Lebenslagen

Mut gehört zu den seit Menschengedenken weltweit anerkannten Tugenden und hat viel mit Resilienz zu tun. Mut brauchen wir alle mehr denn je. Nicht nur gegenüber den großen Herausforderungen im Leben, sondern auch in unserem Alltag. Und wer schon einmal unter einer Depression gelitten hat oder eine Phase schwerer Erschöpfung durchleiden musste, wer also am Leben verzweifelt ist, der braucht besonders viel Lebensmut.

Auch hier gilt wieder: Wenn Sie lebensmutige Eltern hatten – wunderbar. Aber vielleicht war eins Ihrer Elternteile sehr verzagt, mutlos oder sogar ein »Angsthase« dem Leben gegenüber. Dann lohnt es sich umso mehr, sich dem eigenen Mut zuzuwenden und ihn noch etwas zu verstärken. Und auch für die ganz Mutigen unter Ihnen: Den Mut zu kultivieren, ohne schädlichen Übermut oder destruktiven »Wut-Mut« – das ist die wahre Kunst und Charakterstärke.

Mit dem Mut entwickeln Sie Heldenqualitäten, die von anderen Menschen anerkannt, um nicht zu sagen: bewundert werden. Auch das wird Ihrem Wohlbefinden und Ihrer Resilienz nützen.

BODY 2 BRAIN – Mutatmung

Ein ruhiger, kraftvoller Atem wird immer die Bereiche in Ihrem Gehirn unterstützen, die für eine lebensmutige Haltung zuständig sind.

- Schlürfatmen: Machen Sie die Lippen etwas spitz und rund und saugen Sie die Luft wie durch einen Strohhalm tief und genussvoll ein. Dabei weitet sich der Brustkorb, nicht nur die Lunge bekommt viel Sauerstoff, sondern auch das Gehirn. Das hilft dem ruhigen Denken und ist gut gegen Panik.
- Abschnauben: Beim Ausatmen die Lippen locker lassen und dabei schnauben und prusten. Dadurch wird Spannung abgebaut, und Sie können danach konzentrierter bei der Sache bleiben. Durch das Abschnauben wird nicht nur verbrauchte Luft ausgeatmet, sondern auch überschüssige Wärme (und eventuelle Wut) abgegeben.
- Beim Einatmen die Hände zu Fäusten schließen, beim Ausatmen öffnen und die Hände betrachten.

Hand aufs Herz

Mut wird auch als Beherztheit bezeichnet und bedeutet, dass Sie sich etwas trauen, dass Sie fähig sind, etwas zu wagen, selbst in einer Situation, die mit einer Unsicherheit verbunden ist. Sie sind das eine Mal aktiv mutig, indem Sie zum Beispiel Ihren Vorgesetzten um ein klärendes Gespräch bitten, dann das andere Mal vielleicht eher passiv mutig beherzt, indem Sie sich bei einem Besäufnis dem Gruppenzwang entziehen und nicht mitmachen. Mut kann sowohl darin bestehen, eine Handlung auszuführen, als auch eine Handlung zu verweigern. In jedem Fall ist der wirklich Mutige fähig, abzuwägen und eine Entscheidung zu treffen. Es braucht also ein Bewusstsein für Werte, ein eigenständiges Denken, eine gewisse Charakterstärke und Durchsetzungsvermögen – alles auch Merkmale der Resilienz.

Mut und Tapferkeit werden oft in einem Atemzug genannt, sind aber nur miteinander verwandt. Während Mut mehr in die aktive Richtung tendiert (etwas zu tun oder zu lassen), gehört die Tapferkeit in den passiven Bereich im Sinne von Durchhalten, Aushalten, auch unter schwierigen Bedingungen Standhaftbleiben. Der Psychologe und Sportwissenschaftler Siegbert Warwitz spricht von Mut als Initiativ-Kraft und von Tapferkeit als Dulder-Kraft. Beide sind wertvolle Tugenden. Und deshalb finden Sie im Folgenden gleich noch mal eine (verstärkte) Mutatmung.

Wie steht es um den Mut in Ihrem Leben? Haben Sie zu den Kindern gehört, die bei Mutproben mitgemacht haben? Und lassen Sie Ihre Kinder bei (sinnvollen) Mutproben mitmachen? Gab es für Sie Lob und Ermutigung? Und können Sie auch loben und ermutigen, wenn Ihr Kind oder eine Kollegin mutig waren? Loben Sie sich selbst für einen mutigen Schritt? Lob muss sein! Lob ist eine Form von Ermutigung zum Mut. Es stärkt Ihre Resilienz ebenfalls.

BODY 2 BRAIN – verstärkte Mutatmung

- Üben Sie das Schlürfatmen für die Initiativ-Kraft.
- Machen Sie das Abschnauben für die Dulder-Kraft.
- Richten Sie sich dabei auf, nehmen Sie auch den Kopf etwas hoch, Ihr Brustkorb darf sich weiten und entfalten. Legen Sie die Hand auf Ihre Herzgegend und machen Sie die beiden Atmungsarten erneut.

BODY 2 BRAIN – den eigenen Mut anerkennen

- Legen Sie Ihre Hand auf Ihre Herzgegend und überlegen Sie: Wo in Ihrem Leben haben Sie bereits kleine Mutproben bestanden? Wo sind Sie einen Schritt weitergegangen trotz Herzklopfen?
- Geben Sie sich jetzt dafür die gebührende Anerkennung. Klopfen Sie mit Ihrer flachen Hand ganz sacht auf Ihren Brustkorb über der Herzgegend – als Lob für Ihren Mut.

Der andere Mut

Denn ich bin sanftmütig und von Herzen demütig;
so werdet ihr Ruhe finden für eure Seelen.
MATTHÄUS 11:29

Einer meiner Lieblingsvorträge trägt den Titel »Mut in schwierigen Zeiten«. In ihm spreche ich über die unterschiedlichen Mutformen. Da gibt es jene Varianten, die ich Ihnen nicht empfehlen möchte, da sie sowieso oft im Übermaß vorhanden sind und uns gesundheitlich schädigen können: Hochmut, Unmut, Missmut, Kleinmut, Schwermut. Physiologisch führen sie zur

Ausschüttung von Stresshormonen und vergiften uns im wahrsten Sinn des Wortes das Leben.

Lassen Sie uns also – gerade und besonders in herausfordernden Zeiten – einen besseren Mut praktizieren! Da gibt es Sanftmut, eine wertvolle Charaktereigenschaft, die den Tugenden zugerechnet wird. Sie ist das Gegenteil von Gewaltsamkeit. Sanftmut bedeutet Behutsamkeit im Umgang mit anderen Menschen und auch der Umwelt. Sanftmut ist eine Art von schöner Vorsicht, die keinen Schaden zufügen oder geschehen lassen will.

Demut ist die Schwester der Sanftmut. Bei den Griechen und Römern war sie ebenfalls eine Tugend. Für Aristoteles bedeutete sie kluge Selbstbeherrschung und die Fähigkeit, eine Mittelposition einzunehmen. Der Psychoanalytiker und Sozialpsychologe Erich Fromm sieht Demut als Voraussetzung zur Überwindung des eigenen Narzissmus. Somit wäre in unserer zunehmend narzisstischen Gesellschaft das Einüben von Demut mehr als angebracht.

Zu meinen Lieblingen gehört außerdem Großmut, bezeichnenderweise auch als Edelmut benannt. Seit der Antike gilt die Großmut als wichtige Tugend. Interessanterweise und ganz im Sinne meines Ansatzes »Resilienz durch Tugend« wird in der gegenwärtigen Philosophie um eine Wiederbelebung der Großmut gerungen als Antwort auf die aktuellen gesellschaftlichen Herausforderungen. Der großmütige Mensch ist frei von Eigennutz und stellt seine Interessen nicht in den Vordergrund. Daraus entsteht eine gelassene und gleichmütige Haltung, die zu einem ganz anderen Blick auf das Leben und die Mitmenschen und zu einem anderen Handeln verhilft. Vor allem aber verhelfen diese Mut-Formen zu einer guten Menge an Serotonin und Endorphin als Resilienzelixier. Dem sich aus dem Großmut entwickelnden Gleichmut, der Gelassenheit (siehe gleichnamiges Kapitel), habe ich deshalb hier im Buch auch etwas mehr Platz verschafft.

BODY 2 BRAIN: Für den richtigen Mut

Machen Sie ein tägliches Ritual für guten Mut von Kopf bis Fuß und nutzen Sie Gedanken und Gefühle, Körperhaltung und Berührung als Impulsgeber dabei:

- Wo im Körper spüren Sie welche Mutform am deutlichsten?
- Welche Farbe würden Sie den einzelnen Mutformen zuordnen?
- Berühren Sie Ihre Stirn: Wofür möchte ich heute Lebensmut entwickeln?
- Berühren Sie Ihr Herz: Für wen oder wofür möchte ich heute Sanftmut entwickeln?
- Legen Sie die Handflächen gegeneinander: Wobei möchte ich heute gleichmütig bleiben?
- Füße fest auf dem Boden: Wobei möchte ich heute Starkmut entwickeln und Standhaftigkeit zeigen?
- Die Wirbelsäule aufrichten, den Kopf heben, tief durchatmen: Wofür möchte ich heute Langmut und Geduld zeigen?
- Sich aufrichten und das Brustbein berühren: Wofür oder bei wem möchte ich heute Großmut und Edelmut zeigen?

Bewegungsübungen für guten Mut

- Halten Sie die Hände mit den Handflächen nach oben: wie Schalen für das Empfangen von Großmut. Dann langsam die geöffneten Hände umdrehen und Großmut verteilen.
- Machen Sie fließende und weiche Bewegungen statt hektisch zu agieren.
- Wiegen Sie sich zwischendurch – auch auf dem Bürostuhl – ruhig hin und her.
- Lächeln Sie und praktizieren Sie vor allem ein inneres Lächeln, besonders und gerade dann, wenn Sie sich durch etwas in Ihrer großmütigen oder sanftmütigen Haltung provoziert fühlen.

Äußere Haltung für den inneren guten Mut

- Stehen oder sitzen Sie aufrecht, eine Hand liegt über der Nabelgegend, die andere parallel dazu hinten im Lendenwirbelsäulenbereich. Spüren Sie Ihre Mitte.
- Einatmen und Hände fest zu Fäusten ballen. Ausatmen und die Fäuste langsam und genussvoll öffnen. Zart über die Hände pusten.
- Hand-Raute: Die Fingerkuppen beider Hände berühren einander, die Unterarme sind dabei leicht in der Höhe der Hüften angelehnt.
- Unternehmen Sie einen gelegentlichen Blick gen Himmel und dann langsam nach rechts und links – vielleicht auf der Suche nach Ihrer speziellen Farbe für Sanftmut, Großmut, Demut ...

Tapferkeit und Durchhaltekraft

Das vornehmlichere Werk der Tapferkeit,
vornehmlicher denn Angreifen,
ist Standhalten.
THOMAS VON AQUIN

Tapferkeit gehört für den griechischen Philosophen Platon ebenfalls zu den Kardinaltugenden. Und sie wird auch in der Psychologie als wichtige Fähigkeit angesehen. Ein tapferer Mensch steht trotz Schwierigkeiten und möglicher Rückschläge eine schwierige Situation durch, er hat die Willenskraft und das Durchhaltevermögen dazu, er glaubt an den Erfolg und an den guten Ausgang. Bei vielen Menschen kommt das Gefühl dazu, für eine gute Sache oder einen hohen Wert zu leiden und zu kämpfen – einen Wert, für den es sich absolut lohnt, sich einzusetzen. Kluge Tapferkeit weiß aber auch, ob es Sinn macht, durchzuhalten oder sich zurückzuziehen, statt in völliger Erschöpfung oder Verzweiflung zu landen.

Der Mut zur guten Resignation und zum klugen Rückzug

Ein schöner Rückzug ist ebenso viel wert wie ein kühner Angriff.
Man bringe seine Taten, wann ihrer genug,
wann ihrer viele sind, in Sicherheit.
BALTASAR GRACIÁN

Eine wichtige Tugend für all diejenigen, die häufig mit dem Kopf durch die Wand wollen, koste es, was es wolle. Vor allem Manager und Politiker können sich und allen, die von ihnen abhängen, damit viel Gutes tun: bei Bedarf den Befehl zum geordneten Rückzug ausgeben statt kopflose Flucht nach vorn anzuordnen und nichts als Chaos und Scherben zu hinterlassen.

Ich liebe die Resignation und ich liebe den Rückzug. Ich meine damit die gute, die kluge Resignation und den guten Rückzug. Ich meine nicht den negativen sozialen Rückzug bei Depression oder den Rückzug aus Verbitterung oder Enttäuschung. Und ich meine auch nicht den Rückzug wegen Gleichgültigkeit oder fehlender Empathie oder mangelndem Interesse für die Menschen und die Welt.

Resignation kommt vom römischen *resignare,* »das Zeichen zurückziehen«. Es stammt aus der Kriegsführung. Früher war es üblich, dass die Legionen im Kampf einen sogenannten Signumträger bei sich hatten, einen Krieger, der lediglich das Feldzeichen in die Höhe hielt, sodass jeder wusste, wo er war und wo er hingehörte. Der Feldherr wiederum konnte anhand dieser Feldzeichen sehen, wo seine Legionen standen und vor allem: wie es um sie stand. Wenn er sah, dass die feindlichen Angreifer in der Überzahl waren, wurde dem Feldzeichenträger eine Nachricht zugesandt: Rückzug! Und so zog er sich mit seinem Zeichen zurück. Seine um ihn herum kämpfenden Kameraden konnten das sehen, erkannten die Botschaft, zogen sich ebenfalls zurück und: überlebten!

> *Aus der individualpsychologischen Perspektive bedeutet Resignation die Einsicht, dass das Ziel mit den vorhandenen Mitteln nicht erreicht werden kann oder dass der nötige Einsatz nicht in Relation zum Ergebnis steht und untragbare Folgen zu erwarten sind.*

Resignation wird von Philosophen immer wieder als eine weise Bescheidenheit gerühmt, die hilft, Zorn und Eifer zu vermeiden, und dafür heitere Ruhe und ein Gefühl der Überlegenheit schenkt. Im weitesten Sinn gehört also Resignation zu den Tugenden. Sie kann für gute Gefühle sorgen und somit für die neurochemische Produktion von antidepressiven Substanzen im Gehirn.

Resiliente Menschen haben die Fähigkeit, zwischen einem sinnlosen Kampf und einem zu teuer erkauften Sieg oder einem klugen Rückzug und einer klugen Resignation zu unterscheiden und sich im Zweifelsfall immer für Letzteres zu entscheiden.

Den Fokus sinnvoll verändern

Eine meiner Klientinnen lebte in einer äußerst schwierigen partnerschaftlichen Situation. Sie verwendete viel Kraft, um die Beziehung und vor allem ihren Partner zu verändern. Nichts half, und aus religiösen Gründen war ihr eine Scheidung unmöglich. Sie geriet zunehmend in eine traurige Stimmung, gemischt mit Wut. Sie fühlte sich ohnmächtig und zornig zugleich. Als ich ihr zur Resignation riet, folgte ein verzweifelter Wutausbruch: »Soll ich etwa aufgeben? Dann ist doch alles vorbei, dann kann ich mich doch gleich hinlegen und sterben!«

Ich erläuterte ihr die Bedeutung des Wortes und machte mit ihr einige Rückzugsübungen. Wir sammelten verwandte Begriffe: Umkehr, Distanzierung, Abmarsch, Abreise und die schönen englischen Begriffe pull out, climb down. In den folgenden Monaten blühte die Patientin zusehends auf: Sie hatte aufgehört, ihre Kräfte in eine Änderung dieser Ehe oder des Partners zu stecken. Vielmehr nutzte sie ihre Energie jetzt für andere Unternehmungen, knüpfte neue Freundschaften, machte Reisen und konnte dadurch auch mit ihrem Partner wieder entspannter umgehen. Die kluge Resignation hatte sie zu einer Gewinnerin gemacht.

Überlegen Sie doch einmal, wie oft Sie Ihre Kraft schon in Kämpfe gesteckt haben, in denen Sie sich eine blutige Nase geholt oder einander Verletzungen zugefügt haben, wo es kein Vor und kein Zurück gab und die Gefühle hochgekocht sind. Das bedeutet maximale Stresshormone, Gift für die körperliche und geistige Gesundheit. Lassen Sie los, ziehen Sie sich zurück und sehen Sie diesen Rückzug nicht als ein Zeichen der Schwäche, sondern als ein Zeichen der Weisheit und eine Übung in Resilienz.

BODY 2 BRAIN – genussvoller Rückzug

- Stellen Sie sich etwas breitbeinig hin, halten Sie Ihre Arme und Hände vor Ihrem Körper in Schulterhöhe. Nun strecken Sie Ihre Arme nach vorne aus und atmen dabei aus – Sie schieben gewissermaßen das Problem von sich weg. Im Einatmen holen Sie Ihre Arme zurück, im Ausatmen schieben Sie wieder alles von sich.
- Winken Sie freundlich dem weggeschobenen Problem zu: Adieu!

- Drehen Sie sich nun um und entfernen Sie sich schlendernd einige Schritte.
- Seufzen Sie genussvoll – aaach, erledigt!
- Pusten Sie nun zart Ihre Atemluft aus, als wollten Sie Seifenblasen oder eine Pusteblume in die Luft schicken.
- Und jetzt: Kopf hoch: Schauen Sie ein wenig in den Himmel, betrachten Sie die Wolken, wie sie dahinziehen.
- Stellen Sie sich aufrecht direkt vor eine Wand. Projizieren Sie in Gedanken Ihren Gegner, Ihr unlösbares Problem an diese Wand. Treten Sie nun langsam einen Schritt zurück. Spüren Sie die Wohltat der leichten Distanz, der Befreiung? Treten Sie einen weiteren Schritt zurück und vielleicht noch einen.
- Schwimmen Sie, wenn Sie einen See oder ein Bad in der Nähe haben, auf dem Rücken. Das ist eine Genuss-Rückwärts- und somit Rückzugsbewegung: Sie behalten das Ufer oder den Beckenrand wie Ihren »Gegner« im Auge und stellen sich vor, wie Sie mit der Leichtigkeit des Wassers Abstand gewinnen.
- Schulterwurf: Mit einem Schwung der Arme über die Schulter abwechselnd rechts und links (bilaterale Stimulation verstärkt die Wirkung) die vorgestellte Situation/Person abwerfen.

Regenerativer Rückzug

Ich suchte stets in Einsamkeit zu leben,
Wie dies die Wälder, Fluren, Ufer wissen,
Um jenen Dunkelmännern zu entschweben,
Die nie des Wegs zum Himmel sich beflissen.
FRANCESCO PETRARCA

Eines der schönsten Beispiele für sinnvollen Rückzug liefert die Natur mit ihren Jahreszeiten. Während der Sommer eine Symphonie aus Wärme und Farben ist, ist der Herbst einerseits die Zeit der reichen Ernte, aber auch der Beginn eines sinnvollen Rückzugs in eine Pause: Die meisten Pflanzen ziehen ihre Säfte aus ihren Blättern und Zweigen zurück. Die Kälte des Winters nutzen sie als Zeit der Regeneration, um im Frühling umso vehementer loszulegen – das englische Wort *spring* für »Frühling« könnte es nicht besser beschreiben.

Gelegentliche Stille und erholsame Einsamkeit sind ein regenerativer Rückzug, den auch Sie sich unbedingt gelegentlich gönnen sollten. Ihre fünf Sinne und Ihr Körper brauchen solche Auszeiten immer wieder einmal, besonders nach Phasen erhöhter körperlicher und geistiger Anstrengung oder Reizüberflutung. Epikur empfahl dafür die Abgeschiedenheit eines Gartens, und Seneca sah im Wechsel zwischen Einsamkeit und Geselligkeit eine wichtige Gleichgewichtsübung. Ihr Schlaf ist ein regenerativer Mini-Rückzug. Und Meditationswochenenden und Klosteraufenthalte boomen aufgrund der Tatsache: Kraft durch Rückzug.

Die Geisteswissenschaften betonen die positiven Aspekte der Einsamkeit als geistige Erholungsstrategie, um die Gedanken zu ordnen und die Kreativität zu beflügeln.

Zum regenerativen Rückzug gehört übrigens auch dringend die wiederholte Abstinenz von iPhone, Tablett und Co., vor allem für Ihre Augen, Ihr Gehirn und – wissenschaftlich erwiesen – für Ihre Gesundheit. Einer meiner Klienten hat das einmal so schön formuliert: »Die größte Erholung ist für mich, einfach nur mal so vor mich hinschauen zu können.« Digital Detox, wie das heute so toll klingt, ist einfach Rückzug und Maßhalten. Geht ganz preiswert mit BODY 2 BRAIN Übungen.

Gelassenheit

Gott, gib mir die Gelassenheit, Dinge hinzunehmen,
die ich nicht ändern kann,
den Mut, Dinge zu ändern, die ich ändern kann,
und die Weisheit, das eine vom anderen zu unterscheiden.
VERMUTLICH VON REINHOLD NIEBUHR

Gelassen und besonnen

Ohne die zuvor besprochene Tugend der Mäßigung und die Fähigkeit zum klugen Rückzug kommen wir nicht in den Zustand der Gelassenheit. Immer wieder antworten Klienten mir gegenüber auf die Frage, was sie sich in ihrer aktuellen Situation am meisten wünschen würden: Gelassenheit.

Synonyme dafür sind auch Gleichmut, innere Ruhe oder Gemütsruhe, ebenso Bedachtsamkeit, Besinnlichkeit, Zurückhaltung. Gelassenheit ist die Fähigkeit, in schwierigen Situationen die Fassung zu bewahren oder ruhig und unvoreingenommen zu bleiben, statt unruhig zu werden, nervös oder ängstlich.

> *Es lohnt sich, den Zustand der Gelassenheit immer wieder anzustreben. So vermeiden Sie die Ausschüttung von Stresshormonen und unterstützen Ihre Gesundheit.*

Wenn Sie es in einer Situation geschafft haben, gelassen zu bleiben, wird Sie das zu Recht stolz machen. Das wiederum führt zur Produktion von antidepressiven Substanzen. Es geht also beim Gelassenbleiben nicht nur um die Vermeidung der Produktion von Stresshormonen, sondern vor allem um die Produktion von »guten« Neurotransmittern – durch die Vermeidung des einen geschieht die Förderung des anderen.

Mit Gelassenheit meinen wir meist das Emotionale, wir wünschen uns jedoch auch eine Gelassenheit im Denken und im Handeln, also die Gelassenheit des Verstandes. Das ist die Besonnenheit, die von »sich besinnen«, »Sinn« kommt. Sie werden also immer, wenn Sie Übungen zur Gelassenheit machen, sowohl Ihren Verstand als auch Ihre Gefühle in den entsprechenden Gehirnzentren regeln und stabilisieren. Wer nicht schreit und nicht weint, kann besser denken und besser handeln. Das Gehirn kann immer nur eine Sache zu einer Zeit richtig gut machen. Gelassenheit lohnt in jedem Fall.

Keine Verwechslung!

Gelassenheit und Besonnenheit haben nichts mit teilnahmsloser Gleichgültigkeit zu tun, wie sie bei manchen psychopathischen Menschen und bei Burnout-Betroffenen zu finden ist. Ein Kennzeichen der psychischen Dekompensation ist ja gerade die fehlende Gelassenheit, stattdessen besteht Gereiztheit. Vor allem aber sind Gefühlskälte und fehlende Anteilnahme bis hin zum Zynismus zu beobachten. In Gruppen und Organisationen, die von Burnout bedroht sind, sind häufig ein auffällig unfreundlicher Umgangston und ein verstörendes Gruppenverhalten zu beobachten: Desinteresse, fehlendes Engagement, Schulterzucken, spöttische oder abfällige Bemerkungen. Auch gehäuft geschmacklose Witze, sexistische Bemerkungen (die fast immer mit einer latenten Gereiztheit und Aggression zu tun haben) sind ein Merkmal von drohendem Einzel- oder Gruppen-Burnout.

Die besonnene Gelassenheit beschäftigt viele philosophische und gesellschaftliche Gruppen. Schon Sokrates empfahl die besonnene Gelassenheit oder den besonnenen Gleichmut als eine wichtige Tugend. Heute sprechen wir von Coolness. Das ist nichts anderes als die moderne Bezeichnung für die Tugend der Gelassenheit oder des gelassenen, souveränen Auftretens. Viele

Jugendliche, die sich noch nicht im Hamsterrad der Hektik oder Erschöpfung aufarbeiten, entgegnen ihren Eltern, wenn diese sich aufregen, doch einfach mal geschmeidig zu bleiben und etwas zu chillen. Da empfehlen die Kinder den Eltern mehr besonnene Gelassenheit – wie schön!

Auch im Buddhismus spielt Gelassenheit eine große Rolle. Hier wird von Nicht-Anhaften gesprochen. Und im philosophischen Bereich wird Gelassenheit als Selbstlösung und Selbstfindung interpretiert – wieder Mitte und Maß.

Auf der Körperebene für Gelassenheit sorgen

Körperliches Erleben ist der beste Lehrmeister für die wichtige Befähigung zur Gelassenheit. Dazu gleich ein schönes Beispiel: Nehmen Sie sich einen Gegenstand, der Ihnen als Symbol für gerade erforderliche Gelassenheit geeignet erscheint. Berühren und befühlen Sie ihn, befassen Sie sich – im wahrsten Sinne des Wortes – mit Ihren Händen damit. So schenken Sie Ihrem Körper dazu ein entsprechendes Aha-Erlebnis. Daraus entsteht eine Erkenntnis, und Ihr Gehirn kann eine Neuschaltung herstellen. Je öfter Sie dies tun, desto schneller werden Sie sich dem erwünschten Zustand nähern.

Sinnliches Umlenken

Ein Klient, der in einer Organisation arbeitet, in der die Erschöpfung bereits um sich gegriffen hat und in der die einzelnen Mitarbeiter unfreundlich und nicht wertschätzend miteinander umgehen, beklagte sich mir gegenüber bitter über dieses Arbeitsklima. Er schilderte, wie sehr ihn das alles belaste, traurig stimme, ja, verzweifelt mache, sodass er überhaupt keine Lust mehr habe, zur Arbeit zu gehen. Auf die Frage, was er denn brauche, um mit dieser Situation zurechtzukommen, meinte er spontan: Gelassenheit. Ich bat ihn, mir ein Symbol zu nennen, mit dem er Gelassenheit assoziiere. Und wieder ganz spontan deutete er auf eine kleine Buddhafigur auf meinem Schreibtisch. Ich bat ihn, diese Figur in die rechte Hand zu nehmen, die Augen zu schließen und mit den Fingern die Oberfläche und die Gestalt wahrzunehmen und ganz ungefiltert zu benennen, was ihm auffiel. Er beschrieb die Figur als in sich ruhend, fest, mit geradem Rücken, den Kopf aufgerichtet, ein Wechsel zwischen glatten und rauen Flächen …

Er stellte die Figur ab, und ich fragte ihn, ob er einen Unterschied zwischen seiner rechten Hand, die sich mit dem Buddha befasst hatte, und seiner linken Hand wahrnehme. Er bemerkte rechts Wärme, eine gewisse Leichtigkeit, was sich bis in den Arm und die Schulter fortsetzte. Ich fragte ihn, ob er im Augenblick noch an seine Arbeitssituation gedacht habe und ob er sie jetzt noch so bedrohlich fände. Er meinte erfreut, dass sich dazu eine Distanz eingestellt habe, dass er während des ganzen Sich-Befassens mit dem Symbol der Gelassenheit nicht mehr an die Arbeitssituation gedacht habe. Und dass es ihm jetzt irgendwie leichter ums Herz sei.

Eine körperliche Aktivität, die dem Abschalten dient, vermittelt im Christentum auch der Rosenkranz und in verschiedenen anderen Kulturen die Perlenkette, die man durch die Finger gleiten lässt. Die Nervenenden in den Fingerspitzen und die Muskeln der Finger befassen sich intensiv mit dieser anspruchsvollen feinmotorischen Aufgabe, die wiederum im Großhirn in der sogenannten motorischen Rinde einen relativ großen Bereich aktiviert. Egal, ob dieses »Fingerspiel« bewusst oder unbewusst geschieht: Die mentale Erregungskurve flacht ab, Sie werden ruhiger. Allein durch eine kleine, aber motorisch »komplizierte« Handlung können Sie in Ihrem Gehirn umschalten. Sie aktivieren durch diese unterschiedlichen Körperübungen bestimmte Neuronenverbindungen in den motorischen Bereichen Ihres Großhirns und Kleinhirns, die über Verschaltungen zu den

BODY 2 BRAIN – Übungen für mehr Gelassenheit

- Bereits morgens im Bett können Sie sich langsam mehrfach von rechts nach links und wieder zurückrollen lassen (bilaterale Stimulation).
- Entwickeln Sie dabei gleich Bilder zur gewünschten Gelassenheit für den Tag. Sprechen Sie dazu Sätze oder Zitate wie ein Mantra.
- Stellen Sie sich tagsüber immer wieder mal breitbeinig hin und wiegen Sie sich dabei leicht hin und her (bilaterale Stimulation).
- Schulterwurf: Rechts und links abwechselnd (bilaterale Stimulation) werfen Sie Ballast mit schwungvollen, aber zugleich ruhigen Bewegungen über Ihre Schultern nach hinten ab. Let it be!
- Lassen Sie beim Gehen aktiv die Hüften schwingen.
- Schlürfatmen: Machen Sie die Lippen rund, als wollten Sie damit einen Trinkhalm umfassen. Nun genüsslich die Luft einatmen.
- Beim Ausatmen abschnauben: die Lippen locker lassen und wie ein Pferd etwas schnauben.
- Wenn Sie einen Drehstuhl am Schreibtisch haben: Drehen Sie sich darauf ein bisschen hin und her (bilaterale Stimulation), vor allem bei ärgerlichen Telefonaten oder nach einem schwierigen Gespräch. Das geht auch mit einem Gymnastikball als Sitzmöbel.
- Singen oder zumindest Summen: Diese Muskelaktivitäten im Mund-, Zungen- und Gaumenbereich führen zu einer motorischen Lockerung, die sich auch emotional ausbreitet. Singen erzeugt im Gehirn so viel »Freude« und entsprechende Neurotransmitter, dass sogar die Immunabwehr gestärkt wird (siehe Kapitel »Kraftquelle Singen«).
- Überlegen Sie sich eine passende Farbe für Ihre Gelassenheit.
- Lassen Sie beim Händewaschen das Wasser aufmerksam durch Ihre Finger fließen.

emotionalen Bereichen zu Wohlgefühl und Ruhe führen. Besonders die Atem- und Stimmübungen sind gut gegen gedankliche Verbissenheit und negative Gefühle – und somit natürlich auch gut gegen die Überflutung Ihrer Organe mit Stresshormonen.

Gelassenheit als Trainingsziel

Verlange nicht, dass das, was geschieht,
so geschieht, wie du es wünschst,
sondern wünsche, dass es so geschieht, wie es geschieht,
und dein Leben wird heiter dahinströmen.
EPIKTET

Wenn Sie die zuvor beschriebenen »Übungen für mehr Gelassenheit« immer wieder einmal kurz machen – es sind teilweise ganz kleine Bewegungen, die nicht auffallen –, wird Ihr Gehirn sich schnell erinnern und die Minibewegung mit Ruhe und Gelassenheit assoziieren. Irgendwann wird allein schon der Gedanke an die Bewegung ausreichen – bis der Zustand der Gelassenheit zu einem selbstverständlichen Verhaltensmuster und Teil Ihrer Person geworden ist.

Nutzen Sie diese Übungen auch in ganz einfachen, als nervig empfundenen Alltagssituationen: wenn Sie in einer Warteschlange vor einem Schalter stehen, an einer Kasse, an der zehnten roten Ampel. Freuen Sie sich über die wunderbare Gelegenheit, gleich eine Gelassenheitsübung auszuprobieren, um Ihre Resilienz zu trainieren und Ihre körperliche und mentale Gesundheit zu stärken.

Durch Gelassenheit finden Sie zur Heiterkeit (siehe Kapitel »Frohsinn«). Übungen zur Heiterkeit verhelfen umgekehrt zu mehr Gelassenheit. Ein wirklicher Kraft-Kreislauf!

Besonders in sehr belastenden Situationen, die sich Ihrer Einflussnahme entziehen, können Sie sich mit diesen kleinen Interventionen viel Gutes tun. Eine wesentliche Ursache für Erschöpfung, aber auch die Entstehung von posttraumatischen Belastungsstörungen ist gerade das Gefühl von Machtlosigkeit und Hilflosigkeit sowie die Unfähigkeit einer guten Abreaktion. Durch Körperaktivitäten, die Gelassenheit im Denken, Fühlen und Handeln erzeugen, erleben Sie sich als handlungsfähig und als »Meister der Situation«. Und als solcher sind Sie resilient. Also, gleich noch eine Runde Praxis:

BODY 2 BRAIN – genussvolle Gelassenheit

- Setzen Sie sich stabil und aufrecht, dabei aber entspannt, hin.
- Schließen Sie die Augen, sammeln Sie etwas Speichel und schlucken Sie ihn sehr, sehr langsam.
- Befeuchten Sie Ihre Lippen mit der Zunge, lassen Sie den Unterkiefer locker und atmen Sie tief und genüsslich ein und aus.
- Und nun ein weiterer meiner Lass-los- und Gelassenheitsfavoriten: Ballen Sie Ihre Hände fest zu Fäusten. Beim Ausatmen die Fäuste langsam und genussvoll öffnen. Genießen Sie die Erleichterung der Muskelentspannung ganz bewusst.
- Und nun pusten Sie noch zart über Ihre Handflächen.
- Machen Sie diese Sequenz dreimal. Loslassen, gelassen sein, das kann sich so gut anfühlen!

Loslassen und Abschied zulassen

Den Abschied muss man nehmen,
nicht erdulden.
UNBEKANNT

Gesellschaftliche und persönliche Krisen stellen unser bisheriges Leben oft nicht nur auf den Kopf, sondern können manchmal zu schmerzlichsten und unwiederbringlichen Verlusten führen. Wir wünschen uns unser altes Leben zurück, jene glücklicheren Zeiten, sehnen uns nach Normalität – aber: vorbei.

Was wir uns nicht bewusst machen: Unser ganzes Leben besteht aus vielen Abschieden und Übungsgelegenheiten zum Abschiednehmen. Das beginnt schon beim Abschied des Neugeborenen aus der tiefen Geborgenheit des mütterlichen Uterus, beim Verlust der ersten Liebe, möglicherweise beim Verlust von Hab und Gut oder der Heimat, bei Bedeutungs- und Machtverlust, dem Verlust von Jugend und Gesundheit. Und schließlich und für alle Lebewesen: beim Verlust des Lebens – des eigenen und des anderer, die uns nahestehen. Für alle Verluste braucht es Kraft und Resilienz, um damit fertig zu werden und psychomental nicht nur unversehrt, sondern stärker zu werden.

> *Verlustbewältigung ist das ganze Leben lang unsere Aufgabe und ein Resilienztraining der besonderen Art.*

Verlust kostet Kraft. Seine Bewältigung auch. Verlust ist neurobiologisch gesehen eine extreme Belastungsreaktion für Körper und Gehirn. Verlust kann traumatisch sein. Jede Verlustreaktion wirkt sich psychosomatisch aus: Die Amygdala wird aktiviert, dass Stresshormon Cortisol wird ausgeschüttet und das körpereigene Stresssystem beeinflusst alle Teile des Körpers. Der Herzschlag ist erhöht, die Atmung geht schneller, das Blutbild verändert sich. Verlust macht anfällig für Erkrankungen.

Deshalb ist es notwendig, immer wieder im Leben frühzeitig das Loslassen und den Abschied zu üben und Trauerarbeit zu leisten. Trauer ist ein bewusstes Gefühl und gibt uns die Möglichkeit, allmählich eine Balance zu finden und mit der Erfahrung des Verlustes zu leben. In der Trauer werden die Areale im Gehirn aktiviert, die für Fühlen und Bewusstsein zuständig sind. Sie liegen im Gehirn oberhalb der Augenhöhlen, von da aus wird über Nervenverbindungen der Mandelkern beruhigt.

■ Weinen Sie mal wieder – aber richtig

Beim Weinen entstehende Tränen haben eine andere chemische Zusammensetzung als die Tränenflüssigkeit, die zur Befeuchtung des Augapfels produziert wird. Sie enthält einen deutlich größeren Anteil der Hormone Prolaktin, Adrenocorticotropin (Gruppe der Stresshormone) und Leu-Enkephalin (Gruppe der körpereigenen Opiate). Dieser Cocktail tut gut. Resilienz verbietet keine Tränen – ganz im Gegenteil. Ausreichend trauern und richtig trauern ist absolut lebensnotwendig für einen guten Neuanfang. Wer sich Verlustschmerz scheinbar heldenhaft verkneift oder aufgrund äußerer Umstände keinen Raum dafür findet, leidet möglicherweise eines Tages unter psychosomatischen Schmerzen.

Verlust braucht liebevolle (Selbst-)Behandlung

Ein Resilienztraining beinhaltet für mich auch, mit der Unabänderlichkeit von Verlusten und ihrer Bewältigung nach einer angemessenen Zeit der Trauer zurechtzukommen und am Leben zu bleiben für »ein Leben danach«. Das ist aus meiner Sicht auch eine Form der Liebe – der Liebe zu sich selbst, zum Leben, zu Mitmenschen, die uns noch brauchen, zu einer Aufgabe. Das Abschiednehmen braucht Zeit und Geduld mit sich selbst. Und hoffentlich findet sich auch ein empathischer Mensch als mutige und beherzte Begleitung.

BODY 2 BRAIN: Abschied üben und Verlust bewältigen

- Verabschieden Sie sich jeden Abend vom zu Ende gegangenen Tag: Er ist vorbei, egal, ob im Guten oder im schlechten Sinne. Bedanken Sie sich, dass Sie wie auch immer diesen Tag bewältigt haben.
- Sagen Sie sich selbst im Spiegel liebevoll Gute Nacht. Eine kleine zärtliche körperliche Geste kann als Verstärker wirken.
- Falls nach einem »stürmischen« Tag erforderlich: Bitten Sie ohne weitere Diskussionen Ihre Partnerin oder Ihren Partner um Vergebung oder nehmen Sie umgekehrt deren Bitte um Vergebung an. Guter Schlaf braucht als Voraussetzung friedliche Zustände.
- Verabschieden Sie sich grundsätzlich von allen Menschen bewusst und wertschätzend.

Neu Halt finden

Nehmen Sie Ihren Körper wahr: Wo sitzt der Verlustschmerz?

- Legen Sie Ihre Hand auf diese Stelle oder streichen Sie zart darüber.
- Wiegen Sie sich hin und her.
- Geben Sie sich selbst Halt, indem Sie sich an den Türrahmen oder die Wand anlehnen, an einen Baum in der Natur.
- Nehmen Sie einen Stein fest in die Hand oder auch jede Türklinke.
- Falten Sie Ihre Hände fest, lehnen Sie die Fingerspitzen gegeneinander.
- Beim Einatmen Faust machen, beim Ausatmen Faust öffnen.
- Lassen Sie mal die Tränen fließen – es sind wertvolle Gefühlsperlen.
- Stellen Sie sich Ihren Verlust als Passagier in einem kleinen Boot vor an einem großen Wasser. Lassen Sie es von der Strömung

aufnehmen und davontragen, schauen Sie dem kleinen Boot nach, winken Sie zum Abschied und wünschen Sie eine gute Reise. Adieu.

- Machen Sie sich jeden Tag Ihre wenn vielleicht auch noch so kleinen Fortschritte bei der Verlustbewältigung bewusst und geben Sie sich dafür Anerkennung.
- Gehen Sie tagsüber tatsächlich achtsam Schritt für Schritt, setzen Sie Ihre Füße sehr bewusst auf den Boden unter Ihnen auf: Über die Wahrnehmung der körperlichen Fort-Schritte entsteht auch langsam Zuversicht und ein Gefühl des Wieder-vorwärts-Kommens.
- Gehen Sie jeden Tag einige Schritte vor Ihre Haustür – im Tageslicht werden verstärkt wichtige Neurotransmitter, die Ihr psychomentales Gleichgewicht wiederherstellen können, gebildet.
- Versuchen Sie beim Gehen Ihre Fußspitzen ein wenig hin und her drehend aufzusetzen, diese leichte Schwingung setzt sich in Ihrem Körper fort und löst Anspannungen.

Einfach, aber wirksam: Aktivitäten mit der Hand machen Sie wieder handlungsfähiger. Die angenehme Berührung Ihrer Haut aktiviert über das Gehirn Neurotransmitter, die trösten und beruhigen. Das Erspüren von festen Gegenständen in Ihrer Hand wird über Nervenbahnen dem Gehirn mitgeteilt und von diesem als »Realitätsanker« genutzt.

Jede Form von Bewegung verhindert eine destruktive psychische Erstarrung in der Trauer. Einfache Körperbewegungen unterstützen die lebensnotwendige Verlustbewältigung – Schritt für Schritt.

Vergebung

Der Schwache kann nicht verzeihen.
Verzeihen ist eine Eigenschaft des Starken.
MAHATMA GANDHI

Einer der stärksten Resilienzfaktoren

Seit der Antike gelten die Bereitschaft zu Vergebung und Gnade und die Großmut als Tugenden nicht nur bei Herrschern, sondern bei Menschen allgemein. Auch in unserer heutigen Zeit werden Großmut und die Fähigkeit zur Vergebung als Merkmal einer fortgeschrittenen Zivilisation angesehen.

In allen Religionen spielt die Vergebung eine wesentliche Rolle. Sie ist ein wichtiger Weg zur Konfliktlösung – der Konflikte im eigenen Inneren wie der Konflikte mit einer Person, einer Gruppe oder der Gesellschaft.

Ho'oponopono

Eine interessante Tradition eines Vergebungsrituals ist im südpazifischen Raum als Ho'oponopono bekannt. Das psychospirituelle Ritual ist über 800 Jahre alt. Es beinhaltet eine Aussprache, fast eine Beichte, gegenseitiges Bedauern und vor allem gegenseitiges Vergeben, um ein Fehlverhalten aus der Welt zu räumen oder einen Konflikt zu lösen. Alle Beteiligten müssen anwesend sein, ein Schamane wird hinzugezogen und die Geister der Ahnen werden angerufen. Durch dieses Ritual wird altes Unrecht beseitigt und ein verbindlicher Neuanfang für alle geschaffen.

Das Gegenteil von Vergebung und Gnade ist Rache, das Sinnen auf Vergeltung, unterdrückte oder ausgelebte Wut. Allesamt schlechte Gefühle, die von den emotionalen Hirnarealen an hormonelle Zentren geleitet werden, wo es zur Ausschüttung von Stresshormonen kommt, die nachweislich zu psychosomatischen Krankheiten führen, bis hin zum Herzinfarkt.

> *Zorn und Wut sind Glücksverhinderer. Rache ist keinesfalls süß, sondern bringt Ihr Gehirn in einen Negativmodus. Vergebung ist deutlich weiser.*

Bedenken Sie: Wer nachtragend ist, hat wirklich viel zu schleppen im Lauf eines Lebens. Irgendwann wird er unter dieser Last aus Wutpäckchen, Rachepaketen und Vergeltungsfantasien zusammenbrechen und vor allem total verbittert sein, sich kraftlos, ausgelaugt und erschöpft fühlen.

Wer Gnade walten lässt und vergibt, entwickelt Entscheidungskraft. Er entscheidet sich aktiv, zu vergeben. Vor allem dann, wenn der andere sein Unrecht *nicht* einsieht, sich *nicht* entschuldigt oder abwesend ist (durch eine große Distanz, durch schweigenden Zwist oder durch Tod), haben Sie die Möglichkeit, durch einen inneren Dialog mit dieser Person zu einer inneren Vergebung zu kommen.

Ein Unrecht, eine Verfehlung, Kränkung oder Beschädigung zu vergeben bedeutet nicht, dass es kein Unrecht oder keine Beschädigung mehr ist. Die Tatsache einer Verfehlung bleibt bestehen, aber diese Verfehlung kann Ihnen in Ihrem emotionalen und damit gesundheitlichen Bereich nichts mehr anhaben, wenn Sie sie vergeben.

Vergebung, die Großes bewirkt

Was wäre aus Südafrika geworden, wenn Nelson Mandela nicht zur Vergebung fähig gewesen wäre? Er kämpfte für Gerechtigkeit, Freiheit und Gleichheit und musste dafür 27 Jahre seines Lebens als politischer Gefangener unter teilweise schweren Haftbedingungen verbringen. Schon als Kind hatte er durch ein Stammesritual gelernt, seine Gegner zu bezwingen, ohne sie zu entehren: Bei den Tembo, zu dessen Clan er gehörte, war es üblich, einen reuigen »Sünder« in der Stammesversammlung anzuhören und ihm dann wenn möglich zu vergeben. Nach seiner jahrzehntelangen Haft hielt Mandela noch am Tag seiner Freilassung vor 120 000 Zuhörern eine Rede, in der er zur Versöhnung aufrief. Und er versöhnte sich auch mit seinem Feind De Klerk. Ohne diese Fähigkeit zur Vergebung hätte Nelson Mandela Südafrika zu diesem Zeitpunkt in einen Abgrund stürzen können. Dieser Mann blieb aber heiter und ein großes Vorbild bis zu seinem Tod. Auch er ist ein wunderbares Beispiel für Resilienz und Kraft.

Die Fähigkeit zu vergeben führt zu Zufriedenheit – in diesem Wort findet sich der Begriff »Friede«.

(Selbst-)Vergebung lässt sich ebenfalls üben

Vergeben bedeutet nicht, jemandem einen Gefallen zu tun.
Das tut man für sich selbst und seine Gesundheit.
DESMOND TUTU

Gehören Sie zu den Menschen, die sich selbst einen Fehler, eine verpasste Gelegenheit nicht vergeben können? Auch hier ist es wichtig, in einen inneren Dialog mit sich zu treten und sich einen Fehler, eine Schuld irgendwann zu vergeben. Bedenken Sie, dass innere kritische Stimmen oft gar nichts mit der eigenen Person zu tun haben, sondern äußeren Normen oder Autoritätspersonen entsprechen, die uns unter Umständen ein Leben lang tyrannisieren und uns Vorwürfe machen. In der Psychoanalyse spricht man von dem unerbittlichen, strengen Über-Ich, einer ursprünglich äußeren Instanz, die wir verinnerlicht haben und die sehr oft dafür sorgt, dass wir weder uns noch anderen vergeben können. Verbitterung bindet wertvolle Kraft. Trennen Sie sich von der Verbitterung gegen sich selbst, das Schicksal und böse Mitmenschen – Sie werden dadurch stärker!

BODY 2 BRAIN – sich selbst vergeben lernen

- Setzen Sie sich aufrecht, konzentriert, aber entspannt hin.
- Schließen Sie die Augen und atmen Sie ruhig und regelmäßig.
- Nun überlegen Sie, welche Vorfälle, welche Fehler Sie sich selbst vergeben möchten.
- Nehmen Sie diese Erinnerungen und die damit verbundenen Gefühle fest in Ihre Hand, umschließen Sie sie – machen Sie Ihre Hand zu einer Faust, bis es fast schmerzhaft wird.
- Und dann im Ausatmen lassen Sie los. Öffnen Sie langsam die Hand, strecken Sie Ihre Finger und entlassen Sie Selbstvorwürfe, Schuldgefühle, Wut auf sich selbst, Schmerz und Scham.
- Machen Sie diese Übung mindestens dreimal.
- Legen Sie danach Ihre Hand auf die Herzgegend, auf Ihren Nervus vagus, um dem Gefühl der Ruhe, der Harmonie und des Glücks der Vergebung nachzuspüren, es zu intensivieren und über Ihren Körper in Ihren Gedächtnis- und Emotionsarealen des Gehirns zu verankern.

Wirkweise: Die verschiedenen Berührungsqualitäten – fester Faustdruck, sanfte Hautberührung – unterstützen die gedankliche Vorstellung des Ver-Gebens.

Diese Übung ist sehr hilfreich und sollte häufig wiederholt werden. Durch die bildliche Vorstellung und die gleichzeitige körperliche Aktion kommt es in Ihrem Gehirn zu einer Veränderung von alten Mustern. Neue neuronale Verknüpfungen werden geschaffen.

Allmählich werden Sie die große Tugend der Vergebung lernen, und wenn es wieder einmal nötig ist, reicht vielleicht ein kleiner Gedanke, ein kleines Ausatmen oder ein kleines Öffnen der Faust, um in einen vergebenden und damit friedlichen Zustand zu kommen.

Zugegeben: Es braucht Überwindung und Kraft zum Vergeben, aber durch die Vergebung entsteht sehr viel neue Kraft. Sie befreien sich von alten negativen Emotionen, die viel Energie verbrauchten – und vielleicht sogar Tränen fließen ließen – und Ihre Lebensenergie im Klammergriff hielten.

Die wunderbare Passage in dem Vater-unser-Gebet »und vergib uns unsere Schuld, wie auch wir vergeben unseren Schuldigern« wird leider kaum noch gebetet, geschweige denn reflektiert oder gelebt. Dabei ist sie lebenswichtig.

Es gibt zahlreiche wissenschaftliche Studien zum Thema Vergebung, die zeigen konnten, dass Menschen, die dazu bereit waren, bessere Blutdruckwerte und weniger Stresshormone hatten als jene, die in Verbitterung verharrten. Auch chronische Rückenschmerzen und Depressionen wurden durch Vergebung gelindert, und die Chronifizierung von Schmerzen konnte verhindert werden. Übergewichtige Ehefrauen in Italien wurden schlanker, nachdem sie gelernt hatten, Kränkungen, die ihnen der Partner zugefügt hatte, zu verzeihen. Wer fähig ist, zu vergeben, wird zum »guten Täter«, statt Opfer zu bleiben.

Deshalb im folgenden Kasten gleich noch mal eine Übung zum Vergeben – diesmal all jenen, durch die Sie verletzt wurden:

BODY 2 BRAIN – anderen vergeben lernen

- Überlegen Sie, wem Sie etwas nachtragen, gegen wen Sie Groll hegen, bei wem Sie auf Rache sinnen.
- Wiederholen Sie den Ablauf wie beim Sich-selbst-Vergeben. Nehmen Sie diese Personen, diese Gedanken, diese Erinnerungen und die Gefühle also fest in Ihre Hand, umschließen Sie sie und halten Sie sie fest in Ihrer Faust.
- Im Ausatmen lassen Sie los. Öffnen Sie langsam die Hand, strecken Sie Ihre Finger. Lassen Sie alles los: Zorn, Rachegedanken, diese Untat, diesen »Unmenschen«.
- Spüren Sie nach, wo in Ihrem Körper es bei der Erinnerung an das Unrecht zu welchen Wahrnehmungen kommt: Verkrampft sich Ihr Magen? Spüren Sie eine Spannung in Ihrem Kopf? Berühren Sie diese Körperregion freundlich und stellen Sie sich beim Ausatmen wieder vor, wie Sie vergeben, wie Sie loslassen.
- Stellen Sie sich Ihren Groll als eine Farbe vor, ebenso stellen Sie sich Ihre Vergebung als eine Farbe vor. Nun wiegen Sie sich bitte langsam hin und her, von rechts nach links und zurück. Schließen Sie dabei wenn möglich die Augen. Wiegen Sie sich körperlich immer mehr von der Grollfarbe in Richtung der Vergebungsfarbe.
- Sie können diese Übung mit Ihren Händen und Armen unterstützen und wie eine Dirigentin immer mehr in Richtung der Vergebungsfarbe hinweisen, auch mit wellenförmigen Bewegungen.
- Spüren Sie der zunehmenden Ruhe und Erleichterung nach, auch wenn es nur ein wenig sein sollte. Es ist ein Anfang für ein gutes Ende.
- Machen Sie diese Übung mindestens sechsmal – grundsätzlich aber ein Leben lang bei Bedarf immer wieder.

Hoffnung und Zuversicht

Und hoffen darf man alles.
SOPHOKLES

Hoffnung – ein Resilienzelixier

Für die Hoffnung möchte ich mit Ihnen wieder einen kleinen Ausflug in die Antike machen. Das lateinische Wort für Hoffnung lautet *spes*, und diese Tugend wurde in der römischen Mythologie als ein schlankes, schönes, auf den Zehen dahinschwebendes Mädchen dargestellt, mit einer Blume in ihrer Hand. Was für ein schönes Bild! Das deutsche Wort Hoffnung ist übrigens verwandt mit dem mittelniederdeutschen Wort *hopen* für »hüpfen«.

Hoffnung ist eine innere Haltung. Hoffnung bedeutet eine positive Erwartungshaltung. In der christlichen Religion, vor allem aber auch in der Medizin spielt für Kranke die Hoffnung eine große Rolle. In der Depression sind Menschen hoffnungslos, und auch in einer tiefen Erschöpfung besteht Hoffnungslosigkeit, oft kombiniert mit Ohnmacht.

Wichtig für die Resilienzforschung im Zusammenhang mit der Hoffnung ist die sogenannte Selbstwirksamkeitserwartung, die von dem Psychologen Albert Bandura in den 1970er-Jahren entwickelt wurde. Selbstwirksamkeitserwartung bedeutet, dass ein Mensch an sich glaubt, an seine Kompetenz und daran, auch in einer schwierigen Situation etwas bewirken zu können. Diese Menschen zeigen eine geringere Anfälligkeit für Angststörungen oder Depressionen und meistern Herausforderungen recht gut. Und sie lassen sich von Rückschlägen nicht entmutigen, sie haben eine hohe Frustrationstoleranz – alles Attribute der Resilienz.

Zuversicht als Lebenseinstellung

Die Zuversicht ist etwas stärker als die Hoffnung, sie ist eine Lebenseinstellung, mit der alle Dinge von ihrer besten Seite betrachtet werden. Zuversicht bezeichnet ein lebensbejahendes Grundgefühl. Zuversichtlich denkenden Menschen wird manchmal vorgeworfen, die Welt durch eine rosarote Brille zu sehen. Ihre Haltung hat aber nichts mit positiver Verblendung zu tun – sie versuchen einfach, sich nicht von den Schattenseiten deprimieren zu lassen, sondern immer die lichte Seite zu entdecken und zu nutzen.

Gute Gefühle sind letztlich stärker

Auf einer chirurgischen Intensivstation musste ich längere Zeit eine äußerst schwierige, psychotische, immer jammernde und schimpfende Patientin mitbetreuen. Da ich ein zuversichtlicher und optimistischer Mensch bin und weiß, dass dies auch den Patienten hilft, hatte ich immer wieder versucht, dieser Frau Zuversicht zu vermitteln. Eines Tages schrie sie voller Wut: »Ihre Zuversicht ist einfach nicht auszuhalten!« Spontan rutschte mir heraus: »Und ohne meine Zuversicht würde ich es hier gar nicht aushalten!« Es herrschte einen Augenblick lang Stille, dann fing sie plötzlich laut und herzhaft zu lachen an.

Eine kleine Übung zur Selbstwirksamkeit

Eine optimistische Grundeinstellung scheint auf welche Art auch immer eine Dynamik zu erzeugen, die über gute Gefühle und die entsprechende Produktion von hilfreichen Neurotransmittern zu Handlungen und Erlebnissen führt, die die gehegte Hoffnung dann auch erfüllen. Unsere Gedanken erzeugen eine Dynamik. Dazu gibt es das »Kohnstamm-Phänomen«, das ich gern in Vorträgen möglichst alle Teilnehmer machen lasse: An einem Bindfaden hängt ein einfacher Metallring. Die Teilnehmer werden von mir gebeten, diesen Ring am Faden zuerst einmal möglichst ruhig zu halten und sich dann vorzustellen, dass sich dieser Ring am Faden hin- und herbewegt. Die Vorstellung sollen sie möglichst stark werden lassen, ebenso den Willen, dass es geschehen soll. Bei 90 Prozent der Teilnehmer entwickelt sich innerhalb der nächsten 30 Sekunden bis zwei Minuten tatsächlich diese vorgestellte und gewollte Bewegung. Eine Steigerung, nämlich den Ring am Faden im Kreis drehen zu lassen, im Uhrzeigersinn oder entgegen dem Uhrzeigersinn, gelingt genauso häufig. Und diejenigen, bei denen sich gar nichts bewegt hat, sind auffallenderweise skeptisch oder glauben nicht an ihre Fähigkeiten oder an ihre Selbstwirksamkeit. Probieren Sie es einmal aus, dabei erleben Sie körperlich etwas wirklich Tolles.

> *Ich möchte Zuversicht vor allem als die Fähigkeit bezeichnen, eine Situation von allen Seiten zu betrachten, bis eine Stelle gefunden wurde, von der aus sich eine Besserung erzielen lässt.*

Eine lebensbejahende Haltung hält geistig fit

Resiliente Menschen sind grundsätzlich hoffnungsvoller, optimistischer und betrachten Situationen auf ihre Machbarkeit und Verbesserungsfähigkeit hin. Dies scheint laut einer Studie sowohl die allgemeine Gesundheit als auch die mentale Gesundheit zu erhalten: Eine zuversichtliche Lebenseinstellung schützt vor Demenz. Pessimismus dagegen ist überproportional häufig mit Depression und Herzinfarkt vergesellschaftet und wird auch im Zusammenhang mit Alzheimer-Demenz diskutiert.

Vor einigen Jahren wurde im Zusammenhang mit der Alzheimer-Forschung eine Gruppe von hochbetagten Menschen weltweit untersucht, die selbst im hohen Alter noch geistig klar waren und keinerlei Anzeichen von Demenz zeigten. Diese Personen wurden in vielerlei Hinsicht getestet, es wurden Blutuntersuchungen durchgeführt, psychologische Tests, ihre Lebensführung wurde genau beachtet. Gemeinsamkeiten ließen sich dabei kaum feststellen, die einen hatten geraucht, die anderen Alkohol getrunken, manche hatten keinen Sport getrieben, viele hatten ein schwieriges Leben geführt. Nur eine Sache war bei allen gleich: Sie waren alle lebensbejahend und optimistisch!

Zuversicht sollte Realismus bleiben

Das Angebot des Positiven Denkens, das auch als »Kraftdenken« bezeichnet wird, wird heute gern in Persönlichkeits- und Motivationsseminaren eingesetzt. Die Hirnforschung liefert durchaus Anhaltspunkte dafür, dass gewohnheitsmäßig positive Denkmuster eine gute Auswirkung auf Gehirnaktivität und Gesundheit haben. Allerdings kann es durch unkritische Anwendung auch zu einem blinden Positiv-Denken »um jeden Preis« kommen, wodurch selbst ein Realo-Optimist zum frustrierten Außenseiter wird. Nicht verwechselt werden sollte dieses Turbo-Positiv-Denken mit dem Konzept der Positiven Psychologie, einer Richtung innerhalb der Akademischen Psychologie. Sie setzt sich differenziert mit positiven Aspekten des Charakters und des Handelns auseinander.

Üben Sie Ihre Zuversicht

Betrachte immer die helle Seite der Dinge!
Und wenn sie keine haben, dann reibe die dunkle,
bis sie glänzt.

DEUTSCHES SPRICHWORT

Kleine Körperübungen und Handlungen können eine zuversichtliche Stimmung bewirken. Viele Kinder setzen sie instinktiv ein. Eine Ordensschwester, die als Erzieherin tätig ist, erzählte mir beispielsweise von einem kleinen Jungen, der immer, wenn sie mit ihm schimpfte, pfeifend vor ihr stand. Sie habe dies bisher als ein herausforderndes Verhalten betrachtet und sich darüber geärgert. Erst nach meinem Vortrag sei ihr klar geworden, dass dieser Junge einfach versuchte, durch sein Pfeifen froh gestimmt zu bleiben.

Sie können sich solche »Codes« ebenfalls aneignen, um in spannungsvolleren Momenten gewappnet zu sein und Ihren Optimismus nicht zu verlieren. Die folgenden »Übungen für mehr Optimismus« unterstützen Sie dabei.

BODY 2 BRAIN – Übungen für mehr Optimismus

- **Pfeifen:** Beim Pfeifen aktivieren Sie viele Ihrer Hirnnerven, die im Hirnstamm entspringen. Dadurch können sich andere Gehirnareale weniger mit Kummer, Grübeln oder Ärger beschäftigen. Durch das Pfeifen entsteht eine gewisse »Frechheit« gegenüber einer schwierigen, belastenden Situation. Nicht umsonst heißt es »Pfeif drauf!«
- **Hoch und höher die Arme:** »Hurra!« Dieses Siegeszeichen, das auch in Fußballstadien als La-Ola-Welle im Zustand der Freude und Begeisterung praktiziert wird, sollten Sie immer dann einsetzen, wenn Pessimismus und Hoffnungslosigkeit an Ihnen zu nagen beginnen.
- **Kopf hoch:** die Körperhaltung, die sofort Zuversicht auslöst.
- **»Aaah« sagen:** Durch das weite Öffnen des Mundes und der Kiefer kommt es zur Entspannung. »Aaah« ist ein Wohlfühllaut, der wesentlich optimistischer klingt als »Uuuh« und »Oooh« oder »Iiih«.

- **Daumen hoch:** Auch morgens, bevor Sie das Haus verlassen – am besten vor dem Spiegel. Diese kleine Siegesgeste wird Sie zuversichtlicher in die Welt hinausgehen lassen.

Sie sollten auch nicht vergessen: Das Wort »Hoffnung« kommt vom mittelniederdeutschen *hopen* (»hüpfen«). Eine Studie zum Hüpfen hat bei depressiven Herzinfarktpatienten ergeben, dass tatsächlich die, die wenigstens etwas hüpften, ihre Laune damit heben konnten. Dazu die Anregungen »Hüpfen« und »Fliegen« in den ebenfalls folgenden »Übungen für noch mehr Lebensbejahung«.

BODY 2 BRAIN – Übungen für noch mehr Lebensbejahung

- **Hüpfen:** einfach mal ein bisschen, vielleicht nach langer Zeit wieder. Zehn Zentimeter hoch geht immer. Hüpfen ist eine Aufwärtsbewegung – innerlich und äußerlich. Es setzt Endorphine und Serotonin frei und macht erstaunlich fröhlich.
- **Fliegen:** auch eine Aufwärtsbewegung und ein eventueller Ersatz, wenn Hüpfen nicht möglich ist. Bewegen Sie die Arme seitlich auf und nieder, so als ob Sie fliegen wollten. Versuchen Sie einmal, dabei zu schimpfen, zu jammern oder gar zu weinen – es ist relativ schwierig.

Frohsinn

Humor ist der Regenschirm des Weisen.
ERICH KÄSTNER

Ein fröhlicher Resilienz-Regenschirm – ein wunderbares Bild! Die Fähigkeit zu spielerischer Leichtigkeit und frohem Sinn verleiht einen ausgezeichneten Abperleffekt gegen die Widrigkeiten und Belastungen des Alltags. Wohl dem, der darüber verfügt und in dessen Ursprungsfamilie Lachen und Heiterkeit möglich waren und ihm somit zu einer zweiten Natur wurden. Aber es verhält sich wie mit allen Fähigkeiten: Dank der Neuroplastizität des Gehirns lassen sich auch spielerische Leichtigkeit und Humor nachholen und neu erlernen.

> *Humor ist die Begabung, auf Alltagsschwierigkeiten, Ärgernisse oder Herausforderungen mit heiterer Gelassenheit zu reagieren.*

Humorvolle Menschen können sich selbst das Leben leichter machen, sind aber auch eine Bereicherung für andere, denn wenn diese dafür empfänglich und dankbar sind, entstehen in ihren emotionalen Zentren durch die Erleichterung des Lachens gute Gefühle und hilfreiche Neurotransmitter.

Dass Humor nicht bedeutet, sich über andere lustig zu machen, auf Kosten anderer zu lachen oder sie zur Zielscheibe von Hohn und Spott zu machen, brauche ich wohl nicht zu erklären. Es erzeugt auch beim Spötter selbst keine guten Gefühle, denn er fühlt instinktiv, dass er etwas Verletzendes tut.

Heiter und spielerisch

Von Natur aus ist Arzt,
wer andere erheitern kann.
DEMOKRIT

Alles, was Freude macht, erzeugt natürliche antidepressive Substanzen im Gehirn. Besonders durch spielerisches Tun, das den Körper einbezieht, entsteht ein psychomentaler Zustand der Heiterkeit und Leichtigkeit. Heiterkeit wird mit frohgemuter Stimmung gleichgesetzt – dem Mut in seiner frohen Form. Die Charaktereigenschaft und der Zustand der Heiterkeit gelten im Buddhismus sogar als Zeichen der Erleuchtung.

> *Im Spiel lernt das Gehirn viele lebenswichtige Dinge: Körpergleichgewicht, Feinmotorik und Koordination, Geschwindigkeit und Beobachtungsgenauigkeit, Kreativität … Sie sollten also nie aufhören, Ihr »inneres Kind« gelegentlich auch ein wenig spielen zu lassen, und den Mut haben, spielerisch ver-rückt zu sein. Es lohnt sich für Ihr emotionales Wohlbefinden.*

Die Praxis der Heiterkeit

Damit Sie Ihr eigener Arzt für Resilienz und Lebenskraft sein können, statt sich irgendwann auf einer Psychotherapeuten-Warteliste eintragen zu müssen, hier wieder einige Übungen, von denen Sie mindestens drei am besten gleich probieren sollten.

BODY 2 BRAIN – Übungen für spielerische Heiterkeit

- Lächeln
- Lachen
- Fliegen: ein Flugzeug oder einen Vogel im Flug nachahmen
- Arme hoch: Hurra!
- Die Arme schwingen
- Gedanklich Wolken wegschieben: aufrecht, stabil und breitbeinig stehen, mit den Armen ruhige langsame »Schwimmbewegungen« machen, dabei beim Ausatmen die Arme kreisförmig nach außen öffnen und die emotionalen Wolken wegschieben
- Hüpfen, vielleicht als Hüpfspiel (Himmel und Hölle, Hickel-Kasten – Hüpfspiele sind Jahrtausende alt und werden von Kindern auf der ganzen Welt gespielt)
- Einfach mal richtig losspurten und mindestens zehn Meter sprinten
- Die Hüften beim Gehen schwingen lassen
- Singen: »Aaah ...«
- In der Hängematte liegen
- Wenn Sie die Gelegenheit zum Schwimmen haben: Hängen Sie sich in einen Schwimmreifen, lassen Sie dabei »alle viere grade sein«, schließen Sie die Augen und genießen Sie das Schweben
- Sich ins Gras legen und dabei ein wenig hin- und herrollen
- Genussvoll einen Grashalm kauen (Spaß für Ihre Hirnnerven, die am Kauen und Schmecken beteiligt sind)
- Unanständig laut in einen Apfel beißen und schmatzen
- Durch Herbstlaub hüpfen und es dabei ordentlich aufwirbeln
- Nach Schneeflocken schnappen
- Sich im Schnee kugeln
- Pfeifenderweise die Vögel nachahmen
- Bewusst Blütenduft riechen, an einer Apfelblüte knabbern

Die Liste ließe sich noch beliebig verlängern, Sie können sich auch auf meiner Website vom BODY 2 BRAIN Tipp des Monats inspirieren lassen. Aber auch dann gilt: Gönnen Sie Ihrem Körper und damit Ihren Sinnen und Ihrem Gehirn tatsächlich das Lusterlebnis. Um Sie zu Kinderspielen aus alten Tagen und zum Dranbleiben an den BODY 2 BRAIN Übungen zu ermutigen, hier der Bericht einer Frau nach einem meiner Seminare.

Spielerisch heiter statt gestresst

»Kurz nach dem BODY 2 BRAIN Seminar bei Ihnen stand bei mir die Teilnahme an einem größeren Familienfest an. Meine Verwandtschaft ist zahlreich, und die meisten meiner Verwandten haben irgendwelche Unverträglichkeiten und Spannungen miteinander. Meistens enden die Familienfeiern mit einem großen Eklat. Deshalb drücke ich mich, wo ich kann, denn jedes Familientreffen ist für mich der pure Stress. Die Teilnahme an dieser Familienfeier war aber unumgänglich, und ich habe an Ihre BODY 2 BRAIN Übungen der Heiterkeit und Leichtigkeit gedacht. Ich griff mir dann sämtliche Kinder der Verwandtschaft und bin mit ihnen die meiste Zeit durch Haus und Garten gehüpft. Wir haben die Flieger-Übungen gemacht und einen Wettkampf im Weitspucken. Meine erwachsenen Verwandten haben mich unter ›total durchgeknallt‹ einsortiert. Aber noch nie bin ich nach einer Familienfeier in den letzten zwanzig Jahren so fröhlich und beschwingt nach Hause gefahren. Ich habe wunderbar geschlafen und seltsamerweise nach langer Zeit zum ersten Mal wieder eine gelassenere Einstellung zu meiner Familie. Ich erinnere mich noch immer gern daran.«

Ihr Gehirn mag spielen

Wenn ich mein Leben noch einmal leben könnte,
wäre ich viel alberner, als ich es auf dieser Reise war.
Ich würde auf mehr Berge steigen und in mehr Flüssen schwimmen.
Ich würde im Frühling früher barfuß laufen
und im Herbst später damit aufhören.
Ich würde häufiger tanzen
und öfter Karussell fahren.
Und ich würde mehr Gänseblümchen pflücken.

Nadine Stair zugeschrieben

Bitte geben Sie sich, Ihrem Körper und Ihrem Gehirn immer wieder die Gelegenheit zum Spielen! Damit meine ich aber keinesfalls verbissenes Tennisspielen, Wettspiele im Internet, an Spielautomaten oder in Casinos. Ich meine das kindliche Spielen, das – richtig angewandt – zu Entspannung und zu Freude führt.

Das Wort »Spiel« kommt interessanterweise vom althochdeutschen Wort *spil* für »Tanzbewegung«. Während Kinder meist sofort zum Spielen bereit sind, sind Erwachsene zurückhaltend, kontrolliert. Wie schade! Denn gerade durch lustvollen spielerischen Körpereinsatz wird jener Flow erreicht, der zu einer großen Ausschüttung von Endorphinen, Serotonin und weiteren »berauschenden« Neurotransmittern führt.

Gerade in schwierigen Zeiten und bei länger dauernden Belastungen sollten Sie kindliche Spieleinheiten unbedingt in jeden Tag einbauen gegen Verzagtheit, Verbitterung, Depression oder Explosion. Daher hier gleich – denn wann sonst, wenn nicht jetzt gleich? – die passenden BODY 2 BRAIN Übungen.

BODY 2 BRAIN: Spielerisch leicht

- Blasen Sie Ihre Wangen auf und machen Sie große Augen.
- Wackeln Sie ein wenig mit dem Kopf.
- Stehen Sie schwungvoll auf und drehen Sie sich einmal um sich selbst, einmal nach rechts und einmal nach links.
- Machen Sie mit Ihrem Schreibtischstuhl eine kleine Karussellfahrt.
- Beim Gang durchs Zimmer setzen Sie kleine Schritte und große Schritte im Wechsel. Oder Sie setzen Ihre Füße über Kreuz versetzt auf oder gehen mal rückwärts.
- Jonglieren Sie einen Kugelschreiber auf der Hand.
- Werfen Sie einen Kochlöffel in die Luft – und fangen Sie ihn wieder auf.
- Klopfen Sie mit den Fingern den Takt zu einem Lieblingslied aus fröhlichen Tagen.
- Entern Sie draußen auf einem Spielplatz mal eine Schaukel und schaukeln Sie.
- Einfach mal die letzte Treppenstufe runterhüpfen.
- Balancieren Sie auf einer Bordsteinkante.
- Und wagen Sie unbedingt – egal ob in der Wohnung oder im Büro, wenn's keiner sieht, allein oder auch zu zweit – ein Tänzchen.

All diese Bewegungsübungen sind für Ihren Körper eine beschwingte Abwechslung und ein Entkommen aus Alltagsroutine und Zwängen. So wird das auch vom Gehirn wahrgenommen und lustvoll mit entsprechenden Neurotransmittern belohnt. Es sind sensomotorische Spiele, durch die Lebenslust entsteht. Und vielleicht das Vorspiel zu weiteren Möglichkeiten der schönen Lust.

Die Zauberkraft der Schönheit

Schönheit bändigt allen Zorn.
JOHANN WOLFGANG VON GOETHE

Die Augen wieder öffnen

Schönheit hat für die Resilienz eine große Bedeutung. Das wird spätestens dann klar, wenn im Zustand von Erschöpfung, Verzweiflung oder Depression die Fähigkeit für das Erkennen und Genießen von Schönheit verloren gegangen ist.

Die Anfahrt zu meiner Praxis führt durch eine paradiesisch schöne oberbayerische Landschaft. Und der gewundene Gartenweg zu meinem Praxiseingang ist ein »Weg der Sinne«, auf dem sich vielfältige Schönheit für Augen, Ohren oder die Nase anbietet: Vogelgezwitscher, der Duft von Jasmin … In meinem Therapieraum setzen sich diese Sinneseindrücke fort. Manche meiner Klienten stolpern oder hetzen am Anfang nur einfach zur Tür herein. Nach einem gewissen Behandlungszeitraum verändert sich dieses Eintreffen: Sie kommen rechtzeitig und sitzen während der Wartezeit gern noch etwas draußen im Garten, beginnen Einzelheiten zu sehen und zu genießen, sie haben wieder Augen für die Schönheit.

> *Schönheit wieder wahrnehmen zu können, ist einerseits ein Hinweis auf einen Regenerations- oder Heilungsprozess, andererseits ist es ein Beweis für den Zusammenhang zwischen Schönheit, guten Gefühlen und psychomentaler Gesundheit.*

Der deutsche Philosoph Alexander Baumgarten gilt als Begründer der Philosophischen Ästhetik, die aber schon in der Antike zahlreiche Denker beschäftigt hatte. Er definierte Schönheit als »die Vollkommenheit sinnlichen Erkennens«. Was mich daran als Neurologin und Psychotherapeutin begeistert, ist die Bestätigung dieser vielleicht als weltfremdes Philosophieren abgetanen Behauptung durch die Forschungsergebnisse der Neuroästhetik. Wahrnehmungspsychologie, Evolutionsbiologie und Hirnforschung arbeiten in diesem Bereich eng zusammen, und die Wirkungen der Schönheit auf das Gehirn werden exakt mit Kernspintomografie und EEG (Elektroenzephalografie) dargestellt. Der Mediziner und Neurobiologe Semir Zeki, Professor für Hirnforschung am University College London, sieht Schönheit im Zusammenhang mit Kunst als »Ausdruck der enormen Vielseitigkeit des Gehirns«. MRT-gesicherte Tatsache ist: Bei der Beschäftigung mit Schönheit wird in Ihrem Großhirn ein ganzes Netzwerk von Neuronen aktiviert. Und – das ist der wichtige Nachweis für die Beeinflussung von Gefühlen durch Schönheit – diese Aktivierung wird weitergeleitet in den Bereich Ihrer emotionalen Zentren, unter anderem in die Amygdala, den Mandelkern.

Heilkraft Natur

Das Beste im Leben ist,
Verständnis für alles Schöne zu haben.
MENANDER

Wenn Sie Ihre Resilienz trainieren wollen: Beschäftigen Sie sich mit Schönheit in jeder Form. Sie erleben dadurch Freude und fühlen sich glücklich, und dies wiederum führt zur Produktion von Serotonin. Ob Sie gute Musik hören, ein schönes Bild oder ein gelungenes Foto anschauen, ein Feuerwerk oder einen Palast bewundern – alles Schöne, das Sie über Ihre Sinne aufnehmen, wird Ihnen guttun.

Die größte heilende und die Resilienz fördernde Schönheit aber werden Sie in der Natur erleben – und wahrscheinlich spüren wir das alle instinktiv, denn sonst würden nicht jedes Wochenende Menschenmassen in die Natur hinausströmen. Natur fasziniert und weckt Empfindungen. Ihr Gehirn und Ihre Neuronen können sich geradezu berauschen an einem Sonnenuntergang, am Blumenduft, an einer Sternennacht, an einer Bergwanderung. In der Wald- und der Erlebnispädagogik wird unter anderem mit diesen Natur-Schönheitserlebnissen gearbeitet, um Kinder und Jugendliche, vor allem auch traumatisierte Kinder, zu fördern und zu stabilisieren.

Wahrscheinlich umgeben sich deshalb auch manche Büromenschen mit Pflanzen und kluge Unternehmen gestalten für ihre Mitarbeiter schöne Innenhöfe. Eine Studie des Umweltmediziners Hans Drexler von der Universität Erlangen-Nürnberg hat gezeigt: Menschen in grünen Büros konnten sich besser konzentrieren, Testaufgaben schneller und mit weniger Fehlern lösen und waren zufriedener als eine Vergleichsgruppe ohne Pflanzen in den Büros (»Süddeutsche Zeitung« vom 2. Januar 2015).

Die BODY 2 BRAIN Übungen lassen sich übrigens wunderbar in der Natur bei einem Spaziergang oder bei einer kleinen Rast ausführen. Ein schönes Beispiel dafür ist der Gute-Laune-Weg in Bad Feilnbach, ein lustvoller BODY 2 BRAIN Trimmpfad am Bach entlang, mit Blick auf die Berge. Aber sogar allein die gedankliche Vorstellung von Natur kann schon helfen, wie die folgende Übung zeigt.

BODY 2 BRAIN – (Natur-)Schönheit mit allen Sinnen fühlen

- Schließen Sie – nach dem Lesen dieses Textes – einen Augenblick die Augen und nehmen Sie eine entspannte Position ein.
- Atmen Sie genussvoll ein und aus und stellen Sie sich in Gedanken das Plätschern eines Baches vor.
- Spüren Sie auf Ihrer Haut ein wenig Sonnenwärme, einen zarten Lufthauch.
- Wiegen Sie sich dabei etwas hin und her.
- Spüren Sie den Wind auf Ihrer Haut?
- Welche Farbe in Ihrem Bild der Schönheit ist vorherrschend?
- Welchen Wohlgeruch nimmt Ihre Nase wahr?
- Was sehen Sie in Gedanken, was Ihnen gefällt?
- Gibt es eine Stelle an oder in Ihrem Körper, wo dieses Naturbild jetzt ein Wohlempfinden auslöst? Berühren Sie diese Stelle sanft und tun Sie dies auch, wenn Sie sich das nächste Mal gestresst fühlen.

Richten Sie Ihre Aufmerksamkeit auf Schönes

Schön ist eigentlich alles,
was man mit Liebe betrachtet.
CHRISTIAN MORGENSTERN

Wenn Sie sich in einer Lebens- oder Arbeitssituation befinden, in der Sie wenig Schönes erleben, hören, sehen, tun: Machen Sie sich bewusst, dass dies ein Stressfaktor für Ihre Sinne, Ihr Gehirn und Ihre psychomentale Gesundheit ist. Je mehr Abscheuliches oder Abstoßendes Sie erleben müssen, desto mehr werden Sie belastet.

Psychische Erschöpfung hat meistens auch mit einer Anhäufung von »unschönen« Situationen und Erlebnissen und der Abwesenheit von schönem Ausgleich zu tun. Oft einfach deswegen, weil Freizeit fehlt. Im Extremfall können Sie durch das Erleben von »Hässlichem« auch traumatisiert werden, wenn Sie zum Beispiel unfreiwillig Zeuge eines schweren Unfalls oder eines Attentats werden.

Wenn Sie klug und resilient sind, werden Sie nach dem Erleben von Hässlichem bewusst und umgehend psychomentale Selbstfürsorge betreiben. Und vielleicht auch schon prophylaktisch, wenn Sie ahnen oder wissen, dass Situationen auf Sie zukommen, in denen beim besten Willen nichts Schönes zu finden ist.

Erste Regel: Vermeiden Sie »Hässlichkeiten« aller Art. Falls Sie es noch nicht bemerkt haben, Sie sind auf eine teilweise sehr subtile Art umgeben von Hässlichem aller Art und von dessen negativem Einfluss bedroht.

Bad news are good news? Das mag für die Berichterstattung und die damit verbundenen Absatzzahlen von Zeitungen oder Einschaltquoten von TV-Sendern gelten, nicht aber für Ihr Gehirn, nicht für Ihre Gesundheit. Jeden Tag werden Sie mit einem Meteoritenhagel von Berichten über Mord, Terror, Krieg, Seuchen, Intrigen und Geldentwertung bombardiert. Das ist in dieser Häufung (siehe Kapitel »Mäßigung und Selbstkontrolle«) selbst für einen stabilen Menschen nicht empfehlenswert.

Wenn Sie aber bereits angeschlagen oder kraftlos sind, sich in einem Krisenmodus oder bereits in einer beginnenden oder vollständigen Dekompensation befinden, ist die Wahrnehmung von Schönheit sowieso schon eingeschränkt. Dann raubt Ihnen die ständige Konfrontation mit negativen Sinneseindrücken im wahrsten Sinn des Wortes »den letzten Nerv«.

Schalten Sie daher immer wieder um auf Schönheit. Das geht auch mit den Möglichkeiten der modernen Medien. Das schwedische Fernsehen hatte die höchsten Einschaltquoten, als es eine Woche lang ganztags (!) nichts anderes als die Liveschaltung der Hurtigruten-Linie zeigte: vorüberziehende Landschaften, Menschen in den Häfen, Seevögel und Wale.

Schöne und ruhige visuelle Eindrücke werden vom Sehnerv in die Sehrinde des Gehirns übertragen, verarbeitet und dann in sämtliche Bereiche des Gehirns – also auch in die emotionalen Bereiche – weitergeleitet. Das Ergebnis: Die Gehirnaktivität schaltet in einen ruhigeren Rhythmus, der dem Gehirn eine kleine »Verschnaufpause« gönnt. Es produziert dabei entsprechend gute Neurotransmitter.

> *Das Gehirn merkt sich jedes Erleben – das Hässliche und das Schöne – und reagiert langfristig und nachhaltig darauf. Schönheit hat heilende Wirkung.*

Machen Sie also in Zeiten besonderer Belastung einen großen Bogen um alles Unschöne und versorgen Sie Ihre Sinne, Ihren Geist und Ihr Gehirn bewusst mit Schönheit in vielfacher Form. Ich meine damit nicht einen materiellen Kaufrausch, der nachweislich wie jeder Rausch nach seinem Abklingen ein Gefühl der Scham hinterlässt. Ich meine vielmehr eine umgehende und kostenlose »Schönheits-Infusion«. Mit BODY 2 BRAIN kein Problem:

BODY 2 BRAIN – Aufmerksamkeit für das Schöne

- Atmen Sie tief und langsam ein und wenden Sie dabei langsam den Kopf nach rechts.
- Blicken Sie aufmerksam nach rechts, lassen Sie Ihre Augen wandern, bis Sie etwas Schönes oder Interessantes sehen. Betrachten Sie dies mindestens 30 Sekunden lang und atmen Sie dabei genussvoll langsam ein und aus.
- Lächeln Sie diesen Gegenstand an, nicken Sie ihm freundlich zu.
- Atmen Sie nun wieder langsam und bewusst ein und wenden Sie dabei den Kopf nach links. Auch Ihre Augen und Ihr Blick wandern dabei nach links, bis Sie wiederum etwas Schönes oder Interessantes sehen.
- Betrachten Sie auch dieses Objekt mindestens 30 Sekunden lang und atmen Sie dabei genussvoll langsam ein und aus.
- Lächeln Sie diesen Gegenstand an, nicken Sie ihm freundlich zu.
- Wenn möglich, berühren Sie ihn.
- Versuchen Sie, seinen Geruch wahrzunehmen oder sich einen passenden Geruch dazu vorzustellen.
- Berühren Sie nun eine Stelle Ihres Körpers, die Sie als repräsentativen Ort für die wahrgenommene Schönheit empfinden.
- Machen Sie die Übung möglichst dreimal hintereinander.

Diese kleine Schönheits-Aufmerksamkeits-Übung entfaltet eine große und sofortige Wirkung in Ihrem Gehirn. Allein die Bewegungen – Kopfwendung und Augapfelbewegung, Muskelaktivität beim Lächeln und Nicken – aktivieren zahlreiche Areale Ihrer motorischen Großhirnrinde, jedoch auch in Ihrem Kleinhirn. Die Fokussierung und Konzentration auf den als schön empfundenen Gegenstand ist eine hoch anspruchsvolle Leistung Ihres Großhirn – ein ganzes Netzwerk von Neuronen ist in diesem Augenblick aktiv. Die Verarbeitung des Eindrucks zusammen mit den positiven Körperaktivitäten Lächeln, Nicken und ruhig Atmen führt zu einem guten Gefühl: Freude über die Schönheit, die Sie entdeckt haben. Das erzeugt natürlich positive Neurotransmitter wie Serotonin.

Wenn Sie diese Übung oft machen, werden Sie feststellen: Schönheit findet sich überall. Das gilt natürlich nicht nur für Ihre Augen, sondern auch für Ihre anderen Sinnesorgane: Schönes zu hören, Schönes zu riechen, Schönes zu schmecken führt über Neuronenvernetzungen immer zu psychomentaler Stabilisierung. Schönheit immer wieder zu entdecken und sie durch Übungen zu intensivieren, wird Ihnen auch helfen, die vorgestellten Tugenden Optimismus und Dankbarkeit in sich zu stärken. Die vermehrte Aufmerksamkeit für all das Schöne in der Welt wird Ihre Resilienz enorm fördern. Wie schon Fjodor Dostojewski sagte: »Die Schönheit rettet die Welt.«

Lassen Sie uns, gestärkt und gefestigt im Geist und im Herzen, gemeinsam die Schönheit und die Welt retten!

Resilienz alltäglich kultivieren

Fassen Sie einen festen Vorsatz!

Vieles geht in der Welt verloren,
weil man es zu geschwind für verloren gibt.
Johann Wolfgang von Goethe

Durchhaltekraft ist ein Kennzeichen resilienter Menschen, aber umgekehrt gilt auch: Wenn Sie Ihre Durchhaltekraft trainieren, verbessern Sie damit Ihre Resilienz. Und was könnte besser sein, als die Durchhaltekraft gleich damit zu stärken, an den Resilienzübungen dieses Buches dranzubleiben und diese Chance auf mehr Kraft im Leben tatsächlich zu nutzen? Integrieren Sie also Ihr Resilienztraining in Ihren Tagesablauf!

Ihr Resilienztraining

- Eliminieren Sie, was schwächt, nutzen Sie, was stärkt. Im Kapitel »Was stärkt uns, was schwächt uns?« finden Sie dazu viele Anregungen.
- Entwickeln Sie gezielt »Resilienz durch Charaktertugenden«. Anregungen dazu finden Sie im gleichnamigen Kapitel.
- Etablieren Sie ein Morgen- und ein Abendritual (siehe die beiden folgenden Unterkapitel).
- Nutzen Sie kleine BODY 2 BRAIN Übungen zwischendurch (siehe auch Unterkapitel »Ein Alltagsritual – ganz nebenbei«).
- Für alle Fälle: »Ihr BODY 2 BRAIN Resilienz-Notfallkoffer« am Ende dieses Buches.

In diesem abschließenden Buchteil soll es weniger darum gehen, dass Sie neue Informationen erhalten. Vielmehr möchte ich Ihnen ein paar Hinweise geben, wie Sie das Resilienztraining zu einem selbstverständlichen Teil Ihres Alltags machen können. Dranbleiben ist das A und O.

Eine der besten Übungen für mehr Durchhaltekraft sind meiner Einschätzung nach Vorsätze. In jeder Psychotherapie und bei jedem guten Coaching werden Vorsätze formuliert und dann Schritt für Schritt umgesetzt.

> *Verlassen Sie die alten Neuro-Trampelpfade und formulieren Sie Ihren Vorsatz: »Ich werde ab heute täglich etwas für meine Resilienz und Lebenskraft tun und dafür morgens xx Minuten und abends yy Minuten trainieren. Ja, das bin ich mir wert!«*

Bleiben Sie dran. Sobald Sie ein paar Tage dabeigeblieben sind, spüren Sie bereits die Vorteile, die das Durchhalten hat:

- Es entsteht eine Bewusstheit Ihres Könnens.
- Sie haben Erfolgserlebnisse.
- Sie erwerben neues Wissen und neue Erfahrungen.
- Ihre Würde wächst ebenso wie das Gefühl, die Kraft und die Macht zu haben, das auszuführen, was Sie wollen.
- Das wiederum sorgt für die guten Gefühle Stolz, Freude und Lust – Wohlgefühle, die zudem gegen Stress, Angst und Depression wirken.
- Und: **Sie spüren, wie Ihre Resilienz zunimmt.**

Ein Kraftritual am Morgen

Morgen für Morgen kommt man zur Welt.
EUGÈNE IONESCO

Beenden Sie den Teufelskreis

Wie kommen Sie denn morgens zur Welt? Wie beginnen Sie Ihren Tag? Mich interessieren dabei alle Einzelheiten von dem Augenblick an, in dem Sie die Augen aufschlagen, bis zu dem Augenblick, in dem Sie Ihre Arbeit beginnen. Vor allem aber interessieren mich Ihre ersten zehn Minuten nach dem Aufwachen, denn diese sind durchaus entscheidend dafür, wie der große Rest Ihres Tages abläuft.

Gehören Sie zu den Menschen, die mehrfach auf ihren Wecker einschlagen, um ein paar Minuten Schlaf kämpfen, um dann aufzuspringen (weil sie nun doch knapp in der Zeit sind), schnell Morgentoilette und Frühstück erledigen – oder gar nicht frühstücken – und dann zu ihrer Arbeitsstelle eilen? Vielleicht gehören Sie auch zu denen, die sofort nach dem Aufwachen mit Grauen an die Aufgaben des Tages denken? Vielleicht ärgern Sie sich über die Verspätung des Zuges, den Stau, das Warten vor jeder roten Ampel (natürlich sind alle Ampeln an diesem Tag, nur um Sie zu quälen, auf Rot gestellt) und kommen bereits erschöpft an? Wenn Ihr Morgenritual so oder so ähnlich aussieht: Beenden Sie es möglichst schnell!

Ein freudloses, ärgerliches oder hastiges Aufwach- und Aufstehmuster stimmt Sie bereits negativ ein und macht Sie empfänglich und empfindlich für externen Stress. Üben Sie daher bewusst ein Morgenritual ein, das Sie entspannt, stärkt und mit Freude auf den Tag erfüllt.

Wieso spreche ich von einem Teufelskreis? Wenn Sie morgens gleich in Hetze und Ärger geraten, produzieren Sie zusätzlich zum für das morgendliche Wachwerden nötigen Cortison der Nebenniere eine große Menge an Ärger-, Sorgen- und Hektik-Cortisol. Das pumpen Sie in Ihren Körperkreislauf mit der Folge, dass Sie am späten Vormittag schon erschöpft, nachmittags kaum noch ansprechbar und abends komplett erledigt sind. Und wenn Sie den Tag dann noch mit der Erkenntnis beschließen, dass das ein Sch…tag war und Sie sich bereits vor dem nächsten fürchten (und dann vielleicht nicht schlafen können), haben Sie den Teufelskreis vollendet und für viele schlechte Gefühle und Stresshormone gesorgt, die Sie anfällig machen für Erschöpfung, Depression & Co. Ein Resilienztraining ist das genaue Gegenteil davon – und es beginnt an jedem Morgen.

Entwickeln Sie Ihr Morgenritual

Ein guter Tag fängt morgens an.
SPRICHWORT

Stärkende Morgenrituale werden in vielerlei Form, in zahlreichen Religionen zelebriert: in christlichen und buddhistischen Klöstern, von gläubigen und nicht gläubigen Menschen. Jeder, der gesund bleiben und resilient werden will, sollte sein eigenes finden und praktizieren.

> *Entwickeln Sie ein Resilienz-Morgenritual, um die Kraft, die durch den Schlaf entstanden ist, gut für den Tag und für Ihr körperliches und mentales Wohlbefinden nutzen zu können.*

Gestatten Sie Ihrem Körper und Ihren Nervenzellen einen stufenweisen Einstieg in den Tag. Selbst Ihr Auto werden Sie morgens nicht mit einem Schnellstart von 0 auf 150 bringen und vom ersten Gang sofort oder ganz schnell in den fünften hochschalten – Sie wissen, dass Sie damit Ihren Motor schädigen. Bedenken Sie, dass es sich mit Ihrem Organismus nicht anders verhält. Mit dem feinen Unterschied, dass er unbezahlbar ist. Beginnen Sie den Tag also langsam und genüsslich.

Probieren Sie das nachfolgende »Morgenritual beim Aufstehen«. Für einen solchen Tagesbeginn braucht es fast keine zusätzliche Zeit, aber Sie erleben den Tagesstart mit Genuss und in Fürsorge für sich selbst. Durch die kleinen Körperübungen entsteht viel Gutes: Zum einen bringen Sie tatsächlich Ihren Kreislauf, Ihren Blutdruck, Ihre Herzfrequenz langsam und angemessen auf Touren. Durch die Rechts-Links-Bewegungen, vor allem durch das Hin- und Herwiegen, bringen Sie aber auch Ihre Stimmung und Ihre Gedanken in einen ausgewogenen Zustand, in einen ruhigen Rhythmus. Und da Sie sich in diesem Zustand gedanklich bereits mit Ihren anstehenden Tagesaufgaben beschäftigen, kann Ihr Gehirn (teilweise unbewusst) bereits gute Lösungen erarbeiten. Insgesamt entsteht dadurch eine emotionale Stabilisierung. Wenn Sie beim Hin- und Herwiegen, beim genussvollen Dehnen und Strecken dann auch noch überlegen, welche Eigenschaft Sie für die Bewältigung dieses Tages besonders brauchen – beispielsweise Gelassenheit – und dazu ein Bild entwickeln, fangen bestimmte Bereiche in Ihrem Gehirn an, sich darauf zu fokussieren und brauchbare Strategien und ein Ihnen gar nicht bewusstes, aber effektives Programm zu entwickeln.

BODY 2 BRAIN – Morgenritual beim Aufstehen

- Genießen Sie nach dem Aufwachen bewusst noch für einen Moment die angenehme Wärme Ihres Bettes.
- Dehnen und strecken Sie sich genüsslich unter der Bettdecke.
- Bewegen Sie beidseitig Ihre Finger zuerst ganz leicht, dann etwas lebhafter. Machen Sie das Gleiche mit den Zehen und dann rollen Sie ein bisschen die Fußgelenke.
- Jetzt streichen Sie – immer noch genüsslich – mit sanfter Kraft über Ihre Brust, über Ihren Bauch, die Oberschenkel, die rechte Hand kann den linken Arm entlangstreifen und umgekehrt.
- Vielleicht müssen Sie jetzt herzhaft gähnen und wollen sich dabei noch mehr strecken und dehnen und recken. Genießen Sie es!
- Nun wälzen Sie sich im Bett leicht hin und her – drehen Sie sich von der rechten auf die linke Seite und wieder zurück, entwickeln Sie einen schönen Wiegerhythmus zur bilateralen Stimulation.
- Stellen Sie sich vor, dass Sie sich dabei in einer magischen Substanz ein wenig hin- und herwälzen, die Ihnen eine feste Resilienzhaut gibt: eine Haut, an der die Schwierigkeiten des Tages abperlen, ohne sie zu verletzen.
- Überlegen Sie nun in aller Ruhe, welche Fähigkeiten Sie für diesen anstehenden Tag brauchen, für die Aufgaben, die heute auf Sie zukommen. Entwickeln Sie ein Bild dazu, eine Farbe – dehnen und strecken, rekeln Sie sich weiterhin und wiegen Sie sich auch weiterhin im Rechts-Links-Rhythmus hin und her. Atmen Sie bei alledem tief und ruhig durch.
- Jetzt beginnen Sie mit größeren, kraftvolleren Bewegungen von Armen und Beinen, auch das sich Hin- und Herwiegen im Bett wird jetzt kraftvoller – und schließlich bringen Sie sich mit einem Schwung aus dem Bett heraus.
- Nun im Stehen nochmals dehnen und strecken und gähnen und dann im Gehen aktiv mit den Hüften schwingen.

Das Gähnen dehnt und lockert Ihre Kiefermuskulatur und löst dabei vielleicht auch Verspannungen nach nächtlichem Zähneknirschen oder Albträumen. Vor allem setzt sich aber dieser Lockerungs- und Dehneffekt in Ihrem Gehirn fort und führt dazu, dass Sie den Tag gelassener angehen.

Im Bad folgt dann ein weiteres wichtiges Ritual, das Sie bereits kennen. Es ist der freundliche Begrüßungsblick in den Spiegel (siehe nachfolgende Übung »Morgenritual im Bad«). Ich hoffe sehr, dass Sie sich wirklich morgens im Spiegel freundlich zunicken und sich fröhlich zulächeln – gleichgültig, ob Ihre Haare zu Berge stehen und Sie von einem Sieg beim Schönheitswettbewerb noch weit entfernt sind. Egal! Wenn Sie sich einen freundlichen und anerkennenden Blick zuwerfen, sich ein Lächeln und eine Anerkennungsgeste im Spiegel gönnen, werden durch die Spiegelneuronen in Ihrem Gehirn sofort auch freundliche Gefühle und somit gute Neurotransmitter produziert. Durch Selbstakzeptanz entstehen gute Gefühle, gute Laune und Resilienz.

BODY 2 BRAIN – Morgenritual im Bad

- Schauen Sie in den Spiegel, nicken Sie sich wertschätzend, anerkennend und vor allen Dingen aufmunternd zu.
- Lächeln Sie sich an und winken Sie sich zu.

Kommen Sie morgens bewusst körperlich und lustvoll in die Gänge, stimmen Sie auch Ihr Gehirn lustvoll auf den Tag ein. Sie programmieren über den Körper die Gefühle in Richtung Zuversicht und Kraft. Wenn Sie dies jeden Morgen machen, wird ein neues Muster entstehen. Am Anfang kann es eine Überwindung bedeuten, nach einem Monat wird es Ihnen leichter fallen und irgendwann selbstverständlich sein. Mir ist es so ergangen, und hätte ich früher damit begonnen, hätte ich mir manche Mühsal ersparen können.

Ein Kraftritual am Abend

Die Nacht ist der einzige Ort,
an dem ich mich von der Finsternis erhole.
© Elmar Kupke und Hans-Christoph Neuert

Auch hier: Raus aus dem Teufelskreis!

Was machen Sie am Ende eines Tages? Und vor allem: Wie machen Sie es? Essen, Freunde, Sport, Fernsehen, Internet? Die To-do-Liste für den nächsten Tag zusammenstellen und sich Sorgen machen, ob das zu schaffen ist? Zwei Gläser Wein trinken (man gönnt sich ja sonst nichts, und überhaupt ist Alkohol gut zum Einschlafen) und dann lange nicht einschlafen können? Oder vielleicht immer wieder aufwachen und nicht mehr einschlafen können, Herzklopfen bekommen, immer unruhiger werden und sich dem kommenden Tag und den Aufgaben einfach nicht gewachsen fühlen? Wenn es so oder so ähnlich läuft, sind Sie ebenfalls in einem Teufelskreis gefangen.

Es gibt abends so viele wunderbare und einfache Gelegenheiten, sich zu regenerieren und sich auf einen herrlichen, regelrechten Heilschlaf vorzubereiten. Machen Sie ernst und etablieren Sie ein Resilienz-Abendritual!

Es geht zum Glück wirklich anders – ohne große Mühen: Schon auf dem Nachhauseweg sollten Sie beginnen, einen freundlichen und anerkennenden Dialog mit sich zu führen: »Dies und jenes hast du heute geschafft, gut gemacht!« »Du hast in der Mittagspause ein paar BODY 2 BRAIN Übungen gemacht, das hat sich gut angefühlt. Super!« Sollten Sie mit sich unzufrieden sein, richten Sie Ihr Augenmerk vor allem auf das, was Ihnen heute gelungen ist – irgendetwas gibt es immer. Indem Sie Ihre Gedanken in Richtung der guten Erinnerungen und der Anerkennung lenken, produziert Ihr Gehirn dadurch bestimmte Neurotransmitter, die antidepressiv wirken, beruhigend und stimmungsaufhellend.

Langsam runterschalten

Zu Hause sollten Sie in Ruhe eine Kleinigkeit essen, eine leichte, eiweißreiche Mahlzeit mit etwas Kohlenhydraten und wenig Fett. Machen Sie anschließend wenigstens einen kleinen Spaziergang, um nochmals etwas frische Luft einzuatmen und Ihren Organismus, vor allem Ihr Gehirn, mit Sauerstoff zu versorgen. Machen Sie dabei mit dem Sammeln von guten Tagesereignissen weiter. Gehen Sie langsam und genussvoll – schlendern Sie, wiegen Sie sich etwas in den Hüften.

Wenn Sie abends joggen: wunderbar. Aber es sollte mindestens drei Stunden vor dem Zubettgehen passieren. Stellen Sie sich beim Laufen am besten bildlich vor, wie Sie Tagesärger und Stress einfach an einer Ecke stehen lassen, davonlaufen und dabei zumindest schmunzeln: Ätsch! Und am Ende des Joggens:

langsame Gangart, genussvolles Schlendern – Runterfahren. Jedes Rennpferd wird am Ende eines Rennens ausgiebig ruhig bewegt, um die Stresshormone abzubauen, es wird nicht sofort in den Stall gestellt – mindestens so gut sollten Sie mit Ihrem wertvollen Gesamtorganismus auch umgehen. Denn ansonsten sind Ihr Körper und Ihr Gehirn noch zu sehr in der schnellen Gangart, die Sie wahrscheinlich auch tagsüber eingeschlagen hatten. So wie Sie morgens langsam in die Gänge kommen, sollten Sie abends langsam Gang um Gang zurückschalten.

Vermeiden Sie abends vor allem Reize wie aufwühlende Fernsehsendungen oder Nachrichten, langes Surfen an Ihrem PC – durch die im Bildschirm verwendete Lichtfrequenz wird Ihr Sehnerv sehr aktiviert und kann nicht rechtzeitig beginnen, das für den Schlaf unbedingt erforderliche Melatonin zu produzieren.

Tagebuch der Freude

Wenn Sie es besonders gut mit sich meinen, beginnen Sie mit einem »Freudetagebuch«, das Sie speziell abends führen. Kaufen Sie sich ein schönes kleines Buch und tragen Sie allabendlich handschriftlich ein, was Sie heute an Schönem erlebt haben, was Ihnen Freude gemacht hat, was Sie glücklich gemacht hat. Machen Sie dies wirklich regelmäßig, selbst wenn es nur ein kleiner Eintrag ist.

Sie können dann abends auch einmal zurückblättern, sich die Eintragungen der Tage zuvor anschauen – Sie werden damit Ihrem Gehirn viel Gutes tun. Es entsteht ein Gefühl der Zufriedenheit, vielleicht sogar der Beglückung. Dies führt natürlich – wie Sie mittlerweile wissen – zur Produktion von »guten« Neurotransmittern, die Ihnen helfen werden, hervorragend zu schlafen.

Das Freudetagebuch ist übrigens wissenschaftlich gut erforscht. Die effektive Verbesserung der Stimmung und die mentale Stabilisierung sind eine Tatsache. Und natürlich können Sie es gleich damit verbinden, die Tugend der Dankbarkeit in Ihnen auszubauen, indem Sie mindestens einen Dank zu den positiven Vermerken hinzusetzen.

Das Reinigungsritual

Wenn Sie abends duschen, baden, sich waschen: Machen Sie daraus ein körperliches, emotionales und mentales Reinigungsritual – und damit auch ein sinnliches Erlebnis. Stellen Sie sich vor, wie Sie allen Kummer, allen Mist, alle Kränkungen und all den Ärger mit Seife und warmem Wasser wegspülen. In diesem Augenblick können Sie den Lotos-Abperleffekt bewusst sensorisch wahrnehmen. Nehmen Sie am besten auch ein duftendes »Waschmittel«, denn über Ihren Riechnerv wird ein angenehmer Duft sofort in tiefe emotionale Zentren Ihres Gehirns geleitet – was wiederum über Neurotransmitter beruhigend, stimmungsaufhellend und tröstend wirkt. Die Berührung Ihrer Haut durch das warme Wasser und die Hände wird von den Hautnerven ebenfalls ans Gehirn und die emotionalen Zentren geleitet mit dem Ergebnis: psychomentales Wohlbefinden und weitere Beruhigung. Bleiben Sie deshalb ruhig genüsslich ein Weilchen unter der Dusche stehen. Wenn Sie sich dabei noch etwas hin- und herwiegen, wird der Effekt durch diese beruhigende Bewegung verstärkt.

Oder, erinnern Sie sich daran? Sie können den Wasserstrahl der Dusche in einem Rechts-Links-Rhythmus über Ihre Stirn gleiten lassen. Diese bilaterale Stimulation beruhigt vor allem im Bereich des Stirnhirns die logischen und kritischen Zentren, die zum Grübeln neigen. Nicht viel anderes geschieht übrigens bei den ayurvedischen Stirn-Öl-Güssen. Die können Sie sich ganz preiswert jeden Tag selbst machen.

Das »Salbungsritual«

Schon in den frühen Kulturen Mesopotamiens und Ägyptens wurden duftende Öle oder Balsame zu Heil- und Pflegezwecken angewendet. In vielen Religionen spielt heute noch die Salbung eine große Rolle: Sie wird als Mittel der Stärkung und

Ermutigung eingesetzt. In der katholischen Kirche spricht der Priester die Worte: »Durch diese heilige Salbung helfe dir der Herr in seinem reichen Erbarmen, er stehe dir bei mit der Kraft (!) des Heiligen Geistes …«

Ich bin immer wieder begeistert, wenn in Religionen körperorientierte Rituale zelebriert werden: BODY 2 BRAIN in Reinkultur! Durch die Öle auf der Haut entsteht ein Lotos-Abperleffekt. Nutzen Sie diese Möglichkeit: Verteilen Sie die Creme erst einmal achtsam zwischen Ihren Handflächen, dadurch stimulieren Sie Ihre Handnerven und wärmen gleichzeitig die Creme etwas an. Und dann: mit liebevollen Berührungen langsam und bewusst den Körper mit »Heilsalbe« behandeln, dabei ruhig atmen, den Geruch genießen, die Augen schließen und den Körper bewusst wahrnehmen. Er hat einen ganzen Tag lang für Sie alles getan, was Sie wollten, was sein musste, das Vernünftige und das Unvernünftige – jetzt braucht er eine Heil- und Kraftsalbung.

Neuere Forschungen haben ergeben, dass Menschen und andere Lebewesen ausreichenden und wohlmeinenden Körperkontakt brauchen, um zentrale Körperfunktionen wie Wärmehaushalt, Immunsystem und Herz-Kreislaufsystem zu regulieren. Was wir (hoffentlich) als Babys für unsere Resilienzentwicklung bekommen haben, sollten wir unbedingt als Erwachsene (unabhängig von einer guten oder schlechten oder gar keiner Partnerschaft) weiter pflegen: heilsame, tägliche Berührung. Am besten im Rahmen eines Resilienz-Abendrituals. Das geht beispielsweise so:

BODY 2 BRAIN – Abendritual der liebevollen Berührungen

- Setzen oder legen Sie sich bequem und entspannt hin.
- Legen Sie sanft rechts und links neben Ihren Mundwinkeln jeweils den zweiten, dritten und vierten Finger Ihrer beiden Hände auf.
- Streichen Sie nun sanft die Haut ein wenig nach außen und oben, sodass Ihre Lippen passiv ein kleines Lächeln entwickeln.
- Schließen Sie dabei genussvoll die Augen, um sich ganz auf die freundliche Berührung Ihres Gesichts konzentrieren zu können.
- Ebenso verfahren Sie nach einer Zeit mit Ihrer Augenpartie und Ihren Augenbrauen: ein sanftes Streichen und Bewegen der Haut nach außen und leicht nach oben.
- Nun streichen Sie neben Ihrem Nasenrücken entlang und von Ihren Nasenflügeln nach rechts und links und leicht nach oben.
- Massieren Sie danach ein wenig die Ohrläppchen.
- Atmen Sie bei alledem ruhig und entspannt. Machen Sie alle Bewegungen mindestens dreimal.
- Und überhaupt immer, wenn Sie sich eincremen, denken Sie daran: Cremen Sie Ihr Gesicht mit Freundlichkeitscreme ein, die wirkt mindestens so gut wie eine Spezial-Anti-Aging-Creme.

BODY 2 BRAIN – Abendritual des Zubettgehens

- Zeitlupenbewegungen: Spätestens auf dem Weg in Ihr Bett sollten Sie alle Bewegungen sehr langsam machen: wenn Sie sich auf die Bettkante setzen, sich hinlegen, sich zudecken. Über dieses langsame Bewegungsmuster wird im Gehirn die langsame Aktivität der Schlafrhythmen angetriggert.
- Schaffen Sie Ihrem Körper ein weiches Bettnest und kuscheln Sie sich wohlig hinein. Brummen und schmatzen Sie dabei genüsslich, das lockert Mund- und Kiefermuskulatur – und über das Gehirn auch den Geist.
- Ziehen Sie sich, wenn Sie wollen, eine weiche Kopfbedeckung über Augen, Ohren und Nacken.
- Legen Sie mit einem kleinen Lächeln Ihre Hand auf die Herzgegend und sagen Sie Danke – für das Leben, für den Tag, an Ihren Körper, der heute auch wieder sein Bestes gegeben hat; an Ihre Kraft für die Bewältigung dieses Tages. Danken Sie für ein schönes Erlebnis oder eine gute Begegnung oder dafür, dass Sie jetzt in Ihrem Bett liegen und schlafen dürfen.
- Suchen Sie in Ihrer Vorstellung eine Ruhefarbe ganz nach Ihrem Geschmack. Legen Sie die Hand sanft auf den Bauchnabel, das vegetative Nervengeflecht, und genießen Sie tief atmend die Ruhe.

Das Zubettgeh-Ritual

Auch die letzte Aktion des Tages sollte ein Genussritual sein – wie im vorherigen »Abendritual des Zubettgehens« beschrieben. All diese kleinen Abendrituale kosten Sie kein bisschen Zeit zusätzlich. Sie tun, was Sie sowieso tun – aber mit einer anderen Haltung und Bewusstheit. Wenn Sie sie eine Zeit lang mit verschiedenen Facetten und Schwerpunkten ausprobiert haben, werden sie ein fester Bestandteil Ihres Tagesabschlusses und Sie gewinnen deutlich an Resilienz.

Für weitere Ideen und Erklärungen: Schauen Sie doch noch einmal in das Kapitel »Kraftquelle Schlaf«. Stellen Sie sich Ihr persönliches »Abschalten-und-Auftanken«-Abendritual zusammen. Kluge Selbstfürsorge macht resilient und ist umgekehrt auch ein Merkmal resilienter Menschen.

Ein Alltagsritual – ganz nebenbei

Achte gut auf deine Gedanken,
denn sie werden zu deinen Worten.
Achte gut auf deine Worte,
denn sie werden zu deinen Taten.
Achte gut auf deine Taten,
denn sie werden zu deinen Gewohnheiten.
Und achte gut auf deine Gewohnheiten,
denn diese werden zu deinem Schicksal.

Aus dem Talmud

Es gibt über den Tag verteilt zahllose Gelegenheiten, Ihre Resilienz ganz nebenbei zu trainieren – mit alltagstauglichen und unauffälligen kleinen BODY 2 BRAIN Übungen: während eines

Telefonats, auf dem Weg vom Schreibtisch zur Toilette und wieder zurück, während des Wartens auf die verspätete Bahn, während des Essens oder dessen Zubereitung, beim Einkaufen und … und … einfach immer. Irgendwann werden aus den kleinen, bewusst ausgeführten Übungen selbstverständliche psychomentale Muster, die dann unbewusst und automatisch ablaufen – fast wie das lebensnotwendige Atmen.

> *Aus Ihrem Resilienztraining kann eine Resilienzhaltung werden. Das ist nicht einfach nur meine Vision, sondern eine Tatsache aufgrund der lebenslangen neuronalen Plastizität Ihres zentralen Nervensystems.*

In der nachfolgenden Übung »Alltagsritual« finden Sie ein paar Empfehlungen für »Tages-BODY 2 BRAIN«. Es sind Übungen, die ich auch praktiziere oder besser: bereits verinnerlicht habe, und von denen ich glaube, dass sie auch für Sie machbar und hilfreich sind. Auf besondere Erklärungen zur Neuroanatomie und der Wirkung im Nervensystem verzichte ich – das wissen Sie inzwischen alles ganz genau.

Stellen Sie sich Ihr eigenes Alltags-Resilienzritual aus Ihren Lieblingsübungen zusammen – je mehr Sie sie mögen, umso öfter werden Sie sie machen. Diese kleinen Übungen versorgen Sie über den ganzen Tag hinweg mit Energie, so haben Sie abends oder in Ihrer Freizeit dann wahrscheinlich viel leichter die nötige Motivation und Begeisterung für zusätzliche genussvolle Maßnahmen zur Stärkung Ihres Wohlbefindens und Ihrer Resilienz.

BODY 2 BRAIN – Alltagsritual

- Beim Sitzen immer wieder zwischendurch: aufrecht hinsetzen. Das Atmen geht dann viel besser, und das Denken wird wieder klarer.
- Im Stehen immer etwas breitbeinig und aufrecht stehen. Durch eine kraftvolle und aufrechte Haltung entsteht in Ihnen ein Gefühl von Kraft, Würde und Respekt.
- Sich etwas hin- und herwiegen. Die Bewegung unterstützt Ausgeglichenheit und Ruhe.
- Beim Gehen ein wenig Schwung in den Hüften, auch mit den Armen schwingen. Ein Gefühl der Leichtigkeit lässt Sie auch unter Belastung freundlicher und geduldiger sein.
- Lächeln – oder wenigstens dessen Andeutung – hat den gleichen Effekt.
- Den Blick kurz nach rechts und links schweifen lassen. Schönheit ist immer irgendwo zu finden.
- Schlürfatmen und Abschnauben, am besten jede halbe Stunde dreimal hintereinander, denn Atmen muss ja sowieso sein.
- Kurz, aber bewusst und sanft über Ihre Stirn streichen, Ihre Lippen berühren, Ihre Hand auf die Herzgegend auflegen – die Geste der Selbstliebe hat ein hohes Kraftpotenzial.
- Und auf dem stillen Örtchen natürlich wieder Ihr Spiegelbild anlächeln, sich zuwinken und vielleicht noch zwei oder drei erleichterte Hopser machen.

Ich bin eine große Befürworterin von Meditation, Yoga, Autogenem Training, Atementspannung, Funktioneller Muskelentspannung, Tanzen – ob meditativ oder einfach so –, Tai-Chi, Qigong, TaKeTiNa und allem, was im engeren und weiteren Zusammenhang mit Körperpsychotherapie der körperlichen und seelischen Gesundheit dienen kann. Alles, was Freude macht und ohne schädliche Nebenwirkungen ist, stärkt Ihre Resilienz und gibt Ihnen Lebenskraft. Vieles jedoch braucht Zeit und Gelegenheit – und daran mangelt es heutzutage oft. Um genau dieses Problem zu lösen, helfen Ihnen die stabilisierenden kleinen Tagesrituale.

Durch Ihre tugendhafte Vorbildfunktion und die bekannten Spiegelneuronen werden sich das womöglich Ihre Kinder abschauen und vielleicht auch Ihre Freunde oder Mitarbeiter. Dann haben Sie einen doppelten Beitrag für mehr Lebenssinn geleistet. Wenn das nicht Kraft gibt!

Tägliches Resilienzvorbild

Einer meiner Kollegen macht recht regelmäßig abends zu Hause Yoga. Inzwischen kommt sein jüngster Sohn, fünf Jahre alt, immer öfter leise ins Zimmer, setzt sich neben seinen Papa und macht die Übungen nach. Eine gute Grundlage fürs Leben.

Ihr BODY 2 BRAIN Resilienz-Notfallkoffer

Der Arzt verbindet deine Wunden.
Dein innerer Arzt aber wird dich gesunden.
Bitte ihn darum, sooft du kannst.
PARACELSUS

Damit Sie Ihr eigener guter »Facharzt für Resilienz« sein können, habe ich Ihnen einen BODY 2 BRAIN Resilienz-Notfallkoffer zusammengestellt. Inspiriert dazu haben mich die vielen Nachfragen, die mich im Lauf der Zeit erreichten, ob es denn »zu den Übungen nicht eine schöne Liste« gäbe. Eine gute Idee, die vielleicht auch Sie hilfreich finden.

Zuerst nötig: Die Diagnose

Vor jeder Therapieempfehlung steht immer erst einmal eine gute Diagnose. Dafür braucht es Aufmerksamkeit, Achtsamkeit, Wahrnehmung. In welchem Zustand sind Sie? Die erste Übung »Check-up« verrät es Ihnen.

Nach einem solchen Check-up wissen Sie genauer, was los ist. Nun können Sie aktiv werden: Entweder tun Sie das, was Ihr Körper oder ein intuitiver Einfall Ihnen geraten haben. Oder Sie nutzen eine der folgenden, nach Bedürfnissen geordneten Übungen aus dem BODY 2 BRAIN Fundus.

BODY 2 BRAIN – Check-up

- Nehmen Sie Ihren Körper von Kopf bis Fuß wahr, um mental und sinnlich ganz »zu sich« zu kommen. Wie geht es Ihnen?
- Nehmen Sie sich auch emotional wahr: In welchem Zustand befinden Sie sich? Was möchten Sie verändern? Was brauchen Sie? Welche Impulse dazu spüren Sie in sich?
- Fragen Sie Ihren Körper, was er Ihnen rät, was er braucht und was er wünscht.

BODY 2 BRAIN zur Beruhigung und emotionalen Stabilisierung

- **Ruhige Atmung:** Praktizieren Sie eine ruhige, gleichmäßige Atmung, im Stehen, im Sitzen und auch im Liegen. Legen Sie die Hände auf Ihren Bauch und versuchen Sie, in die Hände hineinzuatmen.
  - ▶ Atmen Sie Ruhe ein und Unruhe aus.
  - ▶ Atmen Sie Wichtiges ein und Unwichtiges aus.
  - ▶ Atmen Sie positive Erinnerungen ein und negative Erinnerungen aus.
- **Schlürfatmen:** Ziehen Sie die Luft wie durch einen Strohhalm durch nach vorn gespitzte Lippen ein. Dabei werden auch die tieferen Bereiche der Lunge erreicht, der Brustkorb wird weit, das wirkt angstlösend, befreiend und stärkend.
- **Schwingbewegungen:** Stellen Sie sich breitbeinig hin und schwingen Sie leicht hin und her. Nach einer Zeit allmählich auspendeln lassen, dabei die Schwingung in der Mitte des Körpers wahrnehmen, fühlen, erhalten. So entstehen ruhige und kraftvolle Konzentration und Wahrnehmung, verstärktes Wohlbefinden und Freude. Oder Sie machen ein paar Hüftschwünge – ganz wichtig gegen Ärger und Stress. Die beschwingte Leichtigkeit

des Körpers kommt im Gehirn an und wirkt als emotionale Barriere gegen Durchhänger jeder Art.

- **Sich anlächeln:** Stellen Sie sich ein inneres Lächeln vor – es beruhigt, beglückt und motiviert Sie. Und es dringt nach außen.
- **Lachen:** Lachen ist die beste Medizin, es lockert und löst Verspannungen, wirkt gegen körperliche und mentale Verbissenheit und macht den Kopf frei für neue Ideen.
- **Sich strecken und dehnen:** Das Bindegewebe wird dabei sanft gedehnt und gestreckt. Das führt zur Produktion neurochemischer Stoffe, die Wohlbefinden und Freude auslösen.
- **Gähnen:** Beim Gähnen wird die Kiefermuskulatur gelockert, äußere und innere Anspannungen werden gelöst. Gähnen wirkt stimulierend auf das Gehirn, nicht nur schlaffördernd, sondern auch antidepressiv.

BODY 2 BRAIN bei Angst, Panik und Selbstunsicherheit

- Gehen Sie sehr bewusst und energisch durch den Raum, setzen Sie die Füße fest auf den Boden, im Rhythmus eines sehr ruhigen Herzschlages: Pro Sekunde maximal ein Schritt.
- Strecken und dehnen Sie Ihr Brustbein nach vorn: Brüsten Sie sich.
- Spüren Sie Ihr Rückgrat und dessen Festigkeit, indem Sie sich kurz und fest an einen Türrahmen oder an eine Wand lehnen.
- Stehen oder sitzen Sie bewusst breitbeinig.
- Entspannen Sie bewusst Ihren Unterkiefer, indem Sie ihn einfach locker lassen. Dadurch vermeiden Sie auch ein angespanntes ängstliches Lächeln.
- Schnauben Sie die Atemluft aus Ihren Lungen, wie ein Pferd.

BODY 2 BRAIN bei Nervosität

- Richten Sie Ihre Wirbelsäule auf, halten Sie sich aufrecht, dadurch können Sie besser und tiefer ein- und ausatmen.
- Sorgen Sie für eine Ruhestellung Ihrer Hände: Legen Sie sie zum Beispiel ruhig auf den Tisch.
- Setzen Sie sich stabil mit Ihrem ganzen Gesäß auf die ganze Sitzfläche Ihres Stuhles.
- Stellen Sie beide Füße fest und etwas breitbeinig nebeneinander – sowohl im Sitzen als auch im Stehen.
- Schlürfatmen: Atmen wie durch einen Strohhalm.
- Riechen Sie angenehme Düfte.
- Sehen Sie die Schönheit in den Dingen um Sie herum.
- Legen Sie Ihre Hand sanft auf Ihre Herzgegend.
- Lockern Sie Ihre Gesichtsmuskulatur durch Gähnen oder einfach durch mehrfaches weites Öffnen des Mundes.

BODY 2 BRAIN bei Müdigkeit und »Aufschieberitis«

- Reiben Sie fest Ihre Handflächen gegeneinander, bis Sie Reibungswärme spüren.
- Gähnen Sie mehrfach herzhaft – durch die gelockerte Kiefermuskulatur und die vermehrte Sauerstoffzufuhr fühlen Sie sich rasch wieder frisch, außerdem wirkt Gähnen antidepressiv.
- Strecken und recken Sie sich intensiv – dadurch werden aktivierende Impulse zum Gehirn geleitet.
- Durch einen wiederholten dynamischen Faustschluss können Sie sich mit Energie »aufpumpen«.
- Tief einatmen und beim Ausatmen: loslegen, handeln.

BODY 2 BRAIN bei Kummer

- Wiegen Sie sich hin und her (bilaterale Stimulation).
- Summen Sie leise dazu.
- Streichen Sie sanft rechts und links neben Ihrem Brustbein entlang (ebenfalls bilaterale Stimulation).
- Streichen Sie sanft rechts und links über Ihren Nacken.
- Heben Sie langsam den Kopf und atmen Sie tief durch.

BODY 2 BRAIN bei grundloser Traurigkeit

- Hüpfen Sie.
- Klatschen Sie in die Hände.
- Arme hoch! Eine aufrechte, gereckte Haltung wirkt antidepressiv und stimulierend.
- Fliegen: mit seitlich ausgestreckten Armen kraftvolle Auf-und-Ab-Bewegungen machen.

BODY 2 BRAIN bei akutem Erschrecken und Erstarren

- Jetzt sind kräftige Bewegungen mit bilateraler Stimulation wichtig: Mit beiden Füßen rechts und links im Wechsel kraftvoll und laut auf den Boden aufstampfen: bumm, bumm, bumm.
- Die Ellbogen kraftvoll mehrfach nach außen bewegen.
- Den ganzen Körper ausschütteln: Nutzen Sie den Abperleffekt!

BODY 2 BRAIN bei Ärger und Wut

- Glücksdusche: Stellen Sie sich breitbeinig hin, nehmen Sie die Arme hoch, recken Sie den Kopf nach oben und lassen Sie ein helles Licht, einen warmen Regen in Form guter Erinnerungen an glückliche Momente auf sich herabrieseln.
- Fliegen: Arme ausbreiten und auf und ab bewegen.
- Auf einem Bein balancieren.

Don't forget: App BODY 2 BRAIN

Für den Notfall oder als kleiner Pausensnack: Die kostenlose BODY 2 BRAIN App bietet Ihnen 15 Übungen für unterschiedliche Situationen an, ganz nach Ihrer Wahl und Ihren Bedürfnissen.

Don't forget: Ich schaf(f) das – Therapiekarten

Die kleinen BODY 2 BRAIN Karten sind freundliche Helfer am Spiegel, hinter der Windschutzscheibe, an der Pinnwand, als Lesezeichen.

Stellen Sie sich aus den Übungen Ihren persönlichen Notfallkoffer zusammen. Erfahrungsgemäß braucht man nicht viele »Medikamente«, sondern nur eine Basismedikation. Und recht schnell werden Sie herausgefunden haben, was bei Ihnen wann am besten hilft.

Mit wachsender Resilienz und Lebenskraft werden Sie immer weniger Notfälle erleben – die Übungen aber tagtäglich weiter nutzen wollen.

Resilienz durch Spiritualität und Glaube

Auch Spiritualität und Glaube fördern die Resilienz. Für Notfälle gilt daher immer: Beten Sie. Und tun Sie es, wenn Sie mögen, natürlich auch alltäglich. Sprechen Sie kraftvolle Sätze wie ein Mantra. Es wird sich daraus eine fruchtbare Dynamik entwickeln. Ihr Gehirn wird alles tun, um die Worte, die bildhaften Vorstellungen und Ihren Willen in eine Handlung zu transformieren. Die Hände zu falten und die Augen zu schließen erhöht die Konzentration. Aber auch bei einem »Nebenbei-Gebet« entstehen in Ihrem Gehirn wertvolle biochemische Effekte.

Leben Sie wohl!

Beim Abschied wird die Zuneigung zu den Sachen, die uns lieb sind, immer ein wenig wärmer.
MICHEL DE MONTAIGNE

Wertgeschätzte Leserin, wertgeschätzter Leser,

nun sind wir am Ende des Buches zur Kraft angekommen. Jedes Ende ist auch ein neuer Anfang. Jetzt beginnt der interessanteste Teil: Wovon konnten Sie profitieren? Was werden Sie umsetzen und trainieren? Wozu in Ihrem Leben konnte dieses Buch einen Beitrag leisten? Konnte ich Ihnen mein Anliegen, mit einfachen Körpercodes für gute Gefühle und somit Lebenskraft zu sorgen, vermitteln? Was von meiner Vision für Sie werden Sie verwirklichen? Welche Kraftquellen werden Sie besonders beachten und pflegen? Den Schlaf? Die Dankbarkeit? Die Zuversicht? Die (Selbst-)Liebe?

Ich hoffe von Herzen, dass ich Ihnen etwas geben konnte. Das war und ist Teil meines Berufs und somit meines Lebens: das anzubieten, was mir für Ihr körperliches und psychomentales Wohlbefinden zur Verfügung steht. Meine Kraftquelle ist meine Menschenliebe, mein Interesse an der Welt, meine Dankbarkeit für alles und an alle, die mir bis hierher geholfen haben, und mein unerschütterlicher Glaube, dass alles immer ein wenig besser werden kann.

Mit Berichten über kleine oder große »Wunder«, die Sie erlebt haben, können Sie mir eine große Freude machen (und wenn ich es aus Zeitgründen nicht schaffen sollte, Ihnen darauf persönlich zu antworten: Bitte vergeben Sie mir). Wenn Sie Freude und Nutzen aus unseren gemeinsamen Stunden gezogen haben, bitte ich Sie, davon etwas weiterzutragen. Lassen Sie Freunde, Nachbarn und Bekannte wissen, was Ihnen geholfen hat, resilienter und stärker zu werden. Das brauchen wir alle in diesen Zeiten und für die Zukunft. Wenn Sie soziale Netzwerke nutzen und die Methode BODY 2 BRAIN für etwas Gutes und Hilfreiches halten: Dann lassen Sie auf diesem Weg andere Menschen daran teilhaben. Wir sind *eine* Menschenfamilie! Danke!

Leben Sie wohl – und das meine ich in des Wortes vielfacher Bedeutung! Meine guten Wünsche und meine guten Gedanken begleiten Sie!

Claudia Croos-Müller

Dies ist zwar das Ende dieses Buches, aber der Anfang Ihres neuen Weges. Sie wissen ja: Ich glaube an Sie! Sie sind meine Vision.

BODY 2 BRAIN – Jederzeit gute Gefühle

- Atmen Sie tief ein, ziehen Sie die Luft wie durch einen Strohhalm ein.
- Legen Sie die Hand aufs Herz und atmen Sie ruhig und tief wieder aus.
- Lächeln Sie. (Ich tue es auch gerade beim Schreiben dieser Zeilen.)

Anhang

Ein Traum ist unerlässlich,
wenn man die Zukunft gestalten will.
Victor Hugo

Tiefe Dankbarkeit

- Für Leben, Verstand, Leidenschaftlichkeit und Kraft: meinen Ahnen, meinen Eltern Hildegard und Hermann
- Für Liebe und Geduld: allen voran meinem Ehemann Wilfried und meiner Großmutter Elisabeth
- Für Weisheit und Wissen: meinen Lehrerinnen und Lehrmeistern Helmut Remmler, Joachim Habel, Gertrud von Peschke, Arne Hoffmann, Helmuth Stolze, Miriam Goldberg, Lucie Lentz
- Für Herausforderung und Unterstützung: dem Kösel-Verlag mit Usha Swamy und Gerhard Plachta, Diane Zilliges (der ordnenden Kraft dieses Buches)
- Für Freundschaft: so vielen! Allen voran aber Johann und Elisabeth Rabong, Petra Clemen, Dagmar Olzog, Brigitte Bauer
- Für Vertrauen und Lerneifer: meinen Klientinnen und Klienten, Patientinnen und Patienten
- Für Mut und neue Wege: all jenen, die den einen oder anderen Stein vor meine Füße gerollt haben – es waren Kraftsteine für meine eigene Entwicklung von Lebenskraft und Resilienz
- Für Spiritualität und Schönheit: den Benediktinerinnen auf Frauenchiemsee, allen Künstlerinnen und Künstlern im Lauf meines Lebens, der Schöpfung

Verzeichnis der Übungen

Quellen und Literaturempfehlungen

Beck, Henning: *Hirnrissig. Die 20,5 größten Neuromythen – und wie unser Gehirn wirklich tickt.* Carl Hanser 2014

Beck, Ulrich; Beck-Gernsheim, Elisabeth: *Fernliebe. Lebensformen im globalen Zeitalter.* Suhrkamp 2011

Besser-Siegmund, Cora; Siegmund, Harry: *EMDR im Coaching.* Junfermann 2005

Birbaumer, Niels: *Dein Gehirn weiß mehr, als du denkst. Neueste Erkenntnisse aus der Hirnforschung.* Ullstein 2014

Bormans, Leo (Hrsg.): *Glück. The World Book of Happiness.* Dumont 2011

Brooks, Robert; Goldstein, Sam: *Das Resilienz-Buch. Wie Eltern ihre Kinder fürs Leben stärken.* Klett-Cotta 2013

Burkhardt, Susan; Uehli, Beatrice; Amft, Susanne (Hrsg.): *Schüchterne und sozial ängstliche Kinder in der Schule. Erkennen, verstehen, begleiten.* Kohlhammer 2021

Collins, Jim: *Der Weg zu den Besten.* dtv 2020

Cousins, Norman: *Der Arzt in uns selbst. Die Geschichte einer erstaunlichen Heilung – gegen alle düsteren Prognosen.* Rowohlt 1984

Croos-Müller, Claudia: *Alles gut. Das kleine Überlebensbuch.* Kösel 2017

Croos-Müller, Claudia: *Alles Liebe. Das kleine Überlebensbuch.* Kösel 2016

Croos-Müller, Claudia: *Bleib cool. Das kleine Überlebensbuch für starke Nerven.* Kösel 2019

Croos-Müller, Claudia: *Halt! Das kleine Überlebensbuch.* Kösel 2023

Croos-Müller, Claudia: *Hand aufs Herz. Leichte Körperübungen für neuen Mut und Zuversicht.* Immerwährender Aufsteller. Kösel 2021

Croos-Müller, Claudia: *Ich schaf(f) das! Leichte Körperübungen für mehr Lebenspower.* Therapie-Kartenset mit 48 Übungen und 2 Neuro-Infokarten. Kösel 2020

Croos-Müller, Claudia: *Kopf hoch. Das kleine Überlebensbuch.* Kösel 2011

Croos-Müller, Claudia: *Nur Mut! Das kleine Überlebensbuch.* Kösel 2012

Croos-Müller, Claudia: *Schlaf gut. Das kleine Überlebensbuch.* Kösel 2014

Croos-Müller, Claudia: *Überzeugend auftreten. Körpersprache und Selbstpräsentation für Frauen.* Kösel 2004

Croos-Müller, Claudia: *Viel Glück. Das kleine Überlebensbuch.* Kösel 2013

Cyrulnik, Boris: *Die Kraft, die im Unglück liegt. Von unserer Fähigkeit, am Leid zu wachsen.* Goldmann 2001

Cyrulnik, Boris: *Mit Leib und Seele. Wie wir Krisen bewältigen.* Hoffmann und Campe 2007

Cyrulnik, Boris: *Rette dich, das Leben ruft.* Ullstein 2013

Cyrulnik, Boris: *Warum die Liebe Wunden heilt.* Beltz 2006

Damasio, Antonio R.: *Der Spinoza-Effekt. Wie Gefühle unser Leben bestimmen.* List 2004

Damasio, Antonio R.: *Ich fühle, also bin ich. Die Entschlüsselung unseres Bewusstseins.* List 2002

de Waal, Frans: *Das Prinzip Empathie. Was wir von der Natur für eine bessere Gesellschaft lernen können.* Carl Hanser 2011

Dresler, Martin (Hrsg.): *Neuroästhetik. Kunst, Gehirn, Wissenschaft.* Seemann Henschel 2009

Engmann, Birk: »Could Resilience Predict the Outcome of Psychiatric Rehabilitation Patients?«, in: *Open Journal of Depression* 02 (2): 7. doi:10.4236/ojd.2013.22002

Epiktet: *Handbüchlein der Moral.* Reclam 2014

Ferrucci, Piero: *Nur die Freundlichen überleben. Warum wir lernen müssen, mit dem Herzen zu denken, wenn wir eine Zukunft haben wollen.* Allegria 2006

Fromm, Erich: *Die Kunst des Liebens.* Ullstein 1980

Gräff, Christine: *Konzentrative Bewegungstherapie in der Praxis.* Klett-Cotta 2008

Graham, Carol: *Happiness Around the World. The Paradox of Happy Peasants and Miserable Millionaires.* Oxford University Press 2012

Grunwald, Martin: *Homo Hapticus. Warum wir ohne Tastsinn nicht leben können*. Droemer Knaur 2017

Harlow, Harry: »Das Wesen der Liebe«, in: Ewert, Otto M. (Hrsg.): *Entwicklungspsychologie. Band 1*. Kiepenheuer & Witsch 1972

Henderson, Julie: *Embodying Well-Being*. AJZ Druck 2012

Hensel, Thomas (Hrsg.): *EMDR mit Kindern und Jugendlichen*. Hogrefe 2006

Hjemdal, Odin et al.: »The Relationship Between Resilience and Levels of Anxiety, Depression, and Obsessive-compulsive Symptoms in Adolescents«, in: *Clinical Psychology & Psychotherapy*, 18, 314–321. doi:10.1002/cpp.719

Hofmann, Arne: *EMDR in der Therapie psychotraumatischer Belastungssyndrome*. Thieme 1999

Honneth, Axel: »Liebe und Moral. Zum moralischen Gehalt affektiver Bindungen«, in: Ders.: *Das Andere der Gerechtigkeit. Aufsätze zur praktischen Philosophie*. Suhrkamp 2000

Huber, Michaela: *Der innere Garten. Ein achtsamer Weg zur persönlichen Veränderung*. Junfermann 2006

Jacobs, Gregg D.: *Schlafen Sie besser!* Hans Huber 2013

Johanson, Greg; Kurtz, Ron: *Sanfte Stärke. Heilung im Geiste des Tao te king*. Kösel 1993

Johansson, Carolina; Welin, Carolina: *Perlen des Lebens*. Gütersloher Verlagshaus 2006

Kernberg, Otto F.: *Hass, Wut, Gewalt und Narzissmus*. W. Kohlhammer 2011

Klein, Stefan: *Die Glücksformel oder wie die guten Gefühle entstehen*. Rowohlt 2013

Knigge, Adolph Freiherr von: *Über den Umgang mit Menschen*. Goldmann 2011

Levine, Peter A.: *Sprache ohne Worte. Wie unser Körper Trauma verarbeitet und uns in die innere Balance zurückführt*. Kösel 2010

Levine, Peter A.: *Vom Trauma befreien. Wie Sie seelische und körperliche Blockaden lösen*. Kösel 2007

Loschky, Eva: *Gut klingen – gut ankommen*. Kösel 2009

Maaz, Hans-Joachim: *Die narzisstische Gesellschaft. Ein Psychogramm.* Beck 2013

Mogel, Wendy: *The Blessing of a Skinned Knee.* Scribner 2008

Paracelsus: »Die dritte Defension wegen des Schreibens der neuen Rezepte«, in: *Septem Defensiones. Die Selbstverteidigung eines Außenseiters.* Schwabe 2003

Petzold, Theodor Dierk: *Gesundheit ist ansteckend. Praxisbuch Salutogenese.* Irisiana 2020

Pieper, Josef: *Das Viergespann. Klugheit, Gerechtigkeit, Tapferkeit, Maß.* Kösel 1998

Reddemann, Luise: *Imagination als heilsame Kraft. Zur Behandlung von Traumafolgen mit ressourcenorientierten Verfahren.* Pfeiffer 2007

Reddemann, Luise: *Psychodynamisch Imaginative Traumatherapie PITT. Das Manual.* Pfeiffer 2014

Rost, Christine: *Ressourcenarbeit mit EMDR.* Junfermann 2014

Rüegg, Johann Caspar: *Gehirn, Psyche und Körper. Neurobiologie von Psychosomatik und Psychotherapie.* Schattauer 2010

Rüegg, Johann Caspar: *Mind & Body. Wie unser Gehirn die Gesundheit beeinflusst.* Schattauer 2014

Schubbe, Oliver (Hrsg.): *Traumatherapie mit EMDR. Ein Handbuch für die Ausbildung.* Vandenhoeck & Ruprecht 2014

Seifert, Anne: *Resilienzförderung an der Schule. Eine Studie zu Service-Learning mit Schülern aus Risikolagen.* VS 2011

Seligman, Martin: *Erlernte Hilflosigkeit.* Urban und Schwarzenberg 1999

Seligman, Martin: *Flourish. Wie Menschen aufblühen. Die Positive Psychologie des gelingenden Lebens.* Kösel 2012

Shapiro, Francine: *EMDR – Grundlagen und Praxis. Handbuch zur Behandlung traumatisierter Menschen.* Junfermann 2012

Swami Sivananda: *How to Cultivate Virtues and Eradicate Vices.* Divine Life Society 2008

Titze, Michael: *Die heilende Kraft des Lachens. Mit Therapeutischem Humor frühe Beschämungen heilen.* Kösel 1995

Vopel, Klaus W.: *Meditationen für Manager. Emotionale Selbstverteidigung im Alltag.* Iskopress 1998

Warwitz, Siegbert A.: »Vom Sinn des Wagens. Warum Menschen sich gefährlichen Herausforderungen stellen«, in: DAV (Hrsg.): *Berg 2006*

Warwitz, Siegbert A.: »Wachsen im Wagnis. Vom Beitrag zur eigenen Entwicklung«, in: *Sache-Wort-Zahl 93* (2008)

Warwitz, Siegbert A.; Rudolf, Anita: *Vom Sinn des Spielens. Reflexionen und Spielideen*. Schneider 2013

Werner, Emmy E.: *The Children of Kauai. A longitudinal study from the prenatal period to age ten*. University of Hawai'i Press o. J.

Zehentbauer, Josef: *Körpereigene Drogen. Die ungenutzten Fähigkeiten unseres Gehirns*. Artemis & Winkler 2003

Zeki, Semir: *Glanz und Elend des Gehirns*. Ernst Reinhardt 2010

Zeki, Semir: *Inner Vision. An Exploration of Art and the Brain*. Oxford University Press 1999

Zeki, Semir; Ishizu, Tomohiro: »The Brain's Specialized Systems for Aesthetic and Perceptual Judgment«, in: *European Journal of Neuroscience*, Volume 37, Issue 9, pages 1413–1420, May 2013

Für weitere Informationen

www.croos-mueller.de – hier finden Sie auch den BODY 2 BRAIN Tipp des Monats